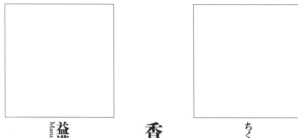

ちくま新書

香港危機の700

益満雄一郎
Masumitsu Yuichiro

1577

香港危機の700日 全記録【目次】

まえがき 009
一国二制度の基礎知識 021
第1章 たまるマグマ 025
1 台湾に脱出した男 026
最初のデモ／はじまりは台湾での殺人事件／強気の香港政府／中国が裏で指図？／故郷を捨てた元書店店長
インタビュー❶ 元銅鑼湾書店店長 林栄基氏 042
2 政府と民主派、深まる対立 046
デモ第2弾、参加者は10倍増に／経済界の「面従腹背」／議会で衝突、負傷者続出／中国政府、改正案を支持／天安門事件追悼集会に熱気戻る
第2章 抗議のうねり 059
1 香港史上、最大級のデモ 060
デモに戻ってきた若者たち／150発の催涙弾でデモ制圧／「200万人＋1人」のデモ参加者／雨傘運動のリーダーが出獄／G20で世界にアピール

インタビュー❷ 香港政府行政会議メンバー **葉国謙**氏 076
インタビュー❸ 民主活動家 **周庭（アグネス・チョウ）**氏 080

2 議会占拠 085

厳戒下の返還記念日／未明の緊急記者会見／「改正案は死んだ」というレトリック／相次ぐ自殺／標的にされた中国政府機関／市民を襲う、白いTシャツ姿の集団

インタビュー❹ 立法会に突入した**林**さん（仮名） 104

第3章 怒りと憎悪 113

1 空の玄関口を止めた 114

デモ隊の連係プレー／空港占拠で欠航相次ぐ／奇妙な「特ダネ」／中国、武力で威嚇／「8・31」の攻防

インタビュー❺ 香港バプテスト大学助理教授 **鄭煒（エドモンド・チェン）**氏 129

2 遅すぎた撤回 133

中高生が授業ボイコット／香港トップの限界／ようやく完全撤回／止まらぬデモ／雨傘運動から5年

インタビュー❻ 元香港政務官 **陳方安生（アンソン・チャン）**氏 146

第4章 緊迫と混迷、極限に 151

1　警察官の発砲　152
学生記者の独占映像／メンツをつぶされた習近平／52年ぶりの「戒厳令」／警察の家族、複雑な思い／「殺人犯」が出獄、野放しに
インタビュー❼　香港城市大学教授　葉健民（レイ・イップ）氏　168
2　民主派、区議会選挙で圧勝　173
北京の「操り人形」／衝突で初の死者か／大学が「戦場」に／勇武派の青年の素顔／区議会選、政府に「ノー」／二つのジレンマ／親中派の大敗、北京に衝撃／米国で香港人権法が成立
インタビュー❽　立教大学教授　倉田徹氏　200

第5章　深まる分断と対立　209

1　抗議活動は越年、見えない出口　210
「青店」か？「黄店」か？／習近平のいら立ち／世界に助けを求めるクリスマスカード／救護ボランティアの奮闘
2　コロナ禍で混迷に拍車　222
中国政府、現地トップを更迭／香港と台湾、深まる連帯／香港を襲ったコロナ・ショック／干された大物俳優の気概
インタビュー❾　俳優　アンソニー・ウォン（黄秋生）氏　235

第6章　国家安全法の衝撃　243
1　習近平、我慢の限界に　244
突然の速報、走る激震／「いま立ち上がるしかない」／口を開いた親中派のドン
2　施行前から広がる恐怖　253
「最後」の天安門事件追悼集会／「金融センター」香港の動揺／あれから1年／忍び寄る密告社会の影／司法への信頼が低下／「香港の良心」が引退／施行前、最後のデモ
インタビュー⑩　民主派団体「支連会」主席　**李卓人**氏　272
インタビュー⑪　香港政府行政会議召集人　**陳智思（バーナード・チャン）**氏　278
第7章　弾圧の嵐　285
1　民主活動家の動揺　286
国家安全法、施行後初のデモ／出国した雨傘運動リーダー／萎縮する「表現の自由」／中国の治安機関、謎めく活動内容／民主派の予備選挙に行列
インタビュー⑫　元立法会議員　**区諾軒**氏　306
2　総崩れの民主派　310

禁じられた「国歌」／ボストンから消えた若者／国家安全法を歓迎する親中派／「社会全体が刑務所みたいなもの」／民主派12人が出馬禁止／議会選1年延期
インタビュー⓭ 民主活動家 **黄之鋒（ジョシュア・ウォン）**氏 328

第8章 香港はどこへ 335

1 統制されるメディア、脅かされるリベラル教育 336
「標的」にされたメディア界の大物／外国メディアにも統制強化／大幅に減らされたリベラル教育／強まる教科書管理
インタビュー⓮ 元明報編集長 **劉進図（ケビン・ラウ）**氏 352

2 広がる絶望、描けぬ将来像 356
前代未聞の脱出劇／「自由を失った香港に未練はない」／実弾で撃たれた若者も脱出／崩壊した三権分立、「翼賛議会」に変質／逆回転する民主化の歯車
インタビュー⓯ 香港中文大学副教授 **周保松**氏 377

あとがき 387
関連年表 396

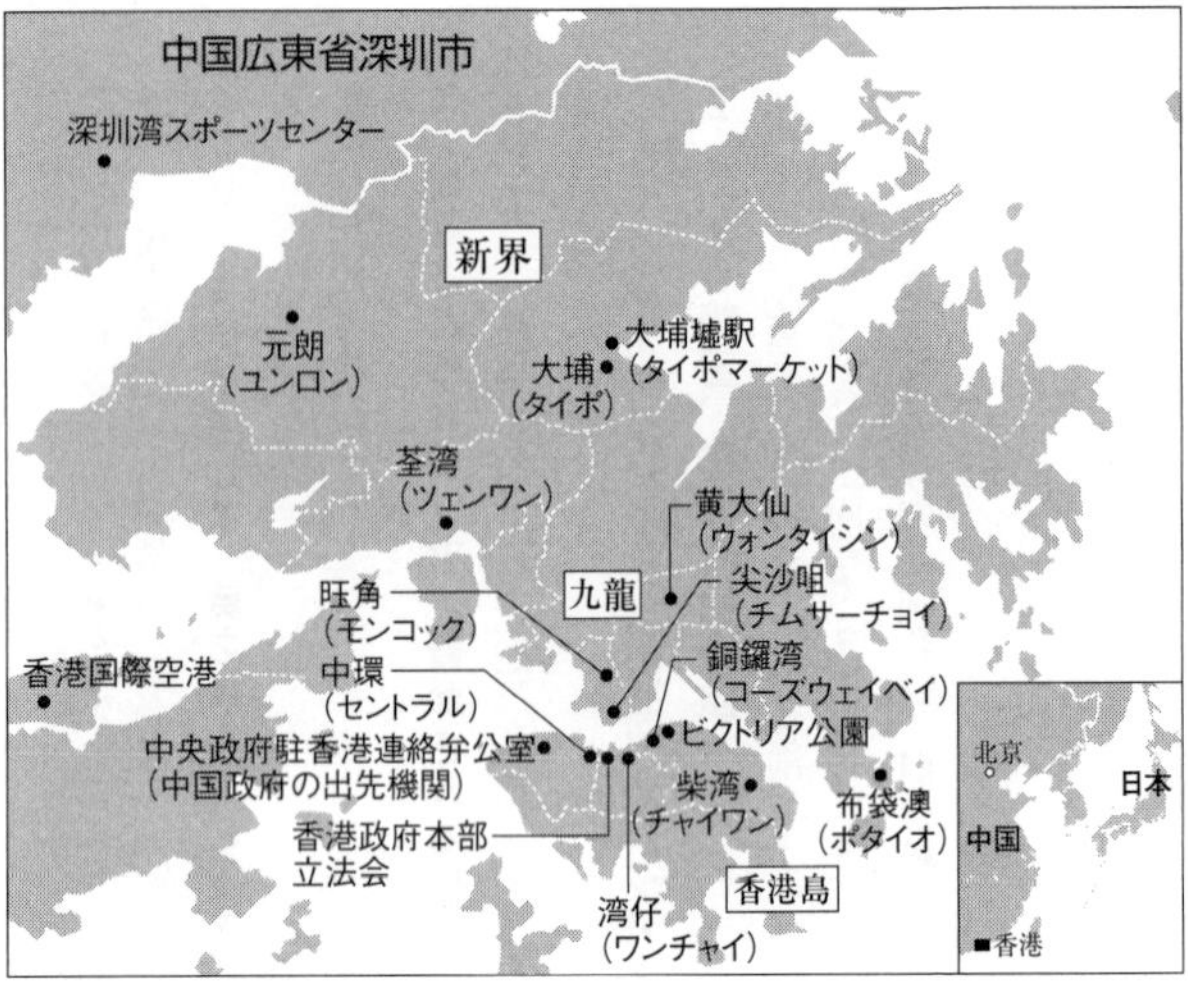

中国広東省深圳市
深圳湾スポーツセンター
新界
元朗
(ユンロン)
大埔墟駅
(タイポマーケット)
大埔
(タイポ)
荃湾
(ツェンワン)
黄大仙
(ウォンタイシン)
九龍
尖沙咀
(チムサーチョイ)
旺角
(モンコック)
香港国際空港
中環
(セントラル)
銅鑼湾
(コーズウェイベイ)
ビクトリア公園
中央政府駐香港連絡弁公室
(中国政府の出先機関)
柴湾
(チャイワン)
布袋澳
(ポタイオ)
香港政府本部
立法会
香港島
湾仔
(ワンチャイ)
北京
日本
中国
香港

まえがき

2020年8月9日早朝、手つかずの自然が残る香港郊外・大埔《タイポ》の住宅街に鋭い目つきの男たちが集まった。スマホを取り出すと、閑静な道路沿いに立つ一軒の住宅を無断で撮影し始めた。男たちは夜まで交代で監視を続けた。

その様子を室内から不安な思いで見つめる女性がいた。民主活動家の周庭（アグネス・チョウ、23）だ。1997年の中国返還後、最も大規模な民主化運動に発展した1年前から、流暢な日本語で支援を呼びかけてきた。

周が注目を集めたのは17歳のとき。2014年、若者たちが民主的な行政長官選挙の実現を求めて香港中心部を占拠した「雨傘運動」を率いた学生団体で広報担当者を務めた。これをきっかけにその名を知られるようになり、いつのまにか「民主の女神」と呼ばれる存在になった。

周はこの日、ユーチューブの撮影のために外出した直後、不審な男たちの存在を知り、フェイスブックに投稿した。これまでSNS上での脅迫や、外出先での尾行を何度も経験し、嫌がらせには多少、慣れているところもあったが、今回はこれまでにはない恐怖を感じた。「普段、この付近は人が少ないのに。二十数年暮らしてきたけど、こんなことは初めて」。不安な思いを率直に書き込んだ。

いま振り返れば、この日の直感は、23歳の若者の人生を大きく狂わす悲劇の前兆だった。

翌10日夜、自宅にいた周は香港国家安全維持法違反容疑で逮捕された。前日から行動を監視していた男たちは警察関係者だったとみられる。10日は周のほかにも、中国に批判的な報道で知られる香港紙「リンゴ日報」の創業者や民主活動家らが一斉に逮捕された。捜査の手が民主派の有力メンバーに及び、香港の民主と自由が大きく後退したと記録される暗黒の一日となった。

国家安全法は2020年6月末、1年以上続く抗議活動を鎮圧できない香港政府にしびれを切らした中国の習近平指導部によって、香港の立法会（議会）の審議を経ないまま頭越しに導入された。言論や表現だけでなく、デモや集会といった政治活動を含む幅広い自由を保障してきた一国二制度は骨抜きにされ、市民は政府に異論を唱えられなくなった。「デモの街」はたった1本の法律で、簡単に「沈黙の街」に一変した。

周の知人によると、警察は玄関の扉を今にも破壊しそうな勢いでたたき、強引に室内に入った。「手荒なことはしないで。言ってくれれば、カギを開けたのに」。そう叫ぶ周と言い争う一幕もあったという。問答無用と言わんばかりの逮捕劇だった。

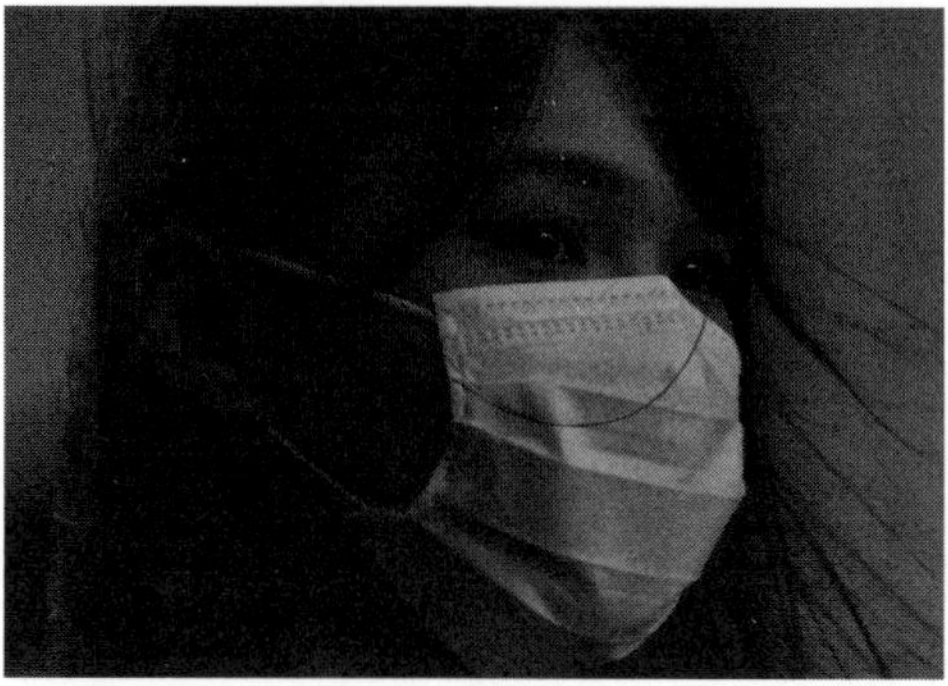

記者団の取材に応じる民主活動家の周庭〔益満雄一郎撮影、2020年８月５日〕朝日新聞社提供

逮捕された周は車に乗せられ、警察署に連行された。集まった報道陣の問いかけに応じることはなかった。自分の信念を貫き、抵抗する強い意志を歌い上げた日本の女性アイドルグループ・欅坂46（現櫻坂46）のヒット曲『不協和音』の歌詞を拘束中に思い浮かべて、自分を奮い立たせたという。「今まで4回逮捕されたが、正直、今回が一番怖かった」。保釈直後、周はこう漏らした。

親中派の香港メディアは、周が中国・香港への制裁を求めるグループに関与したと書き立てた。だが、警察は逮捕理由の詳細を公表していない。周自身も取調官から詳しい説明を受けておらず、なぜ逮捕されたのか、よく分からないと語っている。

私は警察が周を逮捕した背景には、周の国際的な影響力や発信力を警戒する中国共産党の意向が働いたか、もしくは香港政府が共産党に忖度した可能性があるとみている。いずれにしても政治的な思惑があったのは間違いないだろう。

国際的には米国と渡り合い、国内では異論を封じ込めることに成功した中国共産党はなぜ、北京から遠く離れた香港のたった1人の若者にこうも神経をとがらせるのか。

周の最大の武器は、SNSを駆使した巧みな情報発信だ。2021年4月時点でユーチューブのチャンネル登録者数は33万人、フェイスブックのフォロワーは24万人を超える。周が逮捕されると、ツイッターでは逮捕に抗議する投稿が拡散した。行動を共にしてきた民主活動家の羅冠聡(ネイサン・ロー)が「彼女は無罪だが、無期刑を受ける可能性がある。日本の皆様のサポートが必要です」と訴えると、逮捕からわずか1日で6万回以上、リツイートされた。

周は国家安全法の施行後、外国メディアの取材を基本的に断るようになった。当局が恣意的に法解釈すれば、取材を受ける行為でさえも外国勢力との結託を禁止する規定に抵触する恐れがあるためだ。SNSでの情報発信も大幅に自粛した。

しかし、ほとぼりが冷めれば、再び国際社会に支援を呼びかけるのではないか。そう恐れた警察が、周の逮捕に踏み切った可能性がある。パスポートが押収されたことからも、周と外国との関係を断ち切りたい香港政府の意向が透けてみえる。

保釈後、周は「香港という家を守るために頑張る」と語り、香港政府の弾圧に歯を食いしばって耐えながら、活動を続ける姿勢を示した。国家安全法施行に合わせて英国に亡命した羅と異なり、周は日本を含めて外国への亡命を否定している。

しかし、周は決して「民主化運動の闘士」ではない。普段はおっとりしていて、素顔は嵐や欅坂46といった日本のアイドルが好きな今どきの若者である。日本のファッション誌に読者モデルとして登場することが夢だとも話していた。「いったい、これからどんな活動ができるのか分からない」。保釈後、二人で話し込んだ際、私はいつになく弱気な周の声を聞いた。

私が周と出会ったのは、2016年9月に朝日新聞の中国特派員として赴任した直後だった。今でこそ日本語を流暢に操るが、当時はまだ上達途上だった。日本語の勉強を始めたきっかけは日本のアイドルやアニメだった。それが民主主義を切望する香港市民の声を日本に届けたいとの思いに発展し、1日の睡眠時間を3、4時間まで削って勉強を続けた。あっという間に日本語を独学でマスターしたら、次は韓国語の勉強も始めた。そのひたむきな姿が強く印象に残っている。

周は2018年、立法会（議会）の補欠選挙に立候補する予定だった。街頭デモだけでは政治を動かせないことを雨傘運動の挫折で思い知らされたからだ。保有していた英国籍も放棄した。万一、逮捕されても、英国政府から自国民としての支援を受けられなくなるという大きな決断だった。当時、周は「両親は応援するわけではないが、受け入れてはくれた」と語っていた。その微妙な言い回しから、両親との間で激論があったのだろうと推測したのを覚えている。

しかし、「将来の政治体制は香港人が住民投票で決める」という所属政党の公約が「香港独立を否定していない」と選管当局に問題視され、最終的に立候補は禁止された。人前で涙を見せることはなかったが、議会への道を絶たれ、ひどく落ち込んでいた。

雨傘運動の挫折後、民主化を容認しない中国に見切りをつけ、香港の独立を訴える急進的な主張が若者の間で広がり、中国に失望した一部の若者は火炎瓶を投げるなど過激な行為に走った。周はそのような動きと一線を画し、香港の高度な自治を保障する一国二制度のもと、有権者が一人一票を投じてリーダーを決める民主的な選挙制度の実現を求めるという穏健な主張を貫いた。

だが、「普通の若者」の一人である周が払った代償は大きかった。逮捕後、住み慣れた大埔の自宅を離れ、九龍地区の繁華街で一人暮らしを始めた。これ以上、家族に迷惑をかけたくないというのが理由だった。2018年の補選の準備のため短期間、一人暮らしをしたことを除けば、基本的に家族と一緒だった。

香港は長年、中国本土で政治迫害などを受けた人たちが安全や自由を求めて移り住む場所だった。年長者ほど祖国である中国への思い入れがある一方、香港で生まれ育った若者は香港人としてのアイデンティティーが強い傾向がある。

そのため、香港の家庭では、親子の政治的な立場がぶつかり、一家がばらばらになる悲惨なケースも珍しくない。親中派と民主派が鋭く対立する分断の構図が家庭内にも持ち込まれる。私はこれが香港の最大の悲劇だと考える。家庭が安息の場所ではなくなっているからだ。周も例外ではなかった。父親は少しずつ理解を示すようになったが、娘の将来を案じる母親との意見の相違に悩みながらも、同じ家族として対立を乗り越えようと懸命に努力を重ねていた。

4年以上、周を取材してきて気になることがあった。議会への道を閉ざされたばかりか、国家安全維持法でも逮捕され、民主化という目標はまったく見えなくなった。SNSの動画や写真では支援者に向けて満面の笑顔を振りまくが、カメラが回っていない場面では、表情に悲壮感が浮かぶように感じられた。

逮捕から4カ月近くが経過した12月2日、香港の裁判所は、大規模な抗議活動の発端となった逃亡犯条例改正案をめぐり、無許可のデモを組織し参加者を扇動した罪で、周に禁錮10カ月の実刑判決を言い渡した。周が実刑判決を受けたのは初めてだった。翌日は24歳の誕生日。刑務所の外で誕生日を迎えたいという淡い期待は砕け散った。

過去の判例に従えば、社会奉仕命令や執行猶予付き判決といった軽い量刑が予想される事件だ。判決を言い渡された直後、周は法廷で頭を抱え込んで泣き出した。この事件とは別に、今後、国家安全法違反の罪で起訴される可能性もある。最高刑は終身刑だ。もう刑務所から出られないという恐怖感に襲われたのかもしれない。

周が民主化運動にのめりこんだのは、中学生のとき。クラスになじめず孤立を感じていた際に、同世代の若者がデモに参加し意見を堂々と表明する姿をネットで見て衝撃を受けた。それ以来、全力で駆け抜けてきた結末が収監だった。刑務所の中で今、どんな思いで日々を過ごしているのだろうか。まだ無名の時から周をずっと取材してきた私自身も胸を締めつけられるような感覚でいる。

国家安全法の施行で人生や暮らしが大きく変わったのは、周だけではない。

人口約750万人の香港で100万人を超える市民が参加したとされる大規模なデモは完全に姿を消した。学校現場では愛国教育が強化され、言論の自由は制限された。香港が誇りにしてきた高度な自治や自由は、国家安全法によって一瞬にして奪い去られた。本書では、その過程を詳述したい。

中国は1997年の返還当時、香港の政治・経済体制を「50年間は変えない」と約束し、「普通選挙を将来的には実現する」と約束した。当初、一国二制度の成功を国際社会や台湾にアピールするため、香港への介入を控えていたが、習近平が2012年に中国共産党総書記に就任し、最高指導者になると、香港への統制が急速に強まり、民主化を求める市民の声は次第におしつぶされていった。

2016年に私が着任した当時、挫折した雨傘運動の影響が色濃く残り、若者は政治への関心を失い、社会には無力感が漂っていた。それでも、19年に逃亡犯条例改正案が提案されると、社会にたまっていた中国への不満が一気に爆発した。正直に告白すると、世界的な注目を集めるまで運動が大きくなるとは、私は想像していなかった。

一方、中国の強硬な対応も私の想像を超えていた。欧米諸国や日本の強い批判をはねつけて国家安全法を成立させ、抗議活動を強引に封じ込めた。時代の先を読み通すことができなかった自分の不明を恥じるばかりだが、この間、民主派や親中派のキーパーソンだけでなく、一般市民への取材も続け、丹念に証言を集めてきた。激動の香港で何が起きたのかを知る手がかりとなれば幸いである。

今回の民主化運動には、特定のリーダーがいない。SNS上の情報をもとに市民が団結し、おのおのの考えに基づいて行動した。まさに筋書きのないストーリーである。香港の民主化運動に関する書籍や雑誌は日本でも少なくないが、隠れた「主役」となった無名の市民たちがどう動いたのかは、ほとんど伝わっていないのではないか。それだけに、多くの市民の声を記録に残すことは重要だと考えている。書籍化にあたっては、朝日新聞本紙で掲載した記事に大幅に加筆した。

第1章から第5章では、逃亡犯条例改正案が2019年2月に提案されたのをきっかけに抗議デモが広がり、大規模な民主化運動に発展、勢いに乗る民主派が19年11月に区議会議員選挙で歴史的な圧勝を収めるまでを振り返る。香港政府の対応が後手に回った結果、運動がエスカレートし、政治的な緊張が最大限に高まっていく過程を描いた。

第6章から第8章では、中国が2020年6月に香港の議会の頭越しに強行導入した国家安全法をめぐる動きをまとめた。中国本土で感染爆発した新型コロナウイルスが陸続きの香港にも拡大、抗議デモが小休止した間隙を突く形で、中国共産党は一気に民主化運動を封じ込めた。共産党政権の強権的統治がついに一国二制度という「防波堤」をたたき壊し、英国の植民地支配下で育まれた自由が失われ、民主化の歯車が悲鳴をあげながら逆回転していく香港の姿を記録した。

各章には、民主派や親中派の議員・政府関係者、学者らのインタビューを挟んだ。節目となった大きな事件が起きた背景には何があったのか、全体像を掘り下げて理解するための「補助線」としていただければ幸いである。

香港当局は2021年2月、国家安全法違反の罪で民主派の47人を起訴・勾留した。3月には、中国は全国人民代表大会（全人代）で香港の選挙制度を親中派に有利な方向へ変える決定案を採択し、民主派勢力を事実上、政治の舞台から排除しようとしている。中国はこの二つの「武器」で香港の民主化運動にトドメを刺す構えのようだ。21年は共産党創設100年という重要な一年にあたる。習指導部は香港の民主化運動を抑え込んだとして、自らの統治に自信を深めたに違いない。次の目標として、統一をめざす台湾への攻勢を強めるのは確実だ。

そうなれば、日本人にとって、香港で起きた問題はますます対岸の火事ではなくなる。自由で開かれた社会が中国の統治下で変質していく過程は、隣国である日本にとっても看過できない問題だ。経済的にも文化的にも中国と関係が深い私たち日本人は今こそ、香港の動きを手がかりに中国とどのような関係を築くか真剣に考える必要があると思う。

中国共産党は返還後の香港に対して、一定の経済発展を約束する代わりに民主や自由を制限する統治方式を突きつけた。私が取材現場で目の当たりにしたのは、その共産党とどう向き合うかをめぐり、対立や分断を深める香港社会の苦悩だった。香港と言えば、ビジネスや映画、グルメといった経済的に豊かで不自由のないイメージが強かったが、今では民主と自由の意味を考える場所に様変わりした。

世界全体に視線を向けると、権威主義の中国が経済大国になったことから、発展途上国を中心に自由を重んじる民主主義への信頼が大きく揺らいでいる。英国の植民地だった香港は中国の統治下にありながら、西側国家の価値観が根づく独特な市民社会でもある。そこで起きている複雑な衝突は、民主と自由の大切さを私たちに教えてくれるだけではない。覇権を競い合う米中両大国のどちらの統治スタイルが世界のスタンダードになるのか。香港は国際社会の将来像を示唆する鏡のようにみえる。

実際、香港の民主化運動の影響は、国境を越えて広がっている。ミャンマーでは2021年2月、国軍によるクーデターが起きたが、デモ隊は香港の抗議手法を参考に粘り強い抵抗を続けている。世界の民主化運動の流れを理解するうえで、香港の事例を知ることは役に立つだろう。

それでは、時計の針を2019年2月まで戻そう。逃亡犯条例改正案が立法会に提案され、抗議活動の発端となったタイミングだ。このときの私は、後に香港社会を根底から覆す歴史的な局面を目撃するとは全く予想しないまま取材に向かった。本書はそれから700日を超える取材の全記録である。

※本書ではインタビューを除き、敬称を略した。登場人物の年齢、肩書は原則として取材当時のものである。

一国二制度の基礎知識

香港は中国の主権下にありながら、一国二制度に基づき、中国本土にはない高度な自治が認められてきた。本書を読み進めていただく前に、なぜそうした独特の社会が形成されてきたのか、歴史を振り返りつつ、一国二制度の概要を紹介したい。

香港は中国南部の広東省に隣接する位置にある。1997年までは英国の植民地だった。きっかけは1840年に始まったアヘン戦争だ。清朝との戦いで勝利を収めた英国は42年の南京条約により、まず香港島を手にした。さらに60年の北京条約で、香港島の対岸にある九龍地区の割譲を受けた。98年には、その北側の新界地区と周辺の島々を99年間租借した。こうして3段階で今の香港全域が英国の植民地となった。

香港は第2次大戦中の1941年、日本に一時占領されたが、45年の戦争終結で英国統治に戻った。

中国本土と香港の往来は厳しく制限され、分断が生じたが、同時に工業化に成功して香港は急速な経済発展を遂げ、「東洋の真珠」と称賛される輝きを放った。そのため、多くの中国人が本土の政治的な混乱や飢餓から逃れて、香港に押し寄せた。

1970年代になると、99年間の租借という形になっていた新界地区の扱いが問題となった。租借期限の97年以降の帰属がどうなるか分からないため、不動産向けの長期融資ができず、経済活動に支障が出てきた。

英国は新界の租借継続を打診したが、中国は逆に香港全域の返還を要求。一体化している香港島、九龍、新界の3地区を分割することは実際には不可能なこともあり、英国は最終的に中国の強い求めを受け入れた。

ただ、改革開放に着手したばかりの中国にとって、世界への「窓」である香港は重要な経済都市だった。共産党の統治を警戒し、外資系企業が撤退する事態を避けるため、当時の最高実力者の鄧小平は、経済界の利益が損なわれることはないと英国に約束した。

このころ中国では台湾との平和的統一を実現するため、統一後も現行の経済・社会制度を維持するという一国二制度構想が浮上した。これが香港に先行的に適用された。

中国と英国による返還交渉は1984年に決着し、香港は1997年7月1日に中国に返還された。香港の憲法にあたる香港基本法に基づいて高度な自治が開始された。社会主義体制の中国の中に資本主義体制の香港が併存することから、一国二制度と呼ばれることになった。

中国は香港を特別行政区とした。「普通選挙の実現」という目標を基本法に明記し、民主化を香港市民に約束した。香港としての国際組織への加盟や五輪への参加も認めた。中国は返還直後、一国二制度の成功を国際社会にアピールするため、香港の自治を尊重したうえで、経済危機に直面した香港を支えた。北京五輪で愛国心が高まった2008年の前後まで、香港人の中国に対する感情も良かった。

しかし、国家の統制を重視する習近平が2012年に最高指導者となると、香港の自由や民主化運動への締めつけが格段に強化された。香港では、中国が一国二制度をきちんと守っていないという不満がたまり、14年には民主化デモ「雨傘運動」が起きるなど対中感情は悪化した。民主化を進めようとしないない中国に見切りをつけ、中国からの独立を求める動きが台頭すると、中国は一段と締めつけを強めた。民主化を求める民主派と中国寄りの親中派の対立が深まり、社会の分断も進んだ。

中国政府は近年、「一国という基礎があってこそ二制度が成立する」とのロジックを打ち出し、国家の方針が香港の事情よりも優先されると強調している。2020年には、反体制活動を取り締まる香港国家安全維持法の制定を強行した。民主派は高度な自治を形骸化させるものだとして強く反発し、一国二制度は崩壊したと批判している。

第 1 章

たまるマグマ

逃亡犯条例改正案に反対するデモ行進に参加した香港の元銅鑼湾書店店長の林栄基（中央）〔益満雄一郎撮影、2019年3月31日〕朝日新聞社提供

1　台湾に脱出した男

最初のデモ

　2019年3月31日午後3時、高層ビルが林立する香港島の大通り。一連の抗議活動で最初のデモ行進が始まった。空は厚い雲に覆われ、今にも雨が降り出しそうだった。「反送中！」（中国への身柄引き渡しに反対！）。道路を練り歩くデモ隊がスローガンを大声で叫ぶ。

　しかし、参加者が少なく、その熱気やエネルギーは伝わってこない。デモ隊の動きを気に留める通行人もほとんどいない。年間1万件を超えるデモが行われる「デモの都」の香港。デモ隊の行進は見慣れた光景だ。

　デモを呼びかけたのは、民主派の市民団体「民間人権陣線」（民陣）。香港で拘束された刑事事件の容疑者を中国本土に引き渡すことを可能にする逃亡犯条例改正案の撤回を求めて抗議の意思をアピールするのが目的だった。改正案が成立すれば、中国が目の敵にする民主派の活動家が不当に拘束され、身柄が中国に送られかねないと警戒したのだ。

　民陣は香港の民主化を訴える民主派の政党やグループなどで構成された連合組織。毎年、香港返還記念日（7月1日）、新中国の建国を祝う国慶節（10月1日）など中国にとって祝賀すべき日にデモを呼びかけてきたほか、今回のように特定の政治問題が出てきたときにも抗議活動を実施してきた。

いつものデモと変わらない風景だと感じた私は数時間後に迫った朝刊用の原稿の締め切り時間が気になった。現場取材を早めに切り上げようと思いながら、デモ隊の写真を撮っていた。そのとき、最前列にいた猫背の男性に気づいた。

林栄基（63）。中国共産党内の権力闘争やスキャンダルなどを取り上げ、中国本土では販売が禁止されている「禁書」を販売していた銅鑼湾書店の元店長だ。「改正案が成立すれば、自分は中国に連行され、殺されるだろう。だからその前に香港から逃げる」。林はデモの直前、私の取材に応じ、悲痛な心情を訴えた。

なぜ、林は改正案にここまでおびえるのか。話は2015年10月24日にさかのぼる。

林は香港から広東省深圳に入った直後、税関で情報機関に拘束された。以前、禁書を中国本土に持ち込んだのが税関検査で発覚し、行政処分を受けて以降、中国との往来には神経質になっていたという。深圳に入ったのは交際中の女性に会うためだった。中国に目をつけられる危険なビジネスを手がける割には、少し脇の甘いところもあった。

中国側の説明によると、この女性は林から送られてきた禁書368冊を中国浙江省の顧客に発送していた。浙江省の地元警察は2015年5月、内偵捜査でこの流通ルートを把握し、9月に「違法経営」容疑で捜査に着手。林が入境次第、拘束する用意をしていたという。

10月25日午前7時ごろ、林は手錠をかけられ、目隠しをされたまま、1000キロ以上離れた浙江省まで電車で移動させられた。20〜30平方メートルほどの小さな部屋で24時間監視され、禁書の情報源や中国本土にいる顧客のリストを提出するよう迫られた。自殺を考えたこともあった。当局者から弁護士の接見や家族の面会を拒否するとの書類にサインするよう指示され、やむをえず応じたという。

中国本土での拘束期間は8カ月にも及んだ。2016年6月、顧客リストを香港から持ち帰ることを条件に一時的に帰ることが許された。だが、指示に背いた。中国本土に戻らなかったばかりか、共産党に批判的な民主派議員のもとへ駆け込み、中国での拘束の経緯を暴露する記者会見を開いた。高度な自治を保障する一国二制度のもと、言論の自由が守られ、安全な社会だと信じられてきた香港に大きな衝撃が走った。今後、中国政府が香港の言論の自由を統制する前兆だと受け止められたからだ。

中国当局は激怒した。国営テレビは翌7月、林が拘束中に「私は中国の法律の条文に違反した」と語る様子を放映した。中国語で「電視認罪」(テレビ告白)と呼ばれる見せしめだ。犯罪者であることを世間に印象づけるため、中国の公安当局がよくやる手口だが、人権無視だと批判も強い。一方、林は「香港へ戻るために、当局がつくった台本を仕方なく読んだ」と反論している。

逃亡犯条例改正案が可決されれば、林の身柄は直ちに香港当局に取り押さえられ、中国側に引き渡されるのは確実だった。林は改正案が初めて適用される「第1号案件」になるとの観測が強まった。

民陣はデモ行進で林をメディアの注目を集める最前列に起用した。市民の同情を集め、デモへの注目を高めるのが狙いだった。

しかし、この作戦は空振りだった。

銅鑼湾書店が取り扱っていた禁書は主に、中国本土から来る観光客へのお土産として販売されていた。言論統制が厳しい中国本土では入手が難しいからだ。当時、香港では、中国人の観光客のマナーの悪さなどが社会問題化し、反中感情がじわりと高まっていた。林も、その中国本土の観光客を相手に商売をし、利益を得てきた人間だとみられていた。

デモ隊がゴール地点の香港政府本部の前に到着すると、林は小さなステージに立った。「権力と金を持つ連中が香港市民を共産党に売り飛ばそうとしている」。マイクを握って、香港政府や親中派を非難した。

長年、銅鑼湾（コーズウェイベイ）の薄暗い雑居ビルの小さな書店で過ごした林の性格はどちらかといえば内向的だ。大勢の人の前で演説をぶつのは得意ではないが、この日は違った。林の隣に立つ民主派の立法会議員、毛孟静が涙ぐんだ。

短い林のスピーチが終わると、参加者は帰宅の途についた。政府本部のある官庁街は閑散とした、いつもの日曜日に戻った。後に抗議活動は、市内が「戦場と化した」と報じられるほどエスカレートし、米中両大国を巻き込む世界的な事件に発展したが、最初のデモでは路上のゴミ箱一つすら倒されることなく平和裏に終わった。

この日のデモ参加者は主催者発表で1万2千人（警察発表は5200人）。わずか2カ月後、100万人規模にまで膨らむとは、このときは誰も想像できなかった。

はじまりは台湾での殺人事件

香港政府は2019年2月12日、立法会（議会）に逃亡犯条例改正案を提案した。この日が一連の抗議活動の起点にあたる。銅鑼湾書店の店長だった林栄基が加わった民主派の最初のデモ行進の1カ月半ほど前のことだ。

「香港人の首に刀が突きつけられたようなものだ」。改正案を一読した林は、自身の身柄を中国本土に引き渡されてしまうと直感した。

香港政府はなぜ条例改正に向けて動いたのか。きっかけは政治性の乏しい一件の殺人事件だった。

改正案が公表される1年前の2018年2月17日未明、香港人の陳同佳が旅行先の台北で交際中の女性、潘暁穎を殺害した。当時、陳は19歳、潘は20歳。SNSに投稿された写真では、まだあどけなさの残る2人が仲むつまじく体を寄せ合っていた。

2人は2017年6月、同じ勤務先で出会った。交際は1カ月後にスタート。同年末に陳は潘から妊娠したと知らされた。

2人の関係は台湾旅行で暗転する。ホテルの一室で口論になった際、潘は身ごもったのは別の男性との子どもだと告白。激高した陳は潘の首を絞めて殺害した。

陳は潘の遺体を買ったばかりのスーツケースに隠して草むらに捨て、事件発覚前に香港に逃げ帰った。その後、潘の銀行カードで約2万香港ドル（約28万円）を不正に引き出した疑いで、2018年3月、香港警察に逮捕された。

しかし、陳が殺人容疑で逮捕されることはなかった。殺害の現場が香港警察の司法権が及ばない台湾だったからだ。

香港メディアによると、愛する娘を失った両親は、陳に殺人罪を適用し、厳罰を科してほしいと台湾当局や香港の親中派の政党などに陳情して回った。香港政府トップの行政長官、林鄭月娥（キャリー・ラム）は、両親から5通の手紙を受け取った。林鄭は司法行政を担当する保安局に対応を指示。逃亡犯条例改正の検討が始まったという。同条例は、香港から台湾への身柄の送還を認めていなかったためだ。一方、法改正は香港政府独自の判断ではなく、中国政府が指示したとの報道もある。後に考察したい。

殺人事件から1年後の2019年2月12日、香港政府は逃亡犯条例改正案を立法会に提案した。

「娘の死から1年が経過しましたが、まだ事実を受け入れることができずにいます。今、娘にしてやれる唯一の手段は正義を取り戻すことです」

親中派政党の民主建港協進連盟（民建連）の手配のもと、記者会見した潘の母親は泣きながら、こう訴えた。同席した同党の議員は「香港を犯罪天国にしてはならない」と強調した。

政府の法案提出と同じ日に遺族の記者会見を設定して世論の同情を集め、反対論を封じ込む狙いだったのだろう。だが、親中派政党と政府の「連係プレー」だとして、民主派は一斉に反発した。香港政府は、殺人事件の「容疑者」の身柄を台湾当局に引き渡すための措置だと強調したが、事態は思わぬ方向へ動いていく。

強気の香港政府

2019年2月12日、ビクトリア湾に臨む香港島中心部にある立法会（議会）。民主派の議員たちは政府から送られてきた逃亡犯条例改正案をみて驚いた。事前に議員への根回しはなく、ある民主派議員は「寝耳に水だった」と振り返る。

改正案が成立すれば、刑事事件の犯罪者だと中国当局にみなされた香港の住民（外国人を含む）の身柄が中国本土に引き渡されてしまう。とりわけ中国当局から目の敵にされている民主派の活動家らは、元銅鑼湾書店店長の林栄基のように中国本土へ連行される可能性が高い。中国に対する批判ができなくなり、言論やデモなどの自由が保障されている香港の一国二制度が骨抜きにされる。そんな懸念を抱いた民主派議員たちはすぐに反対の声をあげた。

だが、香港政府行政長官の林鄭月娥の動きは鈍かった。逃亡犯条例改正案について初めて記者会見で言及したのは、法案公表から1週間が経過した2月19日。「現行の法律の抜け穴を埋める必要がある」と反論。民主派の強い反発を一蹴した。

林鄭の初期対応は明らかに失敗だった。容疑者とされる陳同佳を台湾当局に送還すること自体は、民主派も賛成の立場だった。法案の必要性や趣旨について、もっと丁寧に説明しておけば、民主派の姿勢は変わっていた可能性がある。後に親中派の有力者は私に「林鄭は政治オンチだから、微妙な空気が読めない」と漏らした。

逃亡犯条例は中国返還前の1997年4月に施行された。刑事事件の容疑者の引き渡しについて定めているが、「香港以外の中華人民共和国に引き渡しをしない」との規定がある。つまり、中国本土のほか台湾とマカオは引き渡しの対象外という意味だ。英国の統治下にあった香港政庁は当時、中国の司法制度は不透明で、人権も十分に守られていないと判断し、こうした規定を設けたとされる。

香港政府が台湾だけに容疑者の身柄を送還できるという規定に変更すれば、問題は簡単に解決できるようにみえる。香港政府はなぜ、そうしなかったのか。

これまで香港政府が引き渡し協定を締結してきたのは、欧米など20の国家だ。その中に地域は含まれていない。もし「国家ではない台湾」を加えれば、台湾を国家と同格の扱いにしてしまうことになる。「台湾は中国の一部」と主張する中国政府から理解をとりつけるのは困難だった。

そこで香港政府が選択したのが、上述の規定をまるごと削除する案だった。これで台湾に身柄を送還する道が開けるが、問題は中国本土にも引き渡しが可能になることだった。

香港では、不透明とされる中国本土の司法制度への不信感が根強い。身柄の送還はセンシティブな問題にもかかわらず、林鄭が強行突破を図った背景には、時間的な制約があった。

受刑中の陳は2019年後半に刑期満了で出所する見通しだった。いったん刑務所から出ると、香港から逃げる可能性がある。ところが立法会は7月~9月の間、夏休みで休会する。そのため、7月に休会に入る前までに改正案を成立させる必要に迫られていた。

逃亡犯条例改正案を提案し、大規模な抗議活動を招いた林鄭とはどんな人物か。

林鄭は1980年、最難関の香港大学を卒業後、キャリア官僚として香港政庁に入った。親中派の有力者によると、細かいことまで部下に指示を出し、プレッシャーをかけることから、部下の評判はよくなかったが、仕事をテキパキとこなすやり手として順調に出世を重ねた。とりわけ、2014年の民主化デモ「雨傘運動」では、学生側の代表との交渉を担当。若者たちの要求を全面的に退けた強硬姿勢が中国側に高く評価され、17年3月の行政長官選挙では、水面下で中国政府の支持を得たとされ、事前の予想通り、当選した。

2017年7月に行政長官に就任した林鄭は当初、極端な中国寄りの政治で若者らの反中感情を高めた前任者の強硬路線から一転。企業減税のほか、教育や住宅難の改善などソフト路線を掲げ、高い支持を集めた。

これに対し、民主化運動は当時、極めて低調だった。雨傘運動の挫折後、民主化を進められない伝統的な民主派勢力への失望が高まったからだ。中国への不満を募らせた一部の過激な若者は、香港独立を訴えるグループを結成し、従来からある民主派グループを「弱腰」と非難。民主派勢力は分裂状態に陥った。

民主派の弱体化を背景に、林鄭は2018年に入ると、中国寄りの姿勢に舵を切った。1月には立法会（議会）補欠選挙に立候補手続きをしていた民主活動家の周庭（アグネス・チョウ）の出馬を禁止したほか、9月には、香港独立を訴える「香港民族党」を非合法化した。

経済面でも中国への傾斜を強めた。9月には、中国本土と香港を結ぶ高速鉄道が開通した。香港・マカオ・広東省珠海を結ぶ世界最長の海上大橋（55キロ）が翌10月に完成。民主派は「中国に飲み込まれる」と警戒したが、移動が便利になったとして市民の多くが歓迎。民主派の懸念はかき消された。

議会少数派の民主派議員が多少、条例改正に反対したところで、これまでと同じように押しきることができるという自信があったのだろう。結局、この判断ミスが後に大問題に発展する。

中国が裏で指図？

中国政府が逃亡犯条例を改正するよう香港政府に指示したのではないか。香港政府が改正案を公表すると、こんな疑惑が浮上した。

台湾側はもともと、この殺人事件をめぐる香港政府の対応に強い不信感を抱いていた。事件が起きた2018年、香港政府に対し、容疑者とされる陳同佳の身柄送還を求めて3回にわたり司法協力を求めたが、いずれも回答はなかった。

2019年2月に改正案が突然、明らかにされると、独立志向のある民進党が率いる台湾当局は態度を硬化させた。先述したように、この法案には「台湾は中国の一部」との前提があるためだ。台湾の立法院（議会）は3月12日、台湾と香港の間にだけ限った引き渡しの協議を求める議案を全会一致で可決した。これにより、香港で改正案が可決されても、台湾側に陳の身柄を引き渡せない状態に陥った。

にもかかわらず、林鄭は条例改正に固執した。なぜ実現する見込みが立たないのに、ここまでこだわるのだろうか。合理的にみえない説明の裏には、中国政府の強い指示があるのではないか。民主派の間では、そんな疑念が深まった。

実際、改正案が成立すれば、中国側のメリットが大きかったことも、その疑念に拍車をかけた。

中国当局の捜査権が及ばない香港は長年、中国本土で政治的迫害を受けた人や刑事事件の容疑者らが捜査の手を逃れて駆け込む場所でもあった。元中国公安省幹部は「中国本土から香港へ逃げた重要な犯罪者は300人を超える」と明らかにしている。改正案が成立すれば、香港で容疑者の拘束が可能になり、取り締まりの「抜け穴」を塞ぐことができる。中国本土と香港の間では、中国本土に逃げこんだ容疑者を香港との境界まで連れて行き、追放するという形式をとって香港に送り返す仕組みがある。しかし、逆に香港に逃げた中国人が中国本土に追放された事例はほとんどなく、「一方通行だ」との不満が中国側にはあった。

では、中国政府は香港政府に条例改正を指示したのか。

中国と香港に関する政治報道に強いロイター通信は2019年12月20日、中国高官らへの取材に基づき、条例改正は共産党中央規律検査委員会が推進していたと報じた。

報道によると、直接のきっかけは2017年1月、中国の大富豪の肖建華が香港の高級ホテルから失踪した事件だ。肖は共産党幹部の親族らと接点があり、党幹部の汚職情報を知っていたことから、委員会の捜査対象となっていた。

失踪後、香港では、中国当局が一国二制度に反し、香港で捜査権を違法に行使して肖を連行したとして強い反発が起きた。これに懲りた規律検査委員会は今後、「合法的」な手段で身柄を拘束するため、法制度の整備を求めたとしている。

私も当時、中国共産党の動向を知る香港の親中派の有力者らに取材して回ったが、中国側が指示した事実を裏付ける明確な証言を得ることはできなかった。

ただ、林鄭が一貫して、「中国政府の指示はなかった」と主張しているのは鵜呑みにできないとも思っている。中国政府の影響が強まるなか、香港政府がこのような大きな問題を独自に決めることはできない。共産党と関係が深い香港の学者は「中国政府の支持が背後にあってこそ、やれることだ」と述べ、中国政府から何らかの了解を取りつけていたとの見方を示している。中国政府のお墨付きのもと、香港政府が条例改正に動いたと判断するのが合理的にみえる。

林鄭が自ら決めたと強調したことは、思わぬ副作用を招いた。親中派の間では、林鄭の独断との見方が広がったのだ。香港紙によると、親中派のメンバーは3月の全国人民代表大会（全人代）で北京に行った際、中国政府幹部に面会し、北京の意向はどうなのか確認に走ったとされる。対応した中国政府高官は改正案の内容をほとんど知らず、「香港政府が主導した」と説明したという。

親中派にとって、巨大な権力を握る北京の指示は絶対だが、林鄭が北京の意向を踏まえずに独自の判断で動いたのであれば、話は別だ。親中派内ではさまざまな異論が噴出し、一枚岩になれなかった。これが後に尾を引くことになる。

故郷を捨てた元書店店長

街のシンボルであるデパート「そごう」が建つ香港島の繁華街、銅鑼湾（コーズウェイベイ）。中国共産党を批判する禁書を販売していた銅鑼湾書店は、ドラッグストアや宝石店が並ぶにぎやかな通りの一角にあった。今も大きな看板が残っている。

怪しげな雑居ビルの2階に上がると、鉄格子で覆われた書店の入り口が見えてくる。事件後に閉鎖して5年以上が経過した。いわく付きの物件のせいか、後に入るテナントはない。隣では、成人用品を販売するアダルトショップが昼間から営業していた。

店長だった林栄基は2016年6月、中国本土から香港に戻った後、銅鑼湾書店の営業再開をめざした。再開に必要な資金を出してくれるスポンサーを探したが、結局、見つからなかった。「林のように本土で拘束されかねない」。そんな不安が広がったためだ。書店だけでなく、「禁書ビジネス」を手がけていた出版社も続々と手を引いた。一部の出版社は細々と続けているが、香港の業者が印刷を拒否するため、台湾の業者に発注しているという。

2019年3月31日、最初の抗議デモの先頭に立ち、逃亡犯条例改正案への反対を訴えた林だが、内心では「政府に押しきられ、法案は夏には成立するだろう」とあきらめていた。林は、条例が成立後に拡大解釈され、中国当局にとって都合の悪い言動を繰り返す人間はみな連行され、言論の自由が危うくなると感じていた。香港の将来には失望しかなかった。

友人からは渡航先としてドイツや米国なども勧められた。林が最終的に選んだのは台湾だった。言論の自由が保障されているうえ、同じ漢字圏なので書店を開きやすいことが理由だった（林は2020年4月に台北で銅鑼湾書店を再開した）。

私生活では、妻とは事実上、関係が破綻していたが、2人の息子がいた。1人はすでに結婚しており、孫が2人。もう1人の息子は結婚を控えていた。だが、結婚式に参加することは無理だとあきらめていた。「自らの命を犠牲にしてまで香港に戻ることはできない」。香港には永遠に戻らない覚悟だと私に語った。

中国当局の捜査の手を逃れて、生まれ育った香港に何とか戻ってきたのに、そのわずか3年後、故郷を後にしなければならない気持ちはどうだったのか。

最初のデモから1カ月もたたない4月25日、林はごく少数の親しい民主派議員らに見送られ、ひっそりと香港国際空港から台湾へ向かった。事実上の政治亡命だった。

インタビュー①　「香港の言論を封じ込めるのが真の狙い」

（2019年3月21日、同年5月17日に実施）

元銅鑼湾書店店長　林栄基氏

▼1955年生まれ。中国共産党を批判したり、党内のスキャンダルや権力闘争を描いたりする「禁書」を販売していた香港の銅鑼湾書店の元店長。2015年〜16年にかけ、林を含む5人の書店関係者が中国当局に拘束される銅鑼湾書店事件が発生。香港の高度な自治を保障する一国二制度を揺るがす大問題に発展した。19年に台湾に渡航し、20年に台北で銅鑼湾書店を開業した。

――逃亡犯条例改正案には、どのような問題があると思いますか。

香港市民に情報が公開されないブラックボックスの状態で立法作業が進められたうえ、法案からは人権という大事な要素が抜け落ちています。

法案が成立すれば、中国当局から容疑者と認定された人は、とりわけ政治犯については、香港から身柄が引き渡されると、中国本土で不公正な裁判が待っています。私自身、中国本土での拘束を経験しており、中国の司法制度の不透明さはよく理解しているつもりです。
　この条例は香港市民だけの問題ではありません。世界的に悪影響を及ぼすでしょう。外国人であっても、飛行機の乗り継ぎで香港に立ち寄っただけで突然拘束され、中国本土に身柄が送還される恐れがあります。

香港の銅鑼湾書店の元店長　林栄基氏〔益満雄一郎撮影、2017年6月5日〕朝日新聞社提供

――香港の裁判所は、中国当局から容疑者の送還を求められた場合、その証拠を審査して判断するとしています。

　中国当局は都合の悪い証拠を香港の裁判所に提出するはずがありません。香港の裁判所は出された証拠を追認するだけ。真偽を判断することは不可能です。

――香港政府はなぜ今、逃亡犯条例の改正に着手したのでしょうか。

　香港政府は、台湾で殺人事件を犯したとされる男を引き渡すために改正が必要だと主張していますが、それならば直接、台湾当局と交渉して、男の身柄を送還すればすむはずです。実際、台湾側も3度にわたり司法協力の交渉を申し入れてきました。

なぜ香港政府は台湾側と直接交渉しないのでしょうか。私は条例改正の背景には、中国政府の指示があるとみています。この殺人事件を利用し、中国に批判的な香港の言論を封じ込めるのが真の狙いだと思います。

――改正案が成立すれば、香港から脱出しますか。

はい。成立してしまうと、もう香港から出ることはできなくなりますから。私は違法な書籍を販売した容疑で中国当局に指名手配されています。香港にはこの犯罪はありませんが、今後は身の安全が保障されなくなります。ちなみに、私が中国で拘束されていたとき、2010年に私と同じ罪で逮捕された人が懲役5年、罰金40万元（約640万円）超という実刑判決を受けたと聞きました。自分も中国本土にとどまっていたら、同程度の刑罰を受けた可能性があります。

――香港政府は香港の憲法にあたる香港基本法に基づき、政権転覆や国家分裂などの行為を取り締まる国家安全条例※を制定することが義務づけられていますが、多くの市民の反対を受け、先送りしてきました。

その国家安全条例よりも、逃亡犯条例改正案はひどい内容だと思います。なぜなら、国家安全条例は容疑者の逮捕から服役までの司法プロセスが香港内で完結しますが、改正案では、中国本土に身柄が送られてしまいます。中国の刑務所の人権感覚が乏しいのは周知の事実です。

私は、逃亡犯条例改正案の問題点を多くの香港市民がまだ理解していないと思っています。成立したら、もう香港から逃げられなくなるし、刑事事件の容疑者にでっち上げられる恐れもあります。改正案が持つ重大な危険性に早く気づいてほしい。

※2020年6月に中国主導で制定された香港国家安全法とは別の法律。基本法23条に規定されている。

2　政府と民主派、深まる対立

デモ第2弾、参加者は10倍増に

香港島の繁華街、銅鑼湾（コーズウェイベイ）。暑い夏の訪れを予感させる青空が広がった2019年4月28日午後、街のシンボルである百貨店「そごう」の周囲に多くの市民が集まってきた。

4月3日、逃亡犯条例改正案が立法会（議会）に正式に提出されたことを受け、民主派の市民団体「民間人権陣線」（民陣）が2回目の抗議デモを設定した。低調だった1カ月前の最初のデモと比べ、参加者の出足は明らかに早い。現場に出向いた私はすぐに潮目の変化を感じ取った。

黄色の雨傘を持つ参加者が目立つ。黄色の雨傘は2014年に若者らが民主的な行政長官選挙の実現を求めたデモ「雨傘運動」のシンボルだ。雨傘を広げて警察の催涙スプレーに耐えたことから、こう命名された。参加した市民は好天にもかかわらず、なぜ雨傘を持ってきたのか。

香港の裁判所は2019年4月24日、公共の場所を違法に占拠したとして、雨傘運動の提唱者で香港大副教授の戴耀廷（54）と元香港中文大副教授の陳健民（60）に禁錮1年4カ月の実刑判決を言い渡した。2人は即時収監された。民主化運動は犯罪なのか。政府への怒りと2人への同情が社会に渦巻いた。

デモ隊の出発前、ビジュアル芸術家として知られる黄国才が中国の警察官に扮して、オリの中に閉じ込めた囚人を殴るふりをするパフォーマンスを披露した。大きな声を張り上げて政府を罵倒する一方で、ユーモアを交えて場を盛り上げるのも香港のデモの特徴だ。

デモ隊の熱気は3月末の最初のデモとは一変していた。「逃亡犯条例改正案を撤回せよ」「林鄭月娥（行政長官）は辞任しろ」。そんなスローガンを掲げたデモ隊の長い列が道路にあふれた。

若者やファミリー層が目立つなか、1組の高齢の夫婦が参加していた。82歳の夫とともにゆっくりと行進した女性（71）は「香港の法治社会が破壊され、そのツケは若者に回ることになる。絶対に納得できない」

若者は本来であれば、勉強やスポーツに打ち込み、青春を謳歌できるはず。それなのに、社会運動に身を投じなければならない世の中をつくってしまった。上の世代として申し訳ない。人によって濃淡があるとはいえ、香港の中高年層には、このような「贖罪意識」が共有されている。後にデモ参加者の暴力行為が目立つようになったが、世論の多くが許容した背景には、中高年層のこうした意識があった。

主催者発表によると、デモ参加者は13万人（警察発表は2万2800人）。1カ月前のデモと比べ、一気に10倍に増えた。雨傘運動以降のデモでは最多だった。民陣副代表の陳皓桓は「各団体や政党が香港政府に対して不満をぶつけることを望む」と訴え、圧力をさらに高める考えを示した。

しかし、香港政府ナンバー2にあたる政務長官の張建宗（マシュー・チャン）はデモを受け、「デモの参加人数が多かろうが少なかろうが、我々は重視しない」と突き放した。林鄭もデモの翌日である29日、「できるだけ早く逃亡犯条例改正案を成立させる」と強調した。

民主的な選挙制度が確立されていない香港では、デモの参加人数は民意を測る重要な指標となる。香港政府は過去には大規模な反対運動を受けて、決定を白紙に戻すなど、デモの規模を重視してきた。しかし、民主派を弱体化させたとして自信を深める林鄭は民意の警告に気づいていなかった。

経済界の「面従腹背」

「テーマが一つしかないデモに13万人も集まったことは過去にはなかった」。2019年

5月上旬のフォーラムで、親中派政党・自由党栄誉主席の田北俊が、逃亡犯条例の改正に向けて前のめりになる政府に苦言を呈した。

自由党は香港の経済界を支持基盤とする。中国との関係に配慮し、政治的な発言が難しい企業関係者のメッセージを代弁する存在でもある。田の発言は、経済界が改正案に反対していることを意味していた。

経済界の反対は香港政府にとって大きな誤算だった。香港の経済界はもともと民主派とは距離を置く。民主化運動は中国との関係を悪化させ、ビジネスチャンスを遠ざけるからだ。2014年の民主化デモ「雨傘運動」も、若者が中心部の道路を占拠すると、「経済に悪影響が出る」と真っ先に反対姿勢を示した。

今回はなぜ、一転して民主派寄りに転じたのか。

多くの香港企業は中国本土で工場を運営したり、中国企業と取引したりしている。中国の司法制度の透明性が低いことも熟知している。少し前には、中国の通信大手、華為技術（ファーウェイ）の副会長を逮捕したカナダへの報復として、中国にいたカナダ人が拘束された事件もあった。改正案が成立すれば、商売上のトラブルを刑事事件にでっち上げられ、逮捕されるかもしれないとの不安が広がった。

また、中国でのビジネス拡大には、有力な公務員との人脈づくりも欠かせないため、贈収賄も少なくないとされる。改正案は、法律の施行前にさかのぼって適用される規定を含んでいた。過去の贈賄行為であっても摘発される危険性があったのだ。

香港の企業関係者は中国本土に頻繁に出張するだけでなく、中国の政財界に豊富な人脈を持ち、さまざまな情報を握っている。中国の公安当局や情報機関からみれば、中国本土の外から共産党を批判はするが、実際の接点は乏しい香港の民主活動家よりも、香港の経済人を拘束したほうが捜査の役に立つのも事実だった。

香港の大学研究者は証言する。「雨傘運動では、子どもがデモに参加するのを認めない親が多かったが、今回は逆だ。特に経営者や企業の幹部クラスが、わが子のデモ参加を勧める傾向がある」

改正案が成立すれば、中国に批判的な情報が流通しなくなることも懸念された。言論の自由が保障されなければ、外資系企業が香港から撤退し、国際金融センターの土台が崩れかねない。

経済界の懸念に配慮し、香港政府は3月26日、改正案を一部修正し、引き渡しの対象を絞り込んだ。しかし、経済界が最も懸念した贈収賄罪や、過去の犯罪行為にさかのぼって適用できるという規定は削除されず、経済界の不安は解消されなかった。もし、過去の犯罪行為を対象外にすれば、台湾の殺人事件で容疑者とされる男を引き渡すことができなくなるため、政府としては譲れない一線だった。

香港は中国の一部でありながら、中国にはない自由がある。その独特な立場をいかして恩恵を受けてきた香港の経済界の願いは一国二制度の現状維持だ。民主派とは動機が異なるが、改正案に反対するという点では一致した。民主派と経済界の足並みがそろったことで、反対運動の裾野が広がった。

経済界は表だって逃亡犯条例改正案に反対しない代わりに、従業員が勤務時間内にデモに参加することを黙認するなど事実上、反対運動に加わった。こうした「面従腹背」は後に中国政府の逆鱗に触れ、強烈な「粛清」を招く結果となる。

議会で衝突、負傷者続出

「香港を売り飛ばすな！」

「すぐに委員会を開会しろ！」

5月11日、香港島中心部にある立法会（議会）の議場。逃亡犯条例改正案の審議を阻止しようとする民主派と、議事進行を求める親中派の議員の怒声が飛び交い、つかみ合いの乱闘騒ぎに発展した。報道機関の記者もシャッターチャンスを逃すまいと、数十人が強引に突入。混乱に拍車をかけた。

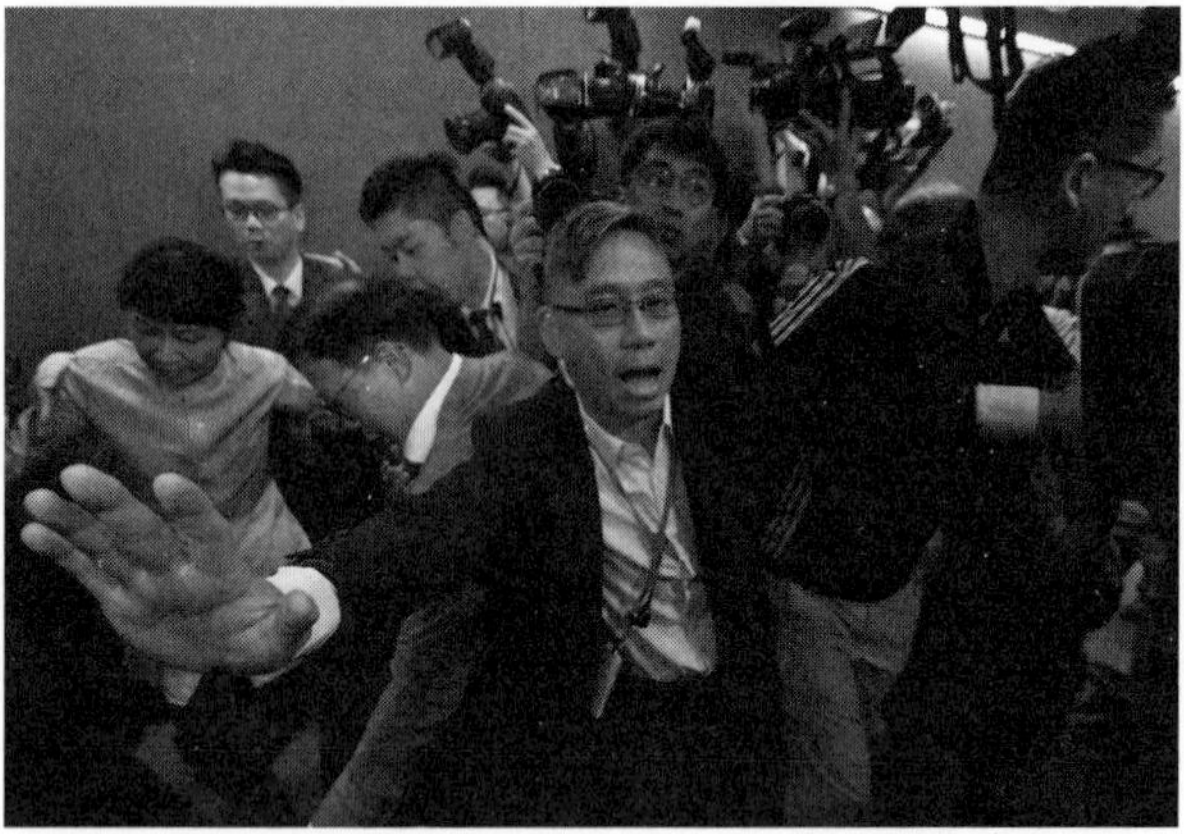

親中派と民主派の議員が衝突し、混乱する立法会の議場〔益満雄一郎撮影、2019年5月14日〕朝日新聞社提供

議員が激しく衝突し負傷する異例の事態が起きたきっかけは、最初の抗議デモ直後の4月3日にさかのぼる。香港政府は民主派議員の反対を押し切り、改正案を立法会に提出した。態度を硬化させた民主派は、行政長官の林鄭月娥（キャリー・ラム）の辞任を要求。波乱の幕開けとなった。

両派の主戦場となったのが、改正案を審議する委員会だ。慣例に従い、議員歴が最長の涂謹申が主席（委員長）を選出するまでの進行役を務めた。20年を超える議員歴を持つ涂は審議を何度も引き延ばし意図的に主席を選出しなかった。

しびれを切らした親中派はベテラン議員、石礼謙を進行役に選出した。民主派は石を進行役と認めなかったため、進行役が2人存在するという異例の事態となった。

衝突が起きた5月11日は、親中派が午前9時に委員会を再開すると宣言した。民主派はこれに対抗し、30分早い午前8時半に議場を占拠。後に議場に入ってきた石を取り囲んで、議事進行を妨害した。

「歴史に残る大悪人になってはいけない」。議場で石を取り囲んだ民主派議員の一人、胡志偉は泣きながら、審議を止めるよう懇願した。2人は香港の名門中高「皇仁書院」の卒業生で、石が先輩にあたる。石は胡の左肩に手をかけて「議会の責任を遂行しなきゃいけないんだ」と涙ぐんだ。衝突現場で議員が泣き合う異様な雰囲気となった。

結局、石は正午前、議員に負傷者が続出したことを踏まえ、審議の中止を宣言した。石は直後の記者会見で疲れた表情を浮かべた。「議員になって19年が経つが、今日ほど劣悪な状況は見たことがない」と民主派を非難した一方、「この条例案には、私だってたくさんの不満がある」と漏らし、異例の政府批判を展開した。

委員会は3日後の14日に再開されたが、親中派議員と民主派議員が再び議場で衝突し、審議はあっという間に終わった。

議場内で議員が衝突するのは香港では極めて異例のことだ。議会の動きは連日、大きく報じられ、逃亡犯条例改正に対する市民の関心を一気に高めた。

4月3日に提出されてから1カ月あまり。しびれを切らした香港政府は5月20日、「委員会での審議を断念し、本会議に直接、議案を提出する」と発表した。本会議は6月12日に設定された。民主派はこの日を「決戦日」と位置づけ、攻勢を強めていった。

中国政府、改正案を支持

「香港政府による逃亡犯条例改正を断固支持する」「予定通り法案が可決されることを希望する」

親中派と民主派の衝突で立法会の審議が膠着状態に陥るなか、5月17日、沈黙を保っていた中国政府が初めて改正案を支持する姿勢を鮮明にした。

発言したのは、香港にある中国の出先機関、中央政府駐香港連絡弁公室（中連弁）トップの主任、王志民。王は親中派の有力者らを召集し、2時間近い緊急会議を開催。親中派に団結するよう指示した。

中国政府はそれまで条例改正案への態度表明を避けてきた。香港の高度な自治を保障する一国二制度に介入したと受け止められるのを警戒したためだ。

しかし、民主派の強烈な反対に加え、一部の親中派が行政長官の林鄭月娥の独断とみて、公然と異論を唱える想定外の事態に発展。行き詰まった香港政府に対して、助け舟を出さざるをえない状況に追い込まれた。

沈黙を保っていた中国政府がこのタイミングで事態の収拾に乗り出した背景には、米中対立の深刻化があった。

逃亡犯条例の改正問題には、国際社会も反対を表明した。香港にいる外国人も中国本土への引き渡しの対象になるからだ。米国務長官のポンペオは前日の16日、香港民主派の訪問団と面会したことをわざわざ明らかにしたうえで、「改正案は香港の法治への脅威だ」と牽制した。

これをみた中国政府は、米国が香港問題を「カード」に絡めて、中国への圧力を高めようとしていると受け止めた。5月21日には、中国政府で香港問題を担当する副首相の韓正が「中央政府は香港政府による改正案作業を完全に支持する」と表明した。

出先機関だけでなく、中国共産党の最高指導部の態度表明を受け、香港の親中派の態度は一変。親中派の中でも、特に強く異論を唱えていた自由党は突然矛を収め、「もともと反対はしていなかった」と苦しい釈明に追われた。

一方、民主派は中央政府の介入だとし、批判のボルテージを一気に高めた。民間人権陣線代表の岑子杰は「もし、13万人デモでも政府に与える衝撃が弱ければ、もっと大規模化しなければならない」と宣言。6月9日に3度目のデモを呼びかけ、動員目標を30万人に引き上げた。学生団体や同窓会、宗教団体などによる反対署名運動も広がった。民主派と香港政府の対決姿勢は日増しに強まっていった。

天安門事件追悼集会に熱気戻る

夕方からの雨でぬかるむビクトリア公園を大勢の市民が埋め尽くした。

中国の民主化を求めた学生らが軍に弾圧された天安門事件から30年を迎えた2019年6月4日夜、香港では犠牲者を追悼する恒例の集会が開かれた。今年のテーマは「人民は忘れない」。香港への統制を強め、民主化運動を封じ込めようとする中国共産党に対抗し、虐殺の事実を語り継ぐという強いメッセージが込められた。

近年、集会は盛り上がりに欠いていたが、今回は例年より明らかに出足が早かった。午後8時の開始前に会場は満員にふくれ上がった。参加者の年齢層はいつもの中高年の世代だけでなく、若者の姿も目立つ。事件発生から30年という節目に加え、民意に耳を傾けず逃亡犯条例改正案の成立を急ぐ香港政府への反発が、政治に無関心だった若者たちを覚醒させた。

中国本土ではいまも、天安門事件に関する言動はタブー視され、当局の監視対象とされている。一国二制度の手前、中国政府が香港政府に追悼集会の開催を取り締まるよう指示したことはないが、追悼集会を苦々しく思っているのは明らかだ。改正案が可決されると、集会の主催者や参加者が拘束・連行されるのではないか、との懸念が高まった。

参加した男性（31）もそんな市民の一人。「香港の未来をとても心配している。逃亡犯条例改正案が可決された後も、香港は自由な社会を維持できるのか。私には全く自信がない」と顔をしかめた。

事件で子どもや夫を亡くした遺族らでつくる「天安門の母」のビデオメッセージが流された。「政府は真相を隠すことはできない」。天安門の母の発起人、張先玲が訴える画面を、ろうそくを持つ参加者たちは静かに見つめた。遺族らはいまも当局の監視下に置かれ、行動が制限されている。集会に参加した市民らは、沈黙を強いられる遺族の姿に香港の将来を重ね合わせたのだった。

集会を主催したのは香港の民主派団体「香港市民支援愛国民主運動連合会」（支連会）。天安門広場に座り込んだ北京の若者たちを香港から支援したメンバーが中心となり、30年にわたって、事件の再評価や名誉回復を求める運動を地道に続けてきた。

天安門事件を追悼する集会は、中国本土の人々に寄り添う香港の姿を示してきた。支連会は、香港市民も中国本土の住民も「同じ中国人」との立場から祖国の民主化を訴えてきた。

だが、近年、その活動は曲がり角を迎えていた。2014年に大規模デモ「雨傘運動」が挫折して以降、民主化要求を退けた中国への反発が拡大し、香港人としてのアイデンティティーが急速に強まった。中国本土の民主化よりも香港の民主化のほうが優先だと考える若者が増え、支連会の方針との間に溝ができた。香港大など主要大学の学生会は、集会への団体参加を見送るようになっていた。

集会の最後に支連会主席の何俊仁が大会声明を読み上げた。「逃亡犯条例改正案は香港の法治を傷つけ、市民の安全を脅かしている。我々は最後まで戦い抜く。これは私たちが30年にわたって続けてきた天安門事件の追悼活動に通じるものだ」。逃亡犯条例改正案への反対運動を、自由や人権を守る活動だと明確に位置づけ、幅広い市民に参加を呼びかけた。結果的にこの戦略は成功し、運動の大規模化につながる要因の一つになった。

この日の追悼集会の参加者は主催者発表で18万人超（警察発表は3万7000人）に膨らんだ。1990年以降の集会では、12年と14年に並び過去最多だった。

週末にあたる6月9日には、30万人の動員を目標に掲げた3回目の大規模デモが呼びかけられていた。「9日に会おう」。そう声をかけあって、帰路についた市民たちが想像できない展開がこの後に待っていた。

第 2 章
抗議のうねり

103万人（主催者発表）が参加した大規模デモ〔益満雄一郎撮影、2019年6月9日〕
朝日新聞社提供

1　香港史上、最大級のデモ

デモに戻ってきた若者たち

2019年6月9日午後、デモ行進に参加する市民が香港島の大通りを埋め尽くした。見渡す限り人、人、人。いったい、どれだけの人が参加しているのだろうか。これまでのデモで見たことのない規模だった。

容疑者を中国本土に引き渡すことを可能にする逃亡犯条例改正案への抗議デモは3月、4月に次いで3回目だ。出発地点のビクトリア公園に予想を超える多くの市民が集まったため、デモ隊は予定を繰り上げて午後2時半ごろ、出発した。

「改正案を撤回しろ」「(行政長官の)林鄭月娥は辞めろ」。行進ルートは異様な熱気に包まれた。いったん隊列の中に入ってしまうと、人波に飲まれてしまい、抜け出すのも一苦労だった。

この日にデモ行進を設定するよう進言したのは、「ロングヘアー(長毛)」との愛称で呼ばれる民主活動家、梁国雄(63)。キューバの革命家チェ・ゲバラを愛し、長髪をたなびかせる派手なパフォーマンスで知られるベテランだ。

デモを呼びかけた民主派団体「民間人権陣線」（民陣）幹部によると、梁は世界のメディアの注目を集めるために、天安門事件の追悼集会の直後にデモを実施するべきだとアドバイスしたという。今年は同事件から30年という節目にあたる。外国から集まった多くのメディアに香港に残って取材してもらうのが狙いだ。

この作戦は的中した。「これほど多くの市民が集まるのは想定外だった」。民陣幹部は驚いた。

デモ隊には、中高生や大学生など若者の姿が目立つ。２０１４年の大規模デモ「雨傘運動」が挫折した後、政治に失望し、民主化運動から遠ざかった若者たちが、自由が失われるとの危機感からデモに戻ってきたのだ。

同級生４人と初めてデモに参加した男子中学生（15）は「政府に対し、僕たちが抱いている不満を示し、改正案を撤回に追い込む最後の機会だ」と力を込めた。「これが最後の戦いだ」と話す若者もいた。彼らが繰り返し用いる「最後」という言葉が気になった。10代の若者をそこまで追い込むものは何なのか。

香港の社会運動は若者たちがリードしてきた。雨傘運動の２年前の２０１２年、学校現場で愛国心を育てる「国民教育科」の必修化が中高生の団体が呼びかけた反対運動によって撤回された。雨傘運動を主導した元学生リーダーの羅冠聡は指摘した。「社会の雰囲気が雨傘運動の前の状況に似てきた」

デモ行進のゴールは約3キロ離れた立法会（議会）。到着後も1000人ほどの若者が帰途につかず、路上に座り込んで雑談していた。大学3年生の男性はスマートフォンを手に「このままデモを終わらせたくない。次の指示が出るまで待っている」と語った。

民陣幹部によると、6月9日夜、雨傘運動で活動した若者らでつくる政治団体「香港衆志」（デモシスト）側から、立法会付近の駐車場入り口に座り込み、占拠したいとの申し出があった。3日後の12日に予定されている本会議での審議を阻止するのが狙いだった。

これに対し、民陣は反対した。道路の占拠は違法行為であり、平和なデモを支持する市民の理解が得られないと判断したからだ。多くの若者たちが民陣の号令を待って居残るなか、どんな作戦を打つのか。民主派の中で意見がまとまらないまま、時間が過ぎていった。

9日夜、民陣は103万人（警察発表は24万人）がデモに参加したと発表した。1997年の香港返還後、最大規模だ。民主派は香港政府に明確に「ノー」を突きつけた。香港中文大学がデモの直前に行った世論調査によると、47・2％の市民が改正案に反対と回答。賛成は23・8％にとどまっていた。デモはまさにその通りの結果となった。

しかし、香港政府は「ゼロ回答」で応じた。午後11時7分に公表した短い声明には「改正案を12日に立法会で審議する」と書かれていた。

警察と衝突する直前のデモ隊。若者たちは腕を組んで連帯を示した。一連の抗議活動で初の衝突となった〔益満雄一郎撮影、2019年6月10日〕
朝日新聞社提供

「民意が無視された」。立法会の周辺でスマートフォンを眺めて路上に座っていた若者たちの雰囲気が一変し、ざわざわし始めた。最寄りの地下鉄金鐘駅に直結するビル付近に集結していた、香港の独立を訴える急進的なグループが立法会に向けて動き出した。あとを追いかけていくと、すでに数百人が敷地内で警察と激しくにらみ合っていた。

日付が10日に変わろうとするころだった。立法会の敷地内に集結した若者たちが腕を組んで長い横一列を作り、鉄柵を抱えながら警官隊に突撃。現場は大混乱に陥った。その中には、香港独立を訴えるグループのリーダー、陳家駒の姿もあった。

衝突前、若者たちが激高して何かを叫んでいた。広東語が分からない私はその意味を理解できなかったが、表情には悲壮感があふれていた。

警察は催涙スプレーで対抗し、双方に負傷者が続出した。逮捕されたのは19人。当日は連絡先や氏名を記録し、後日、刑事事件として処理される可能性がある人は358人に及んだ。

これが一連の抗議活動の最初の衝突だった。

逃亡犯条例改正案の審議が始まる6月12日まで残り2日。民陣は立法会庁舎を包囲して審議を妨害する抗議活動を呼びかけた。日増しに緊迫感が高まっていった。

150発の催涙弾でデモ制圧

6月11日夜、千人ほどの市民が立法会（議会）の周辺に集まってきた。12日午前に予定されている逃亡犯条例改正案の審議を妨害するためだ。徹夜してまで抗戦するとは。デモ参加者の強い決意が伝わってきた。

その一人、芸術家の馬玉江に北京語で声をかけた。馬は私が中国の記者でないことを慎重に確認した後、ようやく取材に応じた。2014年の雨傘運動との違いを尋ねると、「雨傘運動は香港にない民主主義を取りに行く戦いだった。市民側は負けたが、失うものはなかった。今回はこれまで享受してきた自由が奪われるかどうかの戦いだ」と答えた。

馬の発言を聞いて、取材した若者たちが「最後の戦い」という強い言葉を使い、逮捕を覚悟して街に出てくる理由がようやく分かった気がした。

馬は表現の自由を求めて中国本土から移住してきたという。「香港で自由がなくなれば、外国へ移り住むつもりだ」

これに対し、親中派が主席（議長）のポストを握る立法会は警戒態勢を強化し、部外者以外の人物が庁舎内に入れないよう敷地を封鎖した。警察は約5千人の警察官を配置し、厳戒態勢を敷いた。

12日早朝、先に動いたのはSNS上の呼びかけに応じた若者たちだった。

「立法会の出入り口を塞げ！　親中派の議員を絶対に中に入れるな！」。現場ではこんな号令が飛び交った。付近の歩道から鉄柵を外してバリケードの山を築き、立法会につながる道路を封鎖。議員の車が庁舎に近づけないようにした。大勢の若者が道路を埋め尽くした。

立法会に向かっていた親中派議員の馬逢国はあきらめ顔で退散した。「改正案は早急に可決する必要があるのに、一部の市民だけが政府の説明を聞こうとしない」

一方、民主派議員の胡志偉はデモ隊に「今日の最も重要な仕事は審議を止めることだ。警察と衝突してはいけない」と呼びかけ、若者たちに冷静になるよう呼びかけた。

立法会を包囲する市民はどんどん増えていき、昼のピーク時には4万人規模（香港紙）に膨らんだ。付近の幹線道路も占拠され、車の往来が完全に止まった。この場所が市民に占拠されたのは、雨傘運動以来、5年ぶりだ。

参加者の大半は中高生や大学生などの若い世代だった。

アルバイトの劉頌欣（25）は雨傘運動に参加した経験がある。ほかの仲間たちとともに、行政長官選挙の民主化を求めたが、要求は何も実現しなかった。運動の挫折後、無力感から政治への関心は薄れていたが、「北京に忠実に従い、香港市民の声を無視する政府に抗議したい」と、再びデモに加わった。

「本日の本会議は延期する」。開催に必要な議員数が不足したとして、立法会は結局、午前11時に予定していた本会議の延期を発表した。それを聞いた若者たちは路上に座って食事をとったり、徹夜で参加した人は道路に寝転がって仮眠をとったりして緊張感が緩んだ。そんなときだった。

「ドドン」。午後3時過ぎ、一部の若者が立法会の敷地になだれこんだ。SNS上で、午後3時までに政府が改正案の撤回を表明しなければ突入するとの戦術が呼びかけられていた。匿名で情報交換ができるSNS上には、誰でも自由に入れるグループがたくさんあり、戦術を情報交換していた。

これに対し、警察は催涙弾やゴム弾などで応戦した。敷地に突入していない参加者に向けても発射を繰り返した。ガスマスクなど装備を事前に用意していた市民はほとんどおらず、悲鳴をあげながら後退。撃たれて、血まみれになり、道路に倒れ込む若者が続出した。警察はこの日、雨傘運動時の87発を大きく上回る150発超の催涙弾を発射し、若者ら72人が負傷した。

警察はテロ対策などを担う特殊部隊「速龍小隊」を出動させた。顔をマスクで覆い隠したうえ、制服から個人識別番号を外した隊員がデモ参加者を無差別に殴る様子が繰り返し報道された。さらにデモ隊を道路の両側から追い詰めて逃げ道を塞いだうえで催涙弾を放った。「警察の取り締まりはデモ隊を強制排除するという目的を逸脱している」。民主派幹部はこう非難した。

警察が催涙弾を発射したとき、私は屋外で取材中だった。慌てて立法会に戻ったが、庁舎の玄関のガラスの扉が施錠されて開かない。催涙ガスが流れ込み、息が苦しくなった。横にいた白人の記者が扉を激しく蹴ると、職員がしぶしぶカギを開け、数人の記者と共に中になだれ込んだ。

警察は声明を出し、この日の衝突を「暴動」と認定した。行政長官の林鄭月娥（キャリー・ラム）も「法律を顧みない暴動行為だ」と同調し、警察の判断を支持した。これに対し、多くの市民が「抗議デモであり、暴動ではない」と猛反発した。

抗議デモか暴動か。抗議デモであれば、香港基本法で保障されているデモの自由に基づく合法的な行為である一方、暴動罪であれば最高刑が禁錮10年。その違いは天と地ほど大きい。「子どもたちは暴徒ではない」。6月14日には、母親たちの抗議集会があり、6千人（主催者発表）がこう訴えた。

「6・12」の衝突をめぐる見解の相違は後に深刻な対立をもたらした。

「200万人＋1人」のデモ参加者

6月16日午後、大勢の群衆が再び香港島の大通りを埋め尽くした。

民主派の市民団体「民間人権陣線」が呼びかけたデモ行進。103万人（主催者発表）を集めた前回のデモからわずか1週間。短期間に2度もデモ行進を行うのは極めて異例だ。

デモの出発地となった香港島のビクトリア公園には、午後3時の出発前から市民が続々と集結。公園内に入り切れなくなり、デモ隊は予定より約20分早くスタートした。

「改正案を撤回しろ」「(行政長官の）林鄭月娥は辞めろ」。参加者たちは1週間前のデモと同じように、大きなかけ声をかけて行進した。大通りの全車線を埋めたデモ隊は、立法会（議会）や政府本部が集まる香港島中心部までの約3キロを行進した。

民陣は16日深夜、参加者を「200万人＋1人」（警察発表33・8万人）と発表した。プラスされた1人は、前日に抗議の自殺をした梁凌杰（35）だ。100万〜150万人が参加したとされる1989年の天安門事件に対する抗議デモを上回り、規模は過去最大となった。真夜中になっても大通りの人波は途切れなかった。

この日、参加者が大幅に増えたのは、12日に立法会を包囲した市民に多数の催涙弾を打ち込んだ警察への怒りが爆発したことに加え、15日に飛び降り自殺をした梁への同情もあった。梁は高齢者に米を配るなどのボランティアをしていたが、自殺直前、雨傘運動を連想させる黄色のレインコートをまとい、逃亡犯条例改正案に抗議するスローガンを掲げた。その中には、①改正案の完全撤回、②12日の衝突を「暴動」と認定した政府見解の撤回、③デモ参加者を逮捕・訴追しないこと、④林鄭の辞職の4点が含まれていた。民陣は16日のデモ行進の際、①〜④に加えて、警察の権力濫用の責任を追及する独立調査委員会の設置を加えた「五大要求」を発表した。

デモの参加人数をめぐっては、民陣と警察の発表はいつも大きな開きがある。民主派関係者によると、人数を正確に数えることはできないため、規模を目視し、過去の経験も踏まえて推定しているという。

一方、警察の発表が正しいとも限らない。香港紙によると、警察は決められた地点に人員を配置し、目視で数えているとしている。だが、途中からデモに加わった人や、所定のコースではない道路を歩く人はカウントの対象に含まれていない。デモの規模を小さく見せるため、少なめに見積もっているとの疑念もでている。16日の参加者数は150万人超とする学者の試算もあった。いずれにしても、香港史上、最大級のデモであることは間違いなかった。

これほど大規模なデモが起きたのは、林鄭にとって大きな誤算だった。

林鄭は「200万人デモ」の前日の15日、逃亡犯条例改正案の審議を一時停止すると発表し、事態の収拾を図った。台湾側が殺人事件の容疑者とされる男の身柄の受け取りを拒否しており、審議の緊急性がなくなったとして、少なくとも年内は審議を再開しないと表明した。

こうして香港市民の抗議活動は、中国政府のお墨付きを得た逃亡犯条例改正案を止めることに成功した。統制を強める習近平政権にとっては香港の民意に屈したことにもなり、ニューヨーク・タイムズは習の「最大の政治的敗北だ」と指摘した。

民主派が改正案の審議を止めることに成功したのは、政府寄りの経済界、中国と関係が深い親中派からも異論が噴出し、反対勢力が団結したことに加え、国際社会も厳しい姿勢を示したからだった。

しかし、林鄭は15日、改正案の審議停止は表明したが、撤回や自身の辞任を拒否。その結果、市民の反発は一段と強くなり、翌日のデモの大規模化につながった。「一時停止と撤回は違う」と訴える横断幕も登場した。18日には、林鄭は混乱を招いたことについて謝罪したが、もはや林鄭の手では制御できない段階まで市民の怒りは膨らんでいた。

警察本部を包囲するデモに参加した周庭（左）と黄之鋒。無許可のデモを行った罪などで2020年、有罪判決を受け、服役している（21年4月現在）〔益満雄一郎撮影、2019年6月21日〕朝日新聞社提供

雨傘運動のリーダーが出獄

雨傘運動を率いた学生リーダーが戻ってきた。「200万人デモ」の熱気が冷めやらない6月17日、黄之鋒（ジョシュア・ウォン、22）が刑期満了で出所した。「香港の自由のために闘っていく」。抗議活動に加わる考えを強調した。

2014年の雨傘運動では、香港の若者らが選挙制度の民主化を求めて、香港中心部を79日間にわたって占拠した。黄は当時、17歳ながら、学生リーダーの一人として若者の象徴的な存在となった。雨傘運動で裁判所の命令に反し当局によるデモ隊の排除を妨害したとして、19年5月、禁錮2カ月の有罪判決が出され、収監されていた。

6月21日午前7時、若者たちが政府本部に集まってきた。逃亡犯条例改正案の完全撤回を求める学生団体などが政府本部を包囲し、公務員の出勤を妨害しようと呼びかけていた。これを受けて、香港政府は庁舎の閉鎖を決定。若者たちは次の抗議対象を探し始めた。

そのころ、SNS上で「警察本部を包囲しよう」という情報が流れた。正午前、若者たちは徒歩で10分ほどの警察本部に移動し、一帯を包囲した。警察は出入り口の封鎖に追い込まれた。

現場にいた若者(23)は「改正案の撤回は当たり前だ。拘束された仲間の釈放や暴動との認定の撤回も求める」と語った。林鄭が撤回を表明しないため、デモ隊の要求項目がどんどん増えていった。

黄は庁舎の入り口にある階段に上り、大勢の若者を前に演説を始めた。横では、雨傘運動で活動した周庭(アグネス・チョウ)がスピーカーを持って、サポートした。2人はともに政治団体「香港衆志」のメンバーだ。

「俺たちは暴徒ではない! 警察のトップは出てこい!」。黄の大きな声がオフィス街に響き渡る。しかし群衆の反応はいま一つ。黄の呼びかけに耳を傾けず、それぞれ雑談をしていた。

警察の交渉担当者が「流血する事態にならないようにしたい」とする声明を読み上げ、冷静になるよう呼びかけた。しかし、群衆は増える一方で、夕方には1万人を超えるとみられる規模まで膨らんだ。興奮した一部のデモ参加者は庁舎に向かって卵を投げつけ始めたほか、入り口には障害物の山を築き、警察本部の出入り口を塞いだ。「永遠に屈服しないぞ」と書かれた紙が壁に貼り付けられた。

当時、撮影を担当していた同僚のフォトグラファー、竹花徹朗と、「デモ隊は警察を過度に挑発しているのではないか」と話した記憶があるが、怖い物知らずの若者たちをいさめる人はおらず、「もっとやれ」という雰囲気に満ちていた。

包囲から12時間が経過した午後11時過ぎ、黄が再び、マイクを握った。「このままみんなで徹夜して残るか、それとも一緒に撤退するか。午後11時半に挙手して決定しよう」。しかし、群衆から反応はない。結局、誰も挙手しなかった。黄は無視された形となり、いつのまにか姿を消した。

雨傘運動は、民主的な行政長官選挙の実現という目標を達成できず、挫折した。欧米諸国で黄は著名な民主活動家としてその名を知られるが、香港の若者たちの間では「雨傘運動の失敗者」との厳しい見方もある。黄の影響力の低下を強く印象づけた一日となった。

黄と周は2020年12月、警察本部を包囲した抗議活動をめぐり、無許可のデモを組織し参加者を扇動した罪で、それぞれ禁錮1年1カ月半、禁錮10カ月の実刑判決を受けた。詳しくは372〜376頁を参照していただきたい。

G20で世界にアピール

6月28日に大阪で開幕する主要20カ国・地域首脳会議（G20サミット）に照準を合わせて国際的な撤回圧力を高める——。民主派の市民団体「民間人権陣線」が26日夜に香港島中心部の中環（セントラル）で開いた抗議集会には、1万人（警察発表）の市民が参加した。中国と世界を結ぶ国際都市として発展してきた香港。長く英国の統治下にあったため、英語を話す人も多い。国際社会に支援を求める戦術はまさにお手の物だった。

「香港人と一緒に声をあげてほしい」。抗議集会では、英語のほか、日本語、フランス語、韓国語など10を超える言語で大会宣言が読み上げられ、大きな拍手に包まれた。

抗議集会の前には、SNS上での呼びかけに応じた市民ら約1500人が、米国や日本などの総領事館を訪れ、G20で香港問題を取り上げるよう求める陳情書を提出した。

親中派が多数を占める立法会（議会）は、7月中に予定されていた逃亡犯条例改正案の採決日程を6月20日に繰り上げた。28日から始まるG20で出席国から批判される事態を避けたい中国政府の意向があったとされる。しかし、審議不足だとする香港市民の不満が膨らみ、抗議活動が大規模化。香港政府は審議停止に追い込まれていた。G20の前に収束を図るという中国政府の思惑は失敗に終わった。

米国務長官のポンペオはG20の間に開かれる米中首脳会談で、大統領のトランプが香港問題を取り上げる可能性に言及した。通商交渉を有利に進めるため、香港問題を利用する米国の思惑が透けてみえた。

一方、中国は香港問題について「議論することに同意しない。完全に中国の内政問題だ」と突っぱねた。

G20開幕前日の27日夜、首相の安倍晋三が大阪市で中国国家主席の習近平と会談した。話の大半は改善基調にある両国関係の強化に割かれたが、安倍は香港問題にも言及。「人権尊重や法の支配といった国際的な普遍的価値が保障されることは重要だ」と指摘した。

G20が開幕した28日、大阪市では、中国による人権侵害を訴える活動家らが集会を開催した。香港からは独立派の陳浩天（28）が参加し、「香港の現状から目をそらさないで」と訴えた。参加者は街宣活動を行い、「フリー、ホンコン（香港に自由を）」と声を上げた。

結果的にG20で香港問題が大きく取り上げられることはなかった。しかし、民主派を支持する市民らは、国際社会の注目を集めれば、中国を追い込めるとの手応えをつかんだ。

そんな「成功体験」が後に、アジアのハブである香港国際空港の占拠につながる。

インタビュー②　政府の判断ミスで問題が複雑化

（2019年6月19日に実施）

香港政府行政会議メンバー　葉国謙氏

▼中国の全国人民代表大会（全人代、国会に相当）の香港代表。親中派政党「民主建港協進連盟」所属。行政会議は日本の閣議に相当し、政府高官と親中派の有力者で構成される。

――逃亡犯条例改正案に対する抗議活動が激しさを増しています。

今回は台湾で起きた殺人事件が法改正のきっかけでしたが、今後、同じような問題は北京でも起こりえます。中国本土と香港をまたぐ人の往来はとても多いからです。しかし、今の法制度では、容疑者の身柄を中国本土や台湾に引き渡すことができません。香港政府はこうした法制度の抜け穴を防ぐために、改正が必要だと訴えているだけなのです。

現在、香港に逃げてきた容疑者は刑事責任の追及を免れています。香港政府はこの不正義な状況を是正する必要があります。香港、マカオ、台湾は中華人民共和国の一部です。同じ国でありながら容疑者の身柄を引き渡せないのは、どう考えてもおかしい。

——なぜ抗議活動が大規模化したのでしょうか。

改正案に対する誤解が広がったためです。一例をあげましょう。あるインターナショナルスクールで、1人の生徒が同級生になぜ抗議デモに参加したのか尋ねたそうです。同級生の答えは「改正案が成立すれば、道路につばを吐いただけで拘束され、中国本土に身柄を引き渡されてしまうから」。でも、そんなことはありません。

このような誤解が生じた背景には、中国本土の司法制度が香港市民に信頼されていないことがあげられます。法治が定着している香港と中国本土の司法制度は大きく異なります。その差を短期間で埋めることは難しいが、中国政府は司法改革の努力を続けています。

——民主派の市民団体はデモ行進に100万人超の市民が参加したと発表しました。

ありえません。たくさんの市民が参加したのは認めますが、民主派が主張するように、100万人も200万人も参加していません。小さな香港（人口約750万人）で、これほどたくさんの人が出てくるなんて不可能です。民主派は誇張しています。

香港政府行政会議メンバー　葉国謙氏〔益満雄一郎撮影、2019年6月19日〕朝日新聞社提供

――香港政府の立法作業に問題はなかったのでしょうか。

民主派も、香港に逃亡してきた容疑者の刑事責任を追及することには反対していません。送還の可否は裁判所が審査して決めます。誰でも好き勝手に中国本土に身柄を送還されることはありません。それなのに、ここまで問題が複雑化してしまったのは、香港政府の対応に問題があったため、と言わざるをえません。

――どのような判断ミスがありましたか。

デモが大規模化した6月9日夜11時過ぎ、林鄭月娥行政長官は声明で、改正案の審議を継続する方針を示し、デモ隊の要求を退けました。このとき、林鄭氏は市民の声に耳を傾ける姿勢を示すべきでしたが、民意を甘くみてしまった。結果的に市民感情を大きく悪化させてしまいました。

――市民の怒りは収まるのでしょうか。

2018年に香港と中国本土をつなぐ新幹線が開通した際、「一地両検」（香港と中国本土の越境に必要な出入境審査が香港側の駅に集約され、香港内なのに中国の警察官や税関職員が働き、中国の法律が適用される空間が生まれた）の問題が起きました。

民主派は一国二制度が形骸化すると批判しましたが、新幹線が開通すると、市民は審査が1カ所で済むので便利だと歓迎しました。今回もそれと同じで、改正案が成立すれば、市民はその必要性を分かってくれるはずです。法律の運用は抑制的に行われるので、何千人もの身柄が中国に送還される事態はありえません。

――今後、抗議活動は収束に向かうと思いますか。

6月の2回のデモは非常に規模が大きかったのは事実で、そう簡単には止まらないと思います。というのは「逮捕された仲間を釈放せよ」といったデモ隊の要求に応じることは不可能だからです。もし、それを認めたら香港は法治社会ではなくなります。暴力行為の証拠があれば、必ず刑事責任を追及しなければなりません。

デモ隊は行政長官の辞任も要求していますが、中国政府が辞任を認めることはありません。市民が街頭で政府に抗議するのは許容範囲ですが、暴力的に攻撃することは許されません。

――中国政府の韓正副首相が改正案への支持を表明しました。

林鄭氏は大規模なデモを受け、立法作業を停止する考えを示しました。それが譲れる最後の一線です。もしこれ以上、譲歩すれば、再び譲歩を迫られてしまう。香港政府の後ろ盾には中国政府がついています。中国政府はもはや、一つの法律を通過させるかどうかではなく、中央の統治権に関わる問題だとして重要視しています。

――警察の強硬的な取り締まりが問題視されています。

6月12日に警察は立法会を包囲したデモ隊にやむをえず武力を使用しましたが、これはデモ隊に庁舎を破壊される恐れがあったためです。警察の対応に問題はありません。米国やフランスの警察であれば、もっと強硬的に取り締まったはず。香港警察の取り締まりは抑制的だと言えます。

（2019年6月24日に実施）

インタビュー③「香港史上、最も危険な法案」

民主活動家　周庭（アグネス・チョウ）氏

▼1996年生まれ。15歳で社会運動を始め、2014年の民主化デモ「雨傘運動」では主要メンバーとして活動。日本のアイドルやアニメが好きで、日本語を独学でマスターした。日本語で香港の民主化運動への支援を呼びかけてきた。20年8月、香港国家安全維持法違反容疑で逮捕。12月、逃亡犯条例改正案をめぐり無許可のデモを組織して参加者を扇動した罪で、禁錮10カ月の実刑判決を受け、服役中（21年4月現在）。

民主活動家　周庭氏〔竹花徹朗撮影、2019年6月26日〕朝日新聞社提供

――なぜ香港市民は逃亡犯条例改正案に反対するのでしょうか。

犯罪容疑者を中国本土に引き渡せるようになる今回の改正案は、香港史上、最も危険な法案と言っても過言ではありません。中国が拘束したい人物の犯罪をでっちあげ、引き渡しを求める可能性があります。中国の司法制度は全く信用できません。

――なぜ信用できないのですか。

実際、中国では人権弁護士や民主活動家に対する拷問が指摘されています。ノーベル平和賞を受けた劉暁波氏は事実上の獄死を遂げました。「香港はおしまいだ」。多くの香港人は、最後という思いでデモに参加しました。

――今回、デモ参加者の中には若者の姿が目立ちます。

私たちは5年前、民主的な行政長官選挙を求め、中心部の道路を79日間占拠しました。ただ「雨傘運動」と呼ばれるこの運動は何の成果も得られませんでした。この挫折で若者は「中国は強すぎる」「デモは世の中を変えられない」という無力感に襲われ、香港の民主化運動は冬の時代に陥りました。

それでも改正案が可決されれば、透明性が高い法治や自由といった香港の核心的な価値がなくなる。自由な経済活動が保障されず、国際金融都市という特別な地位を失い、中国の一都市になる。そんな強烈な危機感が、若者や市民を再び団結させました。

――雨傘運動と今回の抗議活動はどんな違いがありますか?

雨傘運動は、民主化につなげたいという希望がありました。でも今回は違います。香港から自由が奪われ、中国本土と同じになるという絶望感が生んだものです。
民意に耳を傾けない香港政府。雨傘運動の約2倍の催涙弾を使い、市民を武力で弾圧した警察。デモに参加した200万人近い市民の胸には怒りや悲しみがあふれています。
戦術面でも違いがあります。雨傘運動では道路の占拠が長引くにつれ、市民の不満が高まりました。警察は市民の支持が弱まったタイミングを見計らい、強制排除に乗り出しました。今回は占拠しても長引かせず、抗議活動を何度も繰り返しています。

――若者だけでなく、全市民を巻き込んだ運動になっていますね。

今回のデモが過去最大規模に達したのは、本来中国寄りの経済界に反対論が広がったことも大きいです。中国で商売している経済人は中国の本当の怖さを熟知しています。

――雨傘運動の経験から学んだものはありますか。

デモ隊にリーダーがいないことも今回の特徴で、若者たちがネット上の匿名の呼びかけに応じて自発的に参加しています。政府は対話の相手が分からず困っているはずですが、対話しても意味がありません。市民の意見を聞いたとしてアリバイづくりに使われるだけ。
これも雨傘運動の教訓です。

――香港の将来はどうなるのでしょうか。

香港の高度な自治を保障する一国二制度は2047年まで50年間、続けられることになっていますが、中国は約束を守っていません。すでに「一・五制度」に変質しており、改正案が可決されたら「一制度」になるでしょう。

ここ数年をみても、中国共産党に批判的な本を販売していた香港の銅鑼湾書店関係者が失踪し、中国で拘束されました。私自身も昨年、香港の立法会（議会）選挙への立候補が認められませんでした。

——国民の自由や民主化を制限し、共産党の統治を強める中国の現状をどうみていますか。

中国は自由を認めません。立法会では、中国の国歌を侮辱する行為に刑事罰を科す条例案も審議されています。国を愛するかどうかは個人の自由であり、法律で押しつけるものではないはずです。

——今後、香港でどのように民主化運動を続けていくつもりですか。

香港は中国の民主化運動の最前線です。中国本土の民主活動家は当局に監視され、連絡をとるのが難しいですが、中国の民主化を求めるという意味では同じ立場です。香港人としては、まず香港の民主化を求め、中国本土にも影響を与えたいと思っています。

香港は家賃や物価が高く、貧富の格差も大きい。生きるのが本当につらい。自由や民主主義がある台湾に移民する人も増えています。でも、私にとって香港は家。香港人であるという責任感や誇りをもって、次の世代がもっと良い生活を送れるよう、民主化運動を続けていきたいと思っています。

2 議会占拠

厳戒下の返還記念日

炎天となった2019年7月1日の昼下がり、香港島の中心部にある立法会（議会）が若者らに包囲された。

「警察はくずだ！」

大声で叫ぶ若者たちは鉄パイプやバール、スコップといった工具や鉄製の台車を庁舎のガラスの壁に繰り返しぶつけ、内部への突入を試みた。

7月1日は香港にとって特別な日だ。約150年にわたる英国統治から、祖国である中国に返還された記念日である。毎年、政府は返還記念式典を主催し、「祖国回帰」を祝ってきた。

立法会のガラスの壁に台車をぶつけて破壊するデモ隊〔竹花徹朗撮影、2019年7月1日〕朝日新聞社提供

なぜ、若者たちはこの日、過激な直接行動に出たのか。

SNS上では6月下旬から、返還記念式典を妨害する抗議活動が呼びかけられていた。これに応じた若者たちが7月1日早朝、立法会付近の幹線道路を占拠した。

警察は約5千人の警察官を動員し、強制排除に着手。催涙スプレーを浴びた参加者が取り押さえられる際に負傷する動画がテレビやネットで繰り返し流された。そのニュースを見て激怒した若者が続々と立法会の敷地内に集まってきた。

参加者たちは香港の政治を象徴する場所を破壊し、非民主的な統治に抗議の意志を示そうと議論を始めた。政府本部や行政長官公邸なども候補にあがった。同時にSNS上でも投票が行われた。最終的に選ばれたのが立法会だった。「立法会を破壊することで、非民主的で不公正な香港の政治体制を壊したかった」。現場にいた男性の林（仮名、23）は、後に取材でそう説明した。

話し合いの際に参考にされたのが台湾の「ひまわり学生運動」だ。2014年、国民党政権の中国への過度な接近を警戒する学生らが立法院（議会）を23日にわたって占拠。その後、中国への反発が広がり、独立を志向する民進党による政権奪回につながった。

2019年7月1日、立法会に集結した香港の若者たちは、7時間以上にわたって庁舎に台車や工具をぶつけたが、強化ガラスのため、なかなか破れなかった。途中、民主派の議員が制止しようとしたが、逆に突き飛ばされた。

このころ、香港島の大通りでは、民主派の市民団体「民間人権陣線」による香港返還記念日恒例のデモ行進が行われていた。主催者発表で55万人（警察発表は19万人）の市民が参加。前年の5万人（警察発表は9800人）を大きく上回った。

若者たちが立法会を破壊しているとの速報が流れた。行進していた飲食業の男性（23）に感想を尋ねると、「政府が民意を無視するのだから、やむを得ない」と語り、若者の暴力行為を非難しなかった。

同じくデモ行進に参加していた男性（66）は「誰が若者たちに暴力的な行動を取らせたのか」と述べ、逆に政府の対応を批判し始めた。「今の行政長官が辞めたとしても、中国

立法会の議場を一時占拠したデモ隊〔竹花徹朗撮影、2019年7月1日〕
朝日新聞社提供

政府が同じような人物をすえるだけなので、辞任しても何も変わらない。我々が求めているのは、1人が1票を投票できる普通選挙だ」と言い、民主化が必要だと付け加えた。

周囲がすっかり暗くなった午後9時。ようやく庁舎の入り口がこじ開けられた。内部で警備していた警官隊が突然、後退し姿を消した。その直後、数百人の若者が一気になだれ込んだ。

林は庁舎の中に入るかどうか躊躇した。将来、刑事責任を追及される可能性があると不安になったからだ。「庁舎内の人数が足りない。警察が出動したら、一気にやられてしまう。みんな入ってくれ」。拡声機を持った男性が泣きながら訴えていた。

別の若者は「俺は今後10年間、青春をなくしてしまうだろう。でも、今、突入しなければ、

10年後の香港は俺が受け入れられない社会に変質している」と漏らした。

林は「みんな、自分のためではなく、香港の未来や市民の幸せを考えている。自分を犠牲にしてまで香港の未来を選択しようとしている」。覚悟を決めて中に入った。

議場になだれ込んだデモ隊は「暴徒はいない。暴政があるだけだ」と書かれた横断幕を掲げた。壁には「義士（逮捕された仲間）を釈放せよ」「反送中」（中国への身柄送還に反対）とスプレーで大きく書いていった。歴代立法会主席の肖像画や投票用の装置など備品を次々に破壊した。議場はその後、3カ月使えなくなった。

デモ隊が標的にしたのが「中国」だった。主席（議長）席の背後にある壁に掲げられた香港の紋章にあった「中華人民共和国」という部分をスプレーで黒く塗りつぶした。

議場内に突入した若者の中に、香港大学の学生会誌「学苑」の元編集長、梁継平がいた。中国との一体化に強く反発し、「香港ファースト」を訴える急進勢力の若者で、米国のワシントン大学博士課程で政治学を学んでいた。梁はマスクを外し、素性を明らかにしたうえで、「香港人抗争宣言」を読み上げた。そのなかに「行政長官と立法会の普通選挙の実施」という項目があった。

行政長官選挙は、1200人の選挙委員にしか投票権がない。選挙委員の大半は親中派から選出される仕組みとなっており、民主派の候補者が行政長官に選出されることは事実上不可能だ。後に香港メディアの取材に応じた梁は「6月以降、何度も大規模なデモを繰り返しても、政府は逃亡犯条例改正案の撤回に応じない。民意を無視するどころか、敵視さえしている。香港には完全な民主的な選挙がないことが問題の根源だ」と訴えた。

梁の演説は抗議活動の本質が逃亡犯条例改正案への反対運動から、政治体制の民主化運動に変質しつつあることの表れでもあった。だが、共産党指導部には香港の民主化を進める意向はない。民主化運動が出口のない戦いに突入した瞬間でもあった。パンドラの箱が開いたのだ。

梁の演説をきっかけに、普通選挙の実施という要求が行政長官の辞任に代わって民主派の五大要求に加わった。

日付が7月2日に変わった午前0時ごろ、警察がようやく立法会の外側に集結した。それを知ったデモ参加者は慌てて撤退した。午前1時ごろ、警察が庁舎内に入ったとき、デモ参加者は誰も残っていなかった。

デモ隊は突入前、学生側が占拠に成功した台湾のひまわり学生運動の再現をめざしたが、議場を3時間占拠すると撤退した。長期間、道路を占拠した結果、参加者が疲弊し、大量の逮捕者を出した雨傘運動を教訓としていたからだ。逮捕者や負傷者は戦力ダウンになるので、警察からできるだけ逃げるというのが今回の共通認識だった。

香港紙の報道によると、立法会に突入した若者たちの一部は台湾に脱出。香港人抗争宣言を読み上げた梁は米国に戻った。

中国共産党は統治下の香港で議会が破壊されたことについて、中央政府の権威が傷つけられたとして深刻に受け止めた。中国側が2020年6月末、反体制的な言動を取り締まる香港国家安全維持法の制定を強行した背景には、この日の事件の影響が大きかったとされる。詳しくは第6章以降を参照していただきたい。

それにしても、若者が立法会のガラスを割って、庁舎内に突入するまで7時間余り。警察はなぜ破壊行為を止めなかったのか。そして、突入する直前、内部で警備していた警官隊が姿を消したのはなぜか。私は釈然としなかった。

未明の緊急記者会見

異例の記者会見だった。

立法会占拠の衝撃が残る7月2日午前4時、行政長官の林鄭月娥が緊急記者会見を始めた。

政府高官や警察トップとともにメディアの前に姿を見せた林鄭の表情は明らかに疲れていた。

立法会占拠事件を受け、緊急記者会見する香港政府行政長官の林鄭月娥〔竹花徹朗撮影、2019年7月2日〕朝日新聞社提供

「昨日、私たちは異なる二つの場面を目撃した。一つは平和的・理性的なデモで、香港の自由や多様性、包容性といった核心的な価値を体現したものだ。もう一つは人々の心を痛める、驚くべき違法な暴力だ」

香港警察本部で始まった記者会見の冒頭、林鄭は「二つの場面」という言葉を用いた。平和的なデモを称賛した一方、暴力行為を非難することで世論を分断し、先鋭化した若者を孤立させる思惑があったとみられる。

香港のデモ隊は、過激な暴力も辞さない一部の「勇武派」と「和理非（平和、理性、非暴力）」を訴える多数の穏健派に分けられる。両派の路線対立が２０１４年の民主化デモ「雨傘運動」の失速を招いた教訓を踏まえ、今回は「各自の努力で山を登ろう」というスローガンが強調された。勇武派と穏健派、それぞれ抗議のやり方は違っても、お互いに批判するのではなく、団結して同じ目標に向かって努力するという意味だ。

記者から厳しい質問が飛んだ。「デモ隊が庁舎に突入した際、警察はなぜ撤収したのか。

デモ隊をワナにはめようとしたのか」

7月1日夜9時ごろ、デモ隊が突入する直前、内部で警備していた警官隊が一斉に姿を消した。デモ隊が議会を破壊する様子を意図的にメディアに報道させて、若者たちが暴徒であると印象づけようとしたのではないか。そんな疑問が記者の質問には込められていた。

これに対し、香港警察トップの警務処長、盧偉聡は「警察官の安全を守るため、やむを得ず撤退した」と述べ、意図的に撤退させたとの見方を否定したが、いざとなれば、警察は武器の使用も可能だ。警察官の安全を守るという説明が説得力を欠いたのは否めなかった。デモ隊が7時間以上にわたって庁舎を破壊する行為をなぜ取り締まらなかったのかについては、説明がなかった。

香港返還を祝う記念日に起きた立法会占拠の動きに、中国政府はいらだちを強めた。香港政策を担う香港マカオ事務弁公室は2日、報道官談話を発表。「一部の過激な勢力が暴力的に突入し、やりたい放題に設備を壊した。一国二制度の譲れない一線に対する公然たる挑戦だ」と強い言葉で非難した。香港のデモをめぐる動きをあまり報じてこなかった中国の国営メディアも一斉にデモ隊の「暴力」を非難した。

平和的なデモ行進を貫くことで多くの市民の支持を集め、政府を追い詰める戦略を進めてきた民主派。一部の若者とはいえ、勇武派が過激な行為に打って出たことが運動の逆風になり、勢いが失速する可能性はあった。

しかし、結果は逆で、勇武派は孤立しなかった。香港紙の明報が8月に実施した世論調査によると、警察の暴力が行き過ぎだと考える人が67％だったのに対し、デモ隊の暴力を行き過ぎだと回答した人は39％にとどまった。勇武派の暴力よりも、警察の暴力のほうがひどいという世論が支配的だったことを意味する。「平和的な抗議運動をしても政府が方針を変えないのであれば、デモ隊の多少の暴力はやむを得ない」とする認識が浸透していたためとみられる。

このころ、デモ隊の間では、「攬炒（ラムチャウ）」という合言葉が使われ出した。もともとは「死なばもろとも」という意味の広東語だ。香港では、北京語ではなく広東語が日常会話では使われている。

香港は、中国政府にとって世界から資金を集める上で重要な経済都市だ。もし香港の街が抗議活動で破壊され、金融機能が打撃を受ければ、そこに暮らす住民の暮らしに影響が出る。しかし、それ以上に大きな打撃を中国経済に与えることができる。そのように考えた香港市民が、自らの街を「人質」にとったのだ。香港紙によると、ある若者は「翌朝の太陽を拝めないかもしれない」と遺書を書き残し、デモに参加したという。「どうせ死ぬなら、中国も含めて全体を巻き添えにしてやる」。そんな深い絶望感が街を覆っていた。

「改正案は死んだ」というレトリック

「逃亡犯条例改正案は死んだ」「改正作業は完全に失敗した」

香港政府行政長官の林鄭月娥は7月9日、約1カ月ぶりに再開した定例会見で力なく語った。大規模な抗議活動が始まって、ちょうど1カ月。7月に入り、デモは香港島だけでなく、九龍地区や新界など香港全域に拡大した。主催者も、それまで大規模な抗議運動を繰り返してきた民主派の市民団体「民間人権陣線」だけでなく、様々な団体が呼びかけるようになり、全市民的な運動に発展した。社会の混乱が収まる兆しは全く見えなかった。

「103万人」（主催者発表）の市民が参加した6月9日のデモを受け、香港政府は改正作業の一時停止を表明。1週間後の16日に「200万人」（同）が参加した大規模デモが起きると、廃案を受け入れると踏み込んだ。さらに今回は「完全失敗」「死んだ」と言い切った。

しかし、またしても撤回には応じない意向を示したことから、民主派は「言葉遊びに過ぎない」と反発。民主派の議員団は林鄭の会見を受けて声明を発表し、改正案の「完全撤回」など五大要求を改めて突きつけた。

五大要求とは①改正案の完全撤回、②立法会周辺で6月12日に起きた衝突を「暴動」と認定した政府見解の撤回、③デモ参加者を逮捕・起訴しないこと、④警察の権力濫用の責任を追及するための独立調査委員会の設置、⑤民主的な普通選挙の導入（もともとは林鄭の辞任だった）だ。

親中派の有力者は私の取材に対し、民主派が出した五大要求のうち、唯一、受け入れる余地があるのが改正案の撤回だと語った。香港政府は改正案の成立を断念しており、実質的にはすでに撤回と同じ状況にあるためだ。親中派の議員らも撤回を受け入れる考えを表明していた。

それでも林鄭が撤回を明言しないのはなぜか。多くの市民は、後ろ盾の中国政府から「撤回」という言葉を使わないように指示されたとの疑念を深めた。中国政府が「お墨付き」を与えた政策が市民の反発で断念に追い込まれたとなれば、共産党の権威に傷がつき、中国政府高官の責任問題にも発展しかねないからだ。

林鄭は中国側の顔色ばかりをうかがい、香港市民の声に耳を傾けようとしない。そんな失望が広がり、支持率は歴代長官で最低水準に落ち込んだ。

さらに14日に英フィナンシャル・タイムズは林鄭が何度も辞任を申し出たが、中国側に拒否されたと報道。林鄭の権威は著しく低下した。

林鄭からすれば、改正案について「廃案を受け入れる」や「死んだ」などと表現を変えて世論の出方をうかがいつつ、時間を費やしてデモ参加者を根負けさせる以外、打開策がない状況に追い込まれていた。

相次ぐ自殺

7月10日夜、香港島の中心部、中環（セントラル）のエディンバラ広場が悲しみに包まれた。

逃亡犯条例改正案に抗議し、1週間前の3日に自殺したカフェ従業員の女性（28）の追悼集会が開かれた。約1千人の市民らが続々と集まり、ろうそくや花を祭壇に供え、冥福を祈った。

姓が麦という女性の遺書には「ごめんなさい　一緒に戦えなくて　がんばって」と仲間にわびる言葉や、「真の普通選挙で選ばれていない政府は、（市民の）訴えには応じない香港には革命が必要だ」とする怒りが書き残されていた。

中学時代の同級生の女性によると、麦はいつも笑顔で、明るい性格だった。ともに写真撮影が趣味で、週末にはランチを楽しむ仲だった。

麦は6月12日、立法会（議会）による改正案の審議の停止を要求する抗議デモに参加。警察が放った催涙ガスを浴びた。一緒にデモに加わった別の友人の弟が連行されたことに胸を痛め、政府や警察に対する不信感を急速に強めていった。

麦は6月20日ごろ、突然、体調の不良を訴えた。女性は病院の診察を受けるよう勧めたが、麦は「明日もデモがある」と言い、行かなかった。

麦は亡くなる2日前の7月1日、女性に連絡してきた。この日の衝突で警察から逃げる若者を撮影した写真や動画を送ってきた。これが最後の連絡となった。それまでデモへの参加が続いて疲れた様子だったが、自殺の予兆はなかった。

ただ、香港の社会に対する不満は抱いていた。増え続ける中国人観光客に対応するため、あちこちにドラッグストアや宝石店が開業し、古くからある街の景色は失われていった。麦は中国から来る観光客をこころよく思っておらず、「昔の香港が好きだった」と漏らしていたという。

追悼集会を開いたのは、ネット上の呼びかけに応じた60~70人のボランティアだ。麦とは直接面識はないが、その死に心を動かされた若者らが自発的に集まってきた。女性は「自殺は絶対にだめだ」と強調したうえで、「小さな力でも集まれば大きな力になる。みんなの心を一つにして政府に対抗していく。遺志を引き継ぎ、最後まで戦う」と訴えた。

香港メディアによると、抗議活動に関連する自殺者は麦を含め、7月10日までに少なくとも4人に上った。翌11日には、6月に自殺した梁凌杰（35）の葬儀もあった。「200

万人デモ」の直前、逃亡犯条例改正案の撤回を要求後、ショッピングセンターから飛び降りた男性だ。その瞬間を目撃し、葬儀に参列した男性教員（42）は「彼の死は香港人を覚醒させたに違いない」と涙ぐみながら語り、死を悼んだ。

深刻な社会の対立は市民の心をむしばんでいった。香港大学の調査によると、2019年6月から7月にかけて、抑うつ症を患っている可能性のある人は調査対象者の9・1％に達し、2014年の雨傘運動時の2倍近くに達した。自殺を考えた人も4・6％を占めた。

相次ぐ自殺は、市民の政府への怒りを一段と強めた。

標的にされた中国政府機関

好天に恵まれた7月21日夕方、香港島の繁華街、湾仔（ワンチャイ）でデモ行進を終えた大勢の若者たちが突然、そのまま西へ向かって歩き始めた。後続の人たちは「どこへ行くか分からないが、とにかくついていく」と追いかけていった。デモ隊が計画的に動いているようには思えなかった。

約1時間後、中央政府駐香港連絡弁公室（中連弁）に到着した。香港島西部にある中国政府の出先機関である。表向きは香港政府との事務連絡を担うのが主な業務だが、実際は香港の政財界に強い影響力を持つ。香港のトップを決める行政長官選挙や立法会選挙に水面下で介入し、北京の指示を伝達しているとされる。

この日のデモ行進を主催した民主派の市民団体「民間人権陣線」によると、43万人（警察発表13万8千人）の市民が参加。夕方まではとくに目立った混乱もなかった。

一方、香港警察は7月1日に立法会（議会）をデモ隊に占拠された事件を受け、一連の抗議活動で最大級の厳戒態勢をしいたはずだった。香港政府の主要施設に高さ約2メートルの防護壁を設置した。にもかかわらず、警察は中連弁を警備対象から外し、周辺に警察官を配置しなかった。どういう情勢分析をしていたのか。首をひねらざるをえなかった。

「光復香港　時代革命」（香港を取り戻せ　我らの時代の革命だ）。デモのスローガンを叫びながら歩き、中連弁に集結した若者は数千人規模に膨れ上がり、庁舎前を占拠した。「中連弁に押しかけて、香港政府にもっと大きな圧力をかけたい」。大学を卒業したばかりの男性（22）はそう力を込めた。

興奮した若者たちは中連弁の庁舎に卵やガラス瓶を投げつけ始めた。そのたびに、群衆から大きな歓声があがった。別の若者は庁舎の壁にスプレーを吹きつけて、逃亡犯条例改正案に反対するスローガン「反送中」という文字を書き殴った。最も大きな歓声があがったのは、中国政府の象徴である赤い国章に黒い液体がかけられ、汚れた場面だった。

一連の抗議活動で香港の若者が中国政府の機関に直接抗議したのは初めてのことだ。若者の批判の矛先が香港政府だけでなく、後ろ盾である中国政府にも向けられたことを象徴する瞬間だった。

「警察が来るぞ。一緒に退避しよう。Be water（水になれ）！　ずらかれ！」。午後8時過ぎ、群衆の誰かが叫ぶと、若者たちは一斉に走り去り、あっという間にいなくなった。

デモ参加者に投げつけられた黒い塗料で汚れる中連弁の国章〔益満雄一郎撮影、2019年7月21日〕
朝日新聞社提供

「Be water」とは、香港映画史に残るスター、ブルース・リーが語った言葉である。相手の出方をよくみて、臨機応変に対応するという意味だ。道路を長期間占拠して、最終的に参加者が疲弊した雨傘運動から学んだ教訓とされる。ゲリラ的に行動し、警察を翻弄する戦術は今回の抗議活動の特徴の一つだ。

その直後、中連弁近くの路上で、デモ隊と警察が衝突。警察は催涙弾を使って、道路を占拠していたデモ隊の強制排除を

デモ参加者を襲撃したとみられる、白いTシャツ姿の集団の男たちと会話をかわす警察官。男たちは鉄パイプを持っているが、警察は連行しなかった〔益満雄一郎撮影、2019年７月22日〕朝日新聞社提供

進めた。

市民を襲う、白いTシャツ姿の集団

そのころ、私は付近の地下鉄上環駅にいた。「元朗駅は危ないので、行かないで！」。若者が大きな声で呼びかけた。元朗駅は郊外の住宅地で、中国広東省深圳市に隣接する新界にある。新界は親中派を支持する人が多いとされる場所だ。スマートフォンで速報を確認すると、白いTシャツを着た集団が駅構内に押し入り、鉄パイプでデモ参加者とみられる乗客を無差別に襲撃し、大量の負傷者がいるとの内容が流れていた。私は取材をするため急いで元朗駅へ向かった。

約30分後、現場に到着したが、元朗駅の近くに白いTシャツ姿の集団がまだ残っていた。鉄パイプや棒を持っているのも目視できた。だが、機動隊は拘束しようとしないばかりか、凶器を持つ若者と会話を交わしていた。容疑者の可能性がある人物が目の前にいるのになぜ動かないのか。警察の対応は非常に不可解だった。

香港メディアによると、白いTシャツを着た数百人の集団が、デモのシンボルカラーである黒い服を着た人を狙って襲撃を始めたのは午後10時過ぎ。パニックに陥った乗客は慌てて警察に緊急電話をかけたが応答はなく、無抵抗の乗客は血まみれになるまで殴られた。重軽傷者は45人に及んだ。機動隊は約40分後にようやく到着したが、暴行はすでに終わっていた。警察にかかってきた緊急電話は2万4千件にも達した。

この集団の中には、暴力団とのつながりがある人物も含まれていた。中国に隣接する新界には、共産党と関係の深い人も多い。中国に批判的な一部のメディアは北京の指示で実行したと報じたが、警察の捜査は進んでおらず、背後関係はいまも不明のままだ。

後日、警察官や親中派の立法会（議会）議員と集団のメンバーが親しげに会話する姿の映った映像や写真がネット上に流出した。民主派を支持する市民の間で、警察と親中派と暴力団の3者が癒着し、デモ参加者を襲撃したとの疑惑が高まったほか、警察が意図的に出動を遅らせて被害を拡大させたとの不満も広がった。「7・21事件」と呼ばれるこの事件は、警察不信を決定的にした。

香港政府行政長官の林鄭月娥は翌22日に記者会見を開いた。林鄭はまず、中連弁での抗議活動への批判を展開した後、元朗駅での無差別襲撃事件に言及した。中国政府との関係に気を遣い、市民の安全を後回しにしたとの批判を招いた。

林鄭は普段、過激なデモ参加者を「暴徒」と形容するが、元朗駅で市民を襲った白いTシャツの集団を暴徒とは呼ばなかった。デモ隊が暴徒なら、市民に無差別襲撃を加えた男たちも暴徒ではないか。

またも市民感情を逆なでする記者会見だった。

インタビュー④　立法会突入、「不公正な政治制度を破壊したかった」

（2019年8月24日、匿名報道を条件に実施）

立法会に突入した林さん（仮名、23）

▼小学生のとき、中国本土から香港へ移住。民主派の支持者として抗議活動に参加。抗議デモに絡む罪で実刑判決を受け、服役中（2021年4月現在）

――7月1日、あなたはデモ隊に加わり、立法会（議会）に突入しました。当時、現場は

どのような状況だったのでしょうか。

市民は大規模な抗議活動を平和的に繰り返してきましたが、政府は全く耳を傾けてくれませんでした。平和的なデモは全く効果がない。そんな絶望感が、突入という過激な行動を引き起こしたといえます。私自身、若者の一人として同世代の仲間たちの気持ちがよく分かります。

7月1日、デモ隊は立法会のガラスやシャッターを破壊しました。しかし、誰にもケガをさせてはいません。「香港にはこの建物（立法会）はいらない。必要なのは希望だ」。私はそう言いたい。

――デモ隊はなぜ立法会を狙ったのでしょうか。

あの日は若者たちにとって「最後の戦い」でした。みんなこの日が過ぎたら、もう市民が立ち上がる瞬間は訪れないだろうと覚悟していました。毎年7月1日には、1年で最も多くの市民が参加するデモ行進が行われています。このエネルギーを利用して、最大限の打撃を政府に与えたいと考えていました。なので、参加者はとても興奮していたし、緊張もしていました。

――1日の朝、あなたはどこにいたのですか。

自分が逮捕される可能性があるので詳しくは話せませんが、早朝、デモ参加者が立法会付近で警察官に警棒で殴られて流血する事件が発生しました。それを見て、みんな激怒し、現場に向かったのです。庁舎への突入は事前に計画されていたものではありません。

私が正午ごろ立法会に着いた直後に、庁舎の破壊が始まりました。ただ、なかなか門は壊れませんでした。ある若者はネットで強化ガラスを割る方法を検索し、どの角度からどんな工具をぶつければいいのか調べました。割れたガラスでデモ参加者がケガをしないように、破片を片づける人も現場にはいました。一方、立法会にあった書籍や歴史的な備品には手をつけませんでした。無差別に破壊したわけではありません。

――現場にはリーダーはいなかったのでしょうか。

どの建物に突入するか、ネット上でさまざまな投票が行われていましたが、あくまでも参考意見に過ぎず、現場のデモ隊が自ら議論して決めました。今回の抗議活動は特定のリーダーが存在しないのが大きな特徴で、どんな行動をとるかは各自の判断に委ねられています。2014年の雨傘運動では、学生リーダーと参加者の間で意見の対立が生じ、運動が勢いを失ってしまいました。これが今回の抗議活動の教訓となっています。

――立法会の庁舎内に入るとき、どのような思いでしたか。

当初、私には入る勇気がありませんでした。なぜなら中に入れば、暴動罪で刑事訴追される恐れがあると知っていましたし、中にいる警察官から狙撃されることも怖かった。

当時、現場には、数百人から1千人ぐらいいたはずです。ある屈強な若者がスピーカーを持って「なぜみんな突入しないんだ。中には仲間が少ないので、危ない状況に追い込まれている」と叫んでいた姿を今も記憶しています。彼の訴えを聞いて、私の心は痛みました。

別の若者はこう言いました。「もし逮捕されたら、刑務所で10年過ごすことになり、青春もなくなる。だけど、突入しなければ、俺は10年後の香港を受け入れることはできないし、10年後の香港も俺を拒むだろう」

私は「中に入れば、警察に狙撃されるぞ」と言いましたが、周りにいた人たちは「もう覚悟している」と言うばかり。彼らは自らを犠牲にして、香港の未来や人々の幸福のために尽くす決心をしていました。私も腹をくくりました。

ところが、庁舎内に足を踏み入れたところ、警察の姿はありませんでした。衝突があれば、仲間を助けようと思って中に入ったのですが、これならもうやることがないなと思って、ほどなくして外に出ました。

なぜ警察は庁舎内から退去したのか。警察は、私たちに庁舎を破壊させ、「暴力集団」であるとの印象を広めようとしたのでしょう。

——デモ隊は立法会主席（議長）の肖像画を破壊しました。

そもそも立法会は民意を正確に反映していません。主席はその象徴といえます。選挙で選ばれたとはいえ、親中派に有利な仕組みとなっています。投票結果をみると、民主派候補に投票した有権者が親中派のそれを上回っているのに、議員は親中派のほうが多い。デモ隊はこのような不公正な政治制度を破壊しようと考えました。

政府トップの行政長官だって同じです。一般の市民に投票権はありません。わずか1200人の選挙委員だけが投票権を持っていますが、うち600人以上が共産党の影響下にある人物です。行政長官は香港市民のためではなく、共産党のために存在しています。

デモ隊にとって、立法会を破壊することは、市民を代表していない政治体制を破壊することを意味していました。

——雨傘運動後、政治に無関心だった若者たちはなぜ、抗議活動に参加したのでしょうか。

雨傘運動以降、民主化運動が低調になったことに付け込み、政府は民主派議員を失職に追い込むなど締めつけを強化しました。それに対し、逃亡犯条例改正案への抗議を発端に、累積してきた若者の怒りが爆発したのだと思います。100万人以上が参加するデモを平和的に行っても政府は見向きもしないどころか、警察を使って弾圧しました。警察の取り締まりは雨傘運動当時、デモ隊を強制排除することを主眼にしていましたが、いまは拘束することを目的としています。デモ隊の逃げ道を塞いだうえで催涙弾を放つなど、取り締まりのやり方がひどいと思います。

――あなたは中国政府にはどのような見方を持っていますか。

香港政府が強硬姿勢を取る背景には、中国政府からの圧力があります。林鄭月娥（キャリー・ラム）行政長官が辞意を漏らしたと報じられていますが、辞められないのは、任命した中国政府の面目がつぶれるからです。本当におかしな話だと思います。

――最近、林鄭氏の辞任を要求する声があまり聞かれなくなりました。

林鄭氏が辞任したとしても、「第2の林鄭」が後任に就くだけで、意味がないことをみんな知っているからではないでしょうか。問題はいまの政治制度にあります。彼女はその中の一つのコマに過ぎません。

――あなたの両親はどのような政治思想を持っているのでしょうか。

両親は政治問題に触れたがりません。私のやっている行為を良いことだと理解しつつも、ときにしかることもあります。でも、それは私の将来を案じてのことでしょう。

――香港の若者たちが抗議活動に加わる背景には、低所得や失業など経済的な不満もあるのでしょうか。

それも半分はあります。大学を卒業しても、自宅は10平方メートルしかなく、牢屋よりも狭いなんて自嘲している人もいました。香港の不動産価格は高すぎます。大学を卒業したばかりの人の月収は1万5千香港ドル（約20万円）ぐらい。努力すれば人生を変えられると言われて、一生懸命に勉強しても、卒業したら、まともな生活ができない。これでは希望は見えません。香港の政策は不動産開発業者や資産家に過度に有利なものとなっており、貧困家庭の子どもが苦学しても社会はそれに報いることができない。悲劇だと思います。

――デモ隊の最前線で警察と衝突する若者たちはどのような人なのでしょうか。

いろんな人がいます。シェフ、パイロット、看護師、学生、中には13か14歳ぐらいの子どももいます。結婚している男性もおり、「デモに参加しないと妻に怒られる」と話していました。高齢者もいます。決して若者だけの運動ではありません。

——今後はどのような活動を考えていますか。

私自身、経済的に恵まれない家庭で育ったので、貧しい人を助ける活動をしたいと考えています。いまの香港は貧困出身というだけで、成功のチャンスが限られてしまう。最難関の香港大学の学生の中で貧困家庭の出身者はとても少ないのが現実です。平等な社会をつくるのが私の理想です。そのために低所得者を支援していきたい。

——あなたは小学生のとき、中国本土から香港に移住してきたそうですね。

はい。両親は私に良質な教育を施すため、香港に移住しました。香港の教育制度は私に何も与えてくれませんでしたが、最も大切なことは、教育は学校だけに限らないということです。自由、人権、民主、平等は、私が香港にいたからこそ学べたものです。本土にいては触れる機会もなかった。

中国本土には友人もいますが、連絡を取ることはほとんどありません。中国のSNSの「微信」(ウィーチャット)を使うと当局に監視されて危険だからです。私は香港にいるのでまだ安全ですが、友人に迷惑をかけてしまいます。親戚もいるのですが、私が拘束されてしまう恐れがあるので、訪ねることはできません。

——あなたは雨傘運動に参加したことはありますか。

あります。高校生のときです。雨傘運動の失敗は私の心をひどく傷つけました。要求は何一つ実現されず、絶望感にさいなまれました。

しかし、いまから振り返れば、雨傘運動の意義は大きかった。多くの香港市民が政治的に覚醒し、不正義にどう立ち向かうか学びました。もし、雨傘運動がなければ、今回の抗議活動も起きなかったと思います。

——今回の抗議活動の結末はどうなると思いますか。

政府の締めつけや警察の暴力はエスカレートしていくと思います。我々、名も無き市民はSNSを使って連帯し耐えるだけです。目の前には絶望しかありません。ただ、唯一見える光があります。それは抗議活動が始まって以来、市民が団結し、絶対に屈服しない強い決意を示したことです。雨傘運動のように何の成果もないまま、あきらめることはありません。

第 3 章
怒りと憎悪

デモ隊を強制排除するため、催涙弾を放つ警官隊〔竹花徹朗撮影、2019年8月31日〕
朝日新聞社提供

1　空の玄関口を止めた

デモ隊の連係プレー

2019年8月に入ると、抗議活動は一段と激しさを増した。3日夜、逃亡犯条例改正案の撤回を求めるデモに参加した若者ら千人超が九龍地区の繁華街、尖沙咀《チムサーチョイ》の警察署を包囲した。

突然、警察署につながる出入り口から炎が上がった。若者がゴミ箱の中に火を放ったのだ。消防車がけたたましいサイレンを鳴らして駆けつけ、消火作業にあたった。8月になると、デモ隊は頻繁に火を放つようになった。

その直後、今度は別の若者たちが道路から掘り起こした大量のれんがを署内に投げ込み始めた。停車していた車の窓ガラスが次々に割れていく。火を投げ込まれて炎上する車もあった。デモ隊の動きをよく観察していると、役割分担が見えてきた。①れんがを調達、②実際に投げる、③れんがを投げる人の顔がメディアに撮影されないように雨傘を広げて隠す、の三つのグループに分かれていた。

今回の抗議活動には明確な指導者はいないが、デモの現場には即席の「仕切り役」がいることが多い。リーダーシップのある人が参加者に「指示」を出し、配置などを決めていた。

デモ隊が火を使用するまで抗議活動をエスカレートさせた背景には7月30日、デモで逮捕された若者44人が暴動罪で起訴されたことがあった。一連の抗議活動で、暴動罪で起訴されたのは初めてのことだった。暴動罪は最高刑が禁錮10年という重罪だ。デモ隊は五大要求の中で、逮捕された仲間の刑事責任の追及を取り下げるよう求めていたが、拒否された形となった。多くの市民は起訴された「仲間」に同情し、逆に彼らを追い詰めた政府への反発を強めた。

8月3日、催涙弾が飛び交い、白煙があがる九龍地区の大通りで、高校を卒業したばかりの男性(19)が悲壮感をあらわにした。「デモに参加するたびに警察に催涙弾を打ち込まれ、殴られる。我々の要求に対する答えはなく、何の収穫もない。正直、非常にむなしい。しかし、逃亡犯条例改正案を完全撤回させるという決心は揺るがない」

現場にいた若者たちの手には鉄パイプが握られていた。2014年の民主化デモ「雨傘運動」では、警察の催涙スプレーに雨傘を広げて耐え、運動名の由来となった。今回の抗議活動でも、若者たちは当初、雨傘を持っていた。だが、長期化するにつれ、手に持つのは鉄パイプという武器に変わり、そして放火もいとわなくなった。

このころ、政府内部もガタガタしていた。

前日の8月2日夜には、公務員による抗議集会が初めて開催され、4万人超（主催者発表、警察発表は1万3000人）が参加した。行政長官の林鄭月娥（キャリー・ラム）からみれば、ついに「身内」からも不満が表面化した形だ。

登壇した公務員の男性は「政府に対する信頼が大きく損なわれ、公僕としての職責を果たせない」と危機感を表明した。公務員らは7月下旬から、「一般の市民と同様、我々にも集会に参加する権利がある」と主張。政府は「公務員は行政長官と政府に完全に忠誠を尽くさなければならない」との声明を公表して牽制したが、抑え込むだけの力はなかった。一般の公務員に加え、ネット上では7月下旬以降、警察官とみられる匿名の人々から相次いで不満の声が漏れ始めていた。

発端は、武器を持った集団にデモの参加者が襲撃された「7・21事件」をめぐり、政務長官の張建宗（マシュー・チャン）が出動の遅れなど警察の対応に落ち度があったと認めたことだ。

ネット上では、個人名が特定されないように写された警察官の身分証の写真と共に「おまえこそ（警察に）謝れ、すぐに引責辞任しろ！」と張を非難するメッセージが投稿された。

林鄭政権の指導力はもはや地に落ちていた。

空港占拠で欠航相次ぐ

8月12日、アジア屈指のハブ空港、香港国際空港のロビーがヘルメットをかぶった市民で埋め尽くされた。

SNSを通じた呼びかけに応じて、黒い服を着た若者を中心とした数千人の市民が空港に続々と集結。空港行きのバスが止められると、歩いて空港をめざす人の列もできた。当初は到着ロビーに座り込んでいたが、上階の出発ロビーまで人々があふれ出した。乗客の搭乗手続きができなくなり、夕方以降の便の欠航が決まった。

空港でのデモは、7月26日が最初だった。航空業界の職員や労働組合の呼びかけによるもので、主催者発表で1万5000人が集まった。空港ターミナル内での抗議活動は珍しいだけに、国際的な注目を集めた。

8月5日には、香港各地でさまざまな業界が参加する大規模なゼネストが呼びかけられた。空港では、航空会社の職員のほか、管制官など空港スタッフも職場を離れてデモに参加したため、250便以上が欠航に追い込まれた。空港が抗議活動で機能マヒに陥るのは1998年の開港以来、初めてのことだ。

9日には、空港での抗議活動が再開された。11日に繁華街で起きた衝突で、警察が発射したデモ隊を排除する弾丸で若い女性が右目を撃たれ、眼球が破裂して重傷を負った。失明の可能性が報じられると、市民の反発が一気に高まった。空港でのデモが一気に大規模化した。

「悪徳警察よ、目を返せ」

空港デモに参加した人々は警察に抗議するプラカードを掲げた。目の負傷を象徴する眼帯を付けて抗議に参加した大学生の女性(20)は、「私たちは暴徒じゃない。世界の人々に香港で何が起きているのか知ってほしい」と語った。

翌13日もデモ参加者が出発ゲートを封鎖。到着ゲートでは、中国語のほか英語や日本語、ハングルなど多くの言語で書かれたチラシやパンフレットが旅行客に配られた。デモ隊は国際世論に訴えて事態を動かそうと世界への情報発信を強めた。

空港をデモの場に選んだ背景には、6月下旬に大阪を舞台に開かれた主要20カ国・地域首脳会議(G20サミット)を前に、各国の主要紙に意見広告を掲載するなどして国際的な圧力を高め、中国を守勢に追い込んだ「成功体験」があった。今度は香港経済の生命線である空港を「人質」にとり、世界からの注目を集めようと計画したのだった。

そんななか、13日夜、空港内にいた中国紙「環球時報」記者とされる付国豪がデモ参加者から暴行を受ける事件が起きた。現場で「取材」をしていたところ、中国側の「回し者」と疑われて取り囲まれ、手を縛られた状態で殴られた。

「俺は香港警察を支持する。おまえら、俺を殴ってみろ」。付はそう挑発した。これに一部のデモ参加者が激高。付への暴力を続けた。「リンチはやめろ」。民主派の立法会議員が冷静になるよう呼びかけたが、興奮状態にある参加者の暴行は止まらなかった。

環球時報編集長の胡錫進はSNSで、付を2018年7月に入社した記者と認めたうえで、暴力を非難した。中国メディアは暴力に屈しなかったとして、付を英雄扱いする報道を一斉に展開した。

一方、中国に批判的な香港メディアは、付が中国の記者であれば持っているはずの記者証を携帯していなかったうえ、他人名義の銀行カードを所持していたと報じた。付は記者を装った情報工作員との疑惑も消えなかった。

この事件を受けて、中国本土では、「香港は危ない場所だ」「香港で北京語を話したら殴られる」といった風評が広がり、香港への旅行客は激減した。中国本土の人々はその後、香港の抗議活動を冷ややかな視線で見るようになった。

約1週間に及ぶ一連の空港占拠では、計1千のフライトが欠航に追い込まれた。海外でも大々的に報道され、「成功した」と自信を深めるデモ隊に対し、中国政府の怒りは頂点に達した。

奇妙な「特ダネ」

8月16日午後4時48分、中国国営中央テレビがキャセイ・パシフィック航空の首脳交代のニュースを速報した。同航空が正式に発表したのは午後5時14分。激しいスクープ合戦を繰り広げる香港メディアより早く中国の国営メディアが香港の民間企業のトップ人事をすっぱ抜いたのはなぜか。強烈な政治的な圧力が働いた人事であることを示す奇妙な「特ダネ」だった。

内容は最高経営責任者（CEO）のルパート・ホッグら首脳陣が19日付で辞任するというものだった。「最近の出来事は飛行の安全という約束に疑念を抱かせ、会社の評判やブランドを悪化させた。信頼を取り戻すことができる新しい経営陣に交代するタイミングだ」。同社はそう弁明した。

6月に抗議活動が拡大して以降、キャセイでは、一部のパイロットがデモに参加し、暴動罪で起訴された。多くのフライトが欠航に追い込まれた8月5日のゼネストにも職員が積極的に参加していた。

キャセイにいら立ちを募らせた中国政府は8月9日、重大な警告を出した。違法なデモに参加した職員が中国本土便で乗務することを禁止したほか、搭乗前に乗務員の個人情報の提出を要求し、違反した場合、フライトを取り消すとした。

威嚇効果は抜群だった。株価が急落すると、キャセイはすぐに白旗をあげた。デモに参加した職員を相次いで解雇し、中国当局の指示に従う姿勢を鮮明にした。

キャセイが本土内に保有する不動産などの資産は1千億香港ドル（約1兆4千億円）超に達し、中国本土便は収益の柱となる「ドル箱」だ。中国当局に生殺与奪の権限を握られているキャセイは抵抗する術を持たなかった。

キャセイ首脳の辞任劇を見せつけられた香港の経済界は震え上がった。中国本土でビジネスを展開する香港の経済界は外資系の企業を中心に、デモがある日は職員に出勤を義務づけないなど、水面下で抗議活動に「協力」していたからだ。

北京など中国本土で地下鉄を運営する香港鉄路（MTR）も中国側の圧力を受けた。デモ参加者は「Be water」（水になれ）を合言葉に掲げて地下鉄で移動しながら、各地でゲリラ的に抗議活動を繰り返した。MTRは中国メディアから「デモ隊専用の列車を運行している」と批判されると、電車の運行スケジュールを変更。市民がデモに参加しにくいように、デモ会場の最寄り駅では電車を通過させた。これに対し、デモ隊は「党鉄（共産党の鉄道）」と反発。駅の券売機の破壊や電車への放火へとエスカレートした。

キャセイのトップ人事が発表された8月16日、主要な香港紙に掲載された意見広告が注目を集めた。

広告を出したのは「一香港市民　李嘉誠」。世界有数の大富豪である李嘉誠だ。米誌フォーブスによると、純資産は294億ドル（約3兆円）。2018年に実業界から引退を表明したとはいえ、「香港ドリーム」を体現した91歳の李はいまも香港市民の尊敬を集めるレジェンドだ。抗議活動に対して態度を表明したのは初めてだった。

李が出した意見広告は2種類。いずれも一見、暴力の停止を訴えるシンプルな内容だが、その読み解きは単純ではない。誰に暴力をやめるように呼びかけているのか、明確にしていないのだ。デモ隊を弾圧する警察か、それとも街を破壊するデモ隊か。あるいは香港への締めつけを強めてきた国家主席の習近平なのか。もしくは全ての当事者をいさめたのか。読者は想像するしかない。

対照的だったのが、映画スターのジャッキー・チェンだ。国営メディアに登場し、中国側を支持する姿勢を明確にした。ジャッキー・チェンは中国の国政助言機関のメンバーとしても知られる。

2人はなぜ、このタイミングで意見を表明したのか。中国側から、中国ビジネスで利益を得てきた香港の有名人に対し、抗議活動への態度を鮮明にするよう迫られた可能性がある。ただ巨大な中国の映画市場に活躍の場を移したジャッキー・チェンと違い、李は近年、中国共産党との関係が微妙だとされている。生き馬の目を抜くと言われる中国ビジネス界で成功した名経営者のことだ。あえて態度を曖昧にしたのかもしれない。

キャセイのトップ交代を含め、長期化する抗議活動にいらだつ中国政府が封じ込めに向けて立ち上がったのは間違いない。巨大な圧力は経済面だけにとどまらなかった。

中国、武力で威嚇

8月19日、香港に隣接する中国広東省深圳市の深圳湾スポーツセンターを訪れると、スタジアムの内外に、中国軍の指揮下にある人民武装警察部隊（武警）の100台を超える車両がずらりと駐留していた。

場所は香港との境界から車で10分以内。香港で有事があれば、すぐに駆けつけることが可能だ。武警は暴乱や騒乱、テロなどの鎮圧に当たる組織。軍とは別組織だが、機構改革で2018年から軍の指揮下に編入された。

ロイター通信によると、8月15日にデモ隊の制圧訓練があり、数百人の隊員らが、香港のデモを想定し、黒いTシャツ姿の集団を取り押さえる訓練などを行った。デモ隊に圧倒的な武力を見せつけ、牽制するのが狙いだった。

香港に隣接する中国広東省深圳に駐留する人民武装警察部隊の車両〔益満雄一郎撮影、2019年８月19日〕朝日新聞社提供

中国の公安機関は外国メディアの取材を制限するのが一般的だ。しかし、スポーツセンター内には撮影を禁止する表示はあるものの、警備員の姿はまばら。私がセンター内に入って撮影しても止められることはなかった。あえて外国メディアに報道させ、香港側に圧力をかける意図が透けて見えた。

動いたのは、武警だけではなかった。

香港に駐留する中国軍の部隊は7月31日、香港で暴動が起きたとの想定で行われた鎮圧訓練を紹介する映像を中国版ツイッター「微博（ウェイボー）」上で公表した。

映像は約3分間の長さ。複数の軍人が市街地で銃を発砲し、デモの参加者を想定したとみられる人物を拘束・連行する様子が映っていた。

同日夜には香港で中国軍の創設92年を祝うパー

ティーを開催。部隊トップの司令員、陳道祥が「香港の過激な暴力事件は市民の深刻な脅威だ。絶対に許すことはできない」と強く非難した。

中国政府の香港マカオ事務弁公室報道官は8月12日、一連のデモについて「テロリズムの兆候も現れ始めた」と明言した。抗議活動を「テロリズム」と形容したことから、香港に領事館を置く各国の外交関係者の間では、「テロ対策との名目で弾圧を正当化する狙いではないか」との見方が広がり、「第2の天安門事件」が起きかねないと緊張が高まった。

1997年の返還以降、香港には中国軍の部隊が駐留している。香港駐軍法は、治安維持の必要がある場合や、香港政府では制御できない動乱が起き、中国の全国人民代表大会（全人代）常務委員会が緊急事態と判断した場合、駐留軍の出動を認めている。

香港に駐留する軍人の規模は公開されていないが、6千人とみられてきた。軍は8月29日、任務に就く兵士を交代させた。例年であれば「入れ替え後の兵士の人数に変化はない」と説明するが、今回はその記述がなかった。中国の動向に詳しい外交筋は「数千人単位で増員したとの情報がある」と指摘し、1万人を超えた可能性もあるとの認識を示した。

ただ、仮に法律上のハードルは越えても、軍や武警が直接介入すれば、国際社会の強烈な反発を招くのは確実だ。香港の高度な自治を保障する一国二制度の失敗を世界に知らしめることにもなる。中国が将来的に一国二制度による統一を目指す台湾に与える衝撃も甚大だ。

デモ参加者の間から、中国軍が出動するとの心配はほとんど聞かれなかった。8月に香港島であった大規模デモに参加した会社員の男性（24）は見透かすように断言した。「恐れることは何もない。香港に武力介入して最も困るのは中国自身だから」

「8・31」の攻防

民主派の市民団体「民間人権陣線」は8月31日に照準を合わせていた。この日に大規模なデモをぶつけ、香港政府への圧力を一段と高めるのが狙いだった。

これに対し、香港警察はデモの開催を許可しなかったうえ、29～30日に民主活動家や立法会議員ら9人を次々に逮捕。デモの封じ込めにかかった。

民主派と警察がこだわる「8月31日」とはどんな日なのか。

2014年のこの日、中国は香港の行政長官選挙から民主派の候補者を排除する制度の導入を決定。民主化を求める香港の若者たちは猛反発し、同年9月には香港中心部を占拠。後に「雨傘運動」と命名された。政治意識が高まる敏感な日にデモを開いて運動に弾みをつけたい民主派と、それを阻止したい警察。それが「8・31」だった。

30日に逮捕された9人の中には、著名な民主活動家の黄之鋒（ジョシュア・ウォン）や、日本とも関係が深い周庭（アグネス・チョウ）らが含まれていた。2人の容疑は6月21日、市民が政府本部や警察本部を包囲した抗議活動の際に、参加者を扇動したというものだ。

警察はなぜ彼らを狙ったのか。

中国の強い影響下にある香港紙「大公報」は8月8日、香港の米総領事館で政治分野を担当する外交官が香港のホテルで黄ら民主派の4人と接触した写真を掲載。米国が香港情勢に介入し、若者らの抗議活動を支援していると批判した。

警官隊に拘束されたデモ参加者〔竹花徹朗撮影、2019年8月31日〕朝日新聞社提供

親中派の有力者によると、香港政府はデモ隊の背後に米国とつながる「黒幕」がいるとみていた。その1人が米国に民主化運動への支援を訴えた黄だ。黄を逮捕すれば、一罰百戒でデモ隊を震え上がらせ、運動を抑え込むことができる。そんな青写真を描いていたという。

しかし、黄は2014年の民主化デモ「雨傘運動」を率いたとはいえ、今回の運動では指導的な立場にはなく、香港での影響力も限られていた（71〜74頁を参照）。

北京の動向に詳しい香港のある外交筋は、最近会った香港政府幹部の様子に驚いた。「デモは米国の陰謀だと、はなから信じ込んでいた。中国政府の官僚のようだった」

8月31日、警察の許可がないなか、数万人規模の市民がデモ行進を強行し、政府本部を包囲した。

これに対し、警察は催涙弾を放つなど強制排除に着手した。デモ隊も火炎瓶を香港政府本部の庁舎に次々と投げつけたり、隣の立法会への突入を試みたりした。繁華街の路上で物に火をつけ、これまで以上に激しい抗議活動となった。

集会に加わったエンジニアの男性（27）は「言論や集会の自由に対する弾圧だ」と反発。大学生の女性（22）も、「政府は市民が街に出て来ないようにしたいのだろうが、私たちを止めることはできない」と語った。

夜に入り、警察不信を決定づける事件が起きた。

特殊部隊「速龍小隊」が地下鉄太子駅で、デモ参加者を電車内に追い込み、密室に近い状態のもと催涙スプレーを噴射したうえで、警棒で無差別に殴りつけて鎮圧した。その様子がネットやテレビで繰り返し流れた。現場を目撃した台湾人の男性によると、車両にはデモとは無関係の乗客もおり、恐怖でその場にへたり込む女性や、泣き出す子を抱き、身を縮めて震える女性の姿もあったという。
後にネット上では、市民が警察に殴られて死亡したとの情報も流れた。警察は否定したが、毎月末になると、大勢の市民が太子駅で献花した後、警察との衝突を繰り返した。
この日の警察の行き過ぎた取り締まりは、市民との関係に深い溝を残し、対立を一段と決定的にした。民主派を支持する市民の警察に対する怒りは憎悪に変質していた。

インタビュー⑤　デモ参加者、進まぬ民主化に不満

（2019年7月23日に実施）

香港バプテスト大学助理教授　鄭煒（エドモンド・チェン）氏

2015年、英国ロンドン・スクール・オブ・エコノミクスで博士号を取得。雨傘運動や今回の抗議活動など香港の社会運動の調査・分析を続けてきた。現在、香港城市大学副教授。

――今回のデモ参加者の特徴を教えてください。

私たちはデモの現場でアンケートを続けてきました。年齢別では、29歳以下の若者が参加者の約半分を占めています。

香港では毎年、天安門事件の追悼集会（6月4日）や香港返還記念日（7月1日）に大規模な抗議活動があるので、社会運動に参加した経験を持つ市民が多いのですが、今回はそれまで全く社会運動に参加したことのない人が少なくないのも大きな特徴だと思います。

――参加者の政治的な立場に何か特徴はありますか。

政治的には、自らを親中派でも民主派でもない「中間派」と位置づける人や、過去に選挙で投票したことのない人も少なくありませんでした。おそらく、逃亡犯条例改正案をきっかけに、政治に無関心だった人たちが突然、立ち上がったのではないでしょうか。

――参加者の学歴はどうでしょうか。

大学生の若者も多く、教育水準の高い人が中心といえます。また自らの家庭は中産階級に属するという回答も多かったです。高学歴・中産階級の市民は民主派を支持する傾向が強いことが過去の調査で明らかになっています。

――高学歴者は低学歴者と比べると、経済的な不満が少ないと思います。

デモの現場で参加者らに動機を尋ねてみたところ、経済的な問題に不満があるのではなく、民主化が進まないことや、貧富の格差に代表される不公平な社会に抗議するのが目的だと話していました。

――7月1日、先鋭化した若者らが立法会（議会）に突入し、議場を一時占拠しました。

立法会が非民主的な政治権力の象徴だとみなされたからです。6月12日、立法会の審議を止めようとした市民の抗議デモを警察が強引に抑え込んだうえ、立法会も審議を継続しようとしました。それに反発した若者たちが7月1日に立法会に突入したのです。

香港バプテスト大学助理教授　鄭煒氏〔益満雄一郎撮影、2019年７月23日〕朝日新聞社提供

ただし、彼らは立法会の内部を手当たり次第に破壊したわけではありませんでした。香港政府の紋章のうち「中華人民共和国」という文字を選んでスプレーで汚しましたが、図書室の書籍には手をつけませんでした。冷蔵庫の物をとった際も、「代金」としてお金を置いています。

――デモ参加者の間には、香港社会に対する絶望感

が蓄積されているように感じられます。

北京にとって一国二制度とは、中国の社会主義と香港の資本主義が共存する仕組みを指します。しかし、多くの香港市民にとっては、高度な自治と法治を保障する概念です。この違いは小さくありません。

雨傘運動以降、報道や集会の自由への締めつけが進みました。2016年には、「香港は中国ではない」と訴えた議員が中国の圧力で失職に追い込まれた事件もありました。市民が選挙で選んだ議員を北京が失職させるのであれば、どうやって民意を表現すればいいのか。民主化への道筋が見えないことが絶望感を生んでいます。

――7月21日にはデモ隊が中国政府の香港出先機関を包囲し抗議しました。

彼らは一国二制度が変質したのは、中国政府が香港への介入を強めたためだと考えています。中国政府は1997年の香港返還から2003年まで香港問題には介入しませんでした。当時、香港市民は一国二制度が機能しているとして、中国政府への信頼も高かった。

今回の抗議活動でも、初期段階においては、北京の介入は比較的少なかったのですが、最近は親中派の団体を使い、デモの封じ込めに向けて積極的に関与しているとされます。

これほど多くの市民が強く反対する法案を、香港政府はなぜ撤回しないのか。背後に北京への配慮があるのではないか。民主派を支持する市民の間で疑問が高まっています。

――中国政府に抗議の矛先を明確に向けたことで、中国政府の姿勢がより強硬になる可能性はありますか。

今後、香港への締めつけを正当化する口実を北京に与えてしまいました。国家主権への不当な挑戦と受け止められてしまうのではないか、と多くの市民は心配しています。

2 遅すぎた撤回

中高生が授業ボイコット

新学期が始まった2019年9月2日、高層ビルが立ち並ぶ香港島の抗議集会の会場。授業をボイコットした制服姿の中高生たちが続々と集まってきた。

6月以降、多くの中高生が夏休みを利用して抗議活動に参加した。親中派の間では、夏休みが終われば子どもたちは学校に戻り、デモは収束に向かうとの見方もあった。

これに対し、主催者である学生団体は意図的に新学期の初日に授業ボイコットを設定。

学生団体が呼びかけたデモに参加する中高生ら〔竹花徹朗撮影、2019年9月2日〕朝日新聞社提供

親中派の期待を打ち砕くことを狙った。

　学生団体などによると、広場に集まった生徒は4千人を超えた。香港に約500ある中学・高校のうち200校以上で生徒の一部が授業をボイコットした。8月31日、デモ隊が警官隊に地下鉄駅で無差別に殴打された事件に抗議するため、集会に出てきたという生徒もいた。逮捕されると、退学処分を受ける恐れがあるなど将来の進路にも影響するのに何が彼らを動かすのか。

　中学3年の男子生徒（15）は「この数カ月で香港がすっかり変わってしまった」と嘆き、毎週のように催涙弾が飛び交う事態に、「香港が戦場になってしまった」と危機感を語った。

　香港は1997年の返還後も一国二制度のもと、中国本土と異なる独自の教育制度が維持されてきた。現在の中高生のなかには、5年前、若者たちが民主的な選挙の実現を求めた「雨傘運動」の熱気と挫折を、幼いながらも記憶に刻んだ人が少なくない。政府が「愛国心」を植え付けようとしても、中国に抱く感情は複雑だ。

雨傘運動では黄之鋒ら学生リーダーが運動を率い、民主化を勝ち取るという目標を掲げて中高生を引きつけた。しかし、今回の運動には明確なリーダーがおらず、中高生らの思いを束ねる存在が見当たらない。

そのためか、彼らのあこがれは、デモの先頭で警官隊と激しくぶつかる急進的な若者を指す「勇武派」に向かっている。病気で体が弱いという高校1年の男子生徒は「勇武派が警察の暴力から私たちを守ってくれるおかげでデモがやれる。自分も体が丈夫なら、最前線に立ちたい」と話した。勇武派は、彼らにとって英雄なのだ。

社会の分断が深まるなか、若者たちの立場や意見も割れている。

この日の集会に参加した高校3年の男子生徒(18)は、混乱のきっかけとなった逃亡犯条例改正案について、「クラスの中で反対しているのは2割くらい」と語る。「残りの5割は特に関心がない中立の立場。残りの3割は政府や警察側を支持している」。授業のボイコットが行われる一方で、中国寄りの教育を施す中学校では、子どもたちが国旗の掲げられた校内で国歌を斉唱した。学校現場でも深刻な分断が進んでいた。

民主的な選挙制度が確立していない香港では、デモは民意を政府に示す数少ない機会だ。日本と異なり、香港の保護者の間では、生徒が授業をボイコットすることに理解を示す傾向が強い。ただ、生徒は学業に専念するべきだとして「禁止」を明確に打ち出す学校もあり、対応はさまざまだ。

集会には保護者の姿もあった。ある父親(45)は「私はデモには賛成の立場だが、子どもが最前線に出てケガをしないか心配だ。多くの親も同じ気持ちだと思う」と、複雑な思いを口にした。

中高生だけでなく、大学生もボイコットに突入した。香港中文大学の集会には、主催者発表で3万人が参加した。

6月にデモが拡大した後、8月までに逮捕された学生や生徒が占める割合は全体の25%だったが、9月には38%に上昇し、若年化が加速した。

「暴力は現在の香港だけでなく、若者までも破壊する。香港の未来は非常に危険だ」。香港政府行政長官の林鄭月娥は10月の記者会見で訴えた。だが、市民の支持と信頼を失ったトップの声に耳を傾ける若者はほとんどいなかった。

香港トップの限界

「選択肢があるのなら、真っ先に辞任し深く謝罪したい」

「とてつもない混乱を引き起こしてしまったことは、許されることではない」

香港の政治報道に強いロイター通信が9月2日、香港政府行政長官の林鄭月娥が非公開の会合で述べたとする音声をスクープとして公開した。時に声を詰まらせる場面もあった。民主派の要求をはねつける強気な林鄭からは想像できない弱々しい声音だった。音声は前週に行われた財界関係者との会合で録音されたという。

林鄭は「行政長官には2人の主人がいる」との表現を用い、民主化を求める市民と、許容しない中国政府の間で板挟みに陥った苦しい立場を吐露した。中国の影響力が強まるなか、自治権が制限されていく行政長官の限界が浮き彫りになった。

一方、林鄭は「中国が軍を香港に展開させる計画はない」「中国は（10月1日の建国70周年までに事態を収拾するという）デッドラインは設けていない」とも語り、香港の行政長官が中央政府の方針を「暴露」した。中央の方針に地方が口を挟む余地のない中国政治を知る者であれば、いかにまずい発言か分かるはずだが、政治センスに乏しいと批判される林鄭は問題の重大性に気づかなかったのかもしれない。

林鄭は3日の記者会見で、「辞めたいと言った事実は存在しない」としつつも、「音声が公開されるとは思ってもいなかった」とも述べ、事実上、自身の発言と認めた。

林鄭が辞任を表明できないのは、任免権を握る中国政府が許可しないためとみられていた。辞任すれば、2017年の行政長官選で林鄭を推した習近平指導部の権威が傷つくのは必至だ。それに加えて香港が大きく混乱するなかで、火中の栗を拾おうという後継者がそう簡単には見つからないという事情もあった。

香港政治に詳しい学者は「林鄭は習指導部の白手袋だ」と語る。習指導部にとっては、林鄭を批判の矢面に立たせ、「汚れ役」を担わせたほうが「利用価値」があるという意味だ。

香港では1997年の中国返還後、選挙で政治のリーダーを決められるようになったものの、行政長官は実質的に中国の意向に沿って選ばれる。選挙は1200人の選挙委員しか投票権がなく、その多くを親中派が占める。行政長官は北京の顔色をうかがわざるをえない構造になっている。香港のトップは進退を自ら決める権限すらないのだ。

林鄭は流出した音声のなかで、「外出が困難になり、美容室にも行けなくなった」と嘆いた。社会が大混乱し、多くの市民が傷つくなか、整髪することがそんなに大事なのか。民意に鈍感なリーダーを象徴する言葉に思えた。

誰が林鄭の音声を漏らしたのか。香港メディアは、林鄭に近い勢力が意図的にリークし、辞意を抱いているとのシグナルを公開したとの見方を伝えた。

だが、中国政府香港マカオ事務弁公室報道官は9月3日、「林鄭を支持する」と改めて表明し、辞任を認めない考えを示した。

林鄭は完全に行き詰まっていた。

ようやく完全撤回

「逃亡犯条例改正案の撤回を、社会が前に進む出発点としたい」

香港政府行政長官の林鄭月娥は9月4日午後6時のテレビ演説で、厳しい表情を浮かべながら語った。抗議活動が本格化してから約3カ月。市民の強い反発を受け、ようやく撤回を表明した。

4日昼過ぎ、林鄭の公邸がにわかに慌ただしくなった。親中派の有力者や議員が続々と召集された。彼らが公邸から出る際に記者団に「林鄭が撤回を決断した」と話すと、速報が一斉に流れた。

遅すぎた決断の代償は大きかった。民主派からは「何をいまさら」といった声があがった。民主活動家の黄之鋒（ジョシュア・ウォン）は「あまりに小さく、あまりに遅い」と非難した。

なぜここまでこじれたのだろうか。最初の節目は、主催者団体の発表で100万人を超える市民がデモに参加した6月だった。林鄭は立法会（議会）での審議を断念し、改正案の廃案を受け入れると表明。7月には「改正案は死んだ」とも述べて火消しを図った。

民主派は「言葉遊びに過ぎない」として完全撤回を明言するよう要求。デモを繰り返し、政府への圧力を高めた。だが、林鄭は一貫して拒否した。

この初期段階で林鄭が撤回要求に応じれば、事態は収束に向かったとの見方が識者や外交筋の間で根強い。

しかし共産党指導部は5月に改正案への支持を表明していた。6月に香港の混乱が広がると、共産党内では「譲歩は民主派を勢いづかせるだけで、逆効果だ」という認識が多数を占め、撤回には応じない流れが一段と強まった。板挟みになった林鄭が小出しの譲歩を繰り返したことが逆効果となり、「フリーハンド」を失って最悪の結果を招いた。まさに危機管理の失敗の「お手本」のようなお粗末な対応だった。

では、なぜ9月というタイミングで事態は動いたのか。

香港の英字紙サウスチャイナ・モーニングポストによると、林鄭は撤回を表明する直前、国家主席の習近平から承諾を得ていたという。習が方針変更に応じた理由については、共産党政権の正統性をアピールする機会となる建国70周年という大事な節目を10月1日（国慶節）に控え、自国の一部である香港の混乱を早期に収束させる必要があったためとの見方がある。

ただ、林鄭は直前に流出した音声の中で「中国政府と香港政府は国慶節の前に解決できるとは期待していない」と漏らしている。国慶節への影響を習が考慮したのか、はっきりしない。

香港の混乱は、台湾での中国に対する警戒心を高めた。２０２０年1月の総統選に向け、独立志向が強い民進党政権の追い風になっていた。対立を深める米国も香港問題への介入姿勢を強めた。こうした国際情勢や中台関係を踏まえ、習が譲歩を決断した可能性もある。

デモ隊は、改正案の完全撤回に加え、警察の暴力に対する独立調査委員会の設置、暴動との認定の取り消し、逮捕されたデモ参加者の釈放、民主的な普通選挙の実現の5項目を要求に掲げていた。

これに対し、林鄭は改正案の完全撤回を除く4項目については応じないと強調した。政府高官と市民が対話を行うことなどを柱とする「四つの行動」を提案し、事態の打開を図った。だが、目算はあっけなく外れた。デモは止まらなかった。

止まらぬデモ

「あまりにも遅い」

香港政府行政長官の林鄭月娥による逃亡犯条例改正案の撤回表明を受け、民主派の立法会（議会）議員団は9月4日夜の緊急記者会見で批判した。大規模な抗議活動によって、撤回を勝ち取ったという高揚感はみじんもなかった。

逆に林鄭の撤回表明は、民主派の抗議活動を勢いづかせる結果を招いた。日本との関係も深い民主活動家の周庭は4日、ツイッターで「私たちは五つの要求を求めています。これからも戦い続けます」と宣言。修正案の撤回以外の四つの要求にも応じるよう迫った。

逃亡犯条例改正案への抗議デモが民主化運動に変質するなか、すでに実質的に廃案になっていた改正案の撤回は民主派にとって当たり前のことに過ぎなかった。撤回後、初の週末となった9月8日には、再び大規模な抗議活動があり、デモ隊は香港の中心部、地下鉄中環（セントラル）駅に火を放った。

林鄭の中途半端な対応は逆効果だった。香港中文大学の世論調査によると、林鄭が信頼回復のために提案した「四つの行動」だけでは不十分との回答が75・7％に達した。独立調査委員会の設置を求める人も70・8％に達していた。

民主派が求める五つの要求のうち、唯一、応じることができるカードを切っても抗議活動は収束しなかった。香港政府からは「これ以上譲歩しても何のメリットもない。短期間で暴力を収束させるのは不可能だ」（林鄭の右腕とされる行政会議召集人の陳智思）と、開き直りともとれる声が漏れた。

一方、中国は9月13日、抗議活動の根本的な原因の一つには不動産問題があるとの評論を国営メディアに配信させた。不動産価格が高騰し、庶民の暮らしを圧迫しているとして土地開発業者を非難した。

確かに、こうした経済的な問題も抗議活動が収まらない理由の一つではあった。だが、言論や表現などの自由が失われ、一国二制度が骨抜きにされるとの危機感が大きいからこそ、逮捕を覚悟した運動が長続きしていた。にもかかわらず、中国側は問題の所在を経済的な理由に求めた。逆にいえば、そう説明するほかなかったのかもしれない。

9月26日には、林鄭が「四つの行動」に基づいて、市民との対話集会を初めて開いた。2万人以上の申し込みがあったが、参加できたのは抽選で選ばれた150人のみ。しかも市民の発言時間は1人3分と制限された。発言者の3分の2にあたる20人が警察の暴力に言及したほか、林鄭の辞任を求める声も出されたが、対話は平行線に終わった。

「林鄭は出てこい。一緒に催涙弾を浴びてみろ」。対話集会が終わった後、政府に批判的な市民ら1千人超が会場を包囲した。政府や警察はデモ隊の襲撃に備えて高さ2メートルほどの防護壁を主要施設に設置していた。だが、物々しい雰囲気にしたくないという理由で、対話集会の会場には設けなかった。そのため、林鄭は集会終了から4時間経過した翌日午前1時半まで、会場を離れることができなかった。これが林鄭にとって最初で最後の対話集会となった。

林鄭が改正案の撤回を表明した時点で抗議活動をやめていれば、2020年に香港国家安全維持法が強制導入される事態は回避できたかもしれないが、民主派の勢いは止まらなかった。

雨傘運動から5年

香港の若者らが選挙制度の民主化を要求した2014年の大規模デモ「雨傘運動」が始まって5年となる9月28日夜、香港島中心部の広場で、民主化運動の継続を訴える集会が開かれた。

政府本部につながる歩道橋には「自由のために戦う」「民主を要求する」「革命は義務である」などと書かれた大きな垂れ幕がかけられていた。この付近を含む市内3カ所を79日間にわたって占拠した雨傘運動に、若者たちは民主化の夢を託した。だが、政府から譲歩を引き出せず、終結した。政治を変えられなかった若者たちは強烈な無力感にさいなまれた。政治への関心が低下し、毎年この日に開かれる集会も小規模にとどまっていた。だが、今年は違う。抗議活動のシンボルカラーである黒い服を着た若者たちが次々と会場へ向かい、数万人規模に達した。

雨傘運動を引っ張った元学生リーダーの黄之鋒は壇上で、「香港の問題を国際社会に訴えて戦い続ける」と宣言した。今回の抗議活動では指導的な立場にないが、国際的な知名度を生かし、欧米への情報発信役を担っていた。

デモ隊がつけた炎に包まれる「自由のために戦う」と書かれたビラ〔竹花徹朗撮影、2019年９月29日〕朝日新聞社提供

雨傘運動では、政府との対話路線をとった学生リーダーと、実力行使も辞さない過激な勢力の路線対立が深刻化し、勢いを失った。だが、今回は穏健なデモ参加者と、警察との衝突を繰り返す「勇武派」の間に雨傘運動のような激しい対立は見られない。

集会が終了後、勇武派の人たちが会場近くの政府本部にれんがを投げつけ、ガラスを破壊した。だが、現場で彼らをいさめる人はいなかった。「兄弟爬山　各自努力」（同じ目標に向かう仲間同士、それぞれ努力しょう）というスローガンが浸透していた。非暴力を掲げ、警察の催涙スプレーに雨傘を広げて耐えた雨傘運動とは大きく異なる。

今回の抗議活動で目立つのは黒い服を着て、顔をゴーグルやガスマスクなどで覆い隠す若者たちだ。雨傘運動では、参加者はみな素顔をさらしていたが、簡単に個人を特定され、1千人が逮捕された。

香港バプテスト大学助理教授の鄭煒は「雨傘運動の失敗を教訓に、手法が違ったとしても同じ目標に向けて努力するという意識が広がっている」と指摘した。

雨傘運動の教訓が5年後の闘争にしっかり引き継がれていた。

インタビュー⑥ 一国二制度、原点に戻れ

（2019年9月3日に実施）

元香港政務官 陳方安生（アンソン・チャン）氏

▼1940年生まれ。英植民地時代の93〜97年、香港政庁で総督に次ぐナンバー2のポストを務めた。返還後も香港政府ナンバー2の政務官を務め、2001年に退任。香港の自由を守り、民主主義を追求する立場から発言を続け、07〜08年には立法会（議会）議員を務めた。20年6月末、香港国家安全維持法が施行される直前に政治活動から退く意向を表明した。

——1997年の香港返還をはさみ、香港政府の高官を務めた立場から見て、今の香港の現状はどう映りますか。

香港が英国から中国に返還されて22年が経過しましたが、一国二制度がこれほどまで骨抜きにされ、自由な空間が縮小していくとは予想できませんでした。

私は返還後も4年近く香港政府で仕事をしましたが、中国政府はその間、香港の自治に手を突っ込んではきませんでした。それなのに今は多くの香港人が近い将来、一国二制度は一国一制度に変質するという危機感を抱くようになりました。

——そのきっかけは何でしょうか。

なかでも大きかったのは、中国政府が2014年に公表した一国二制度に関する白書です。ここで「中央（政府）は香港に対する全面的統治権を有す

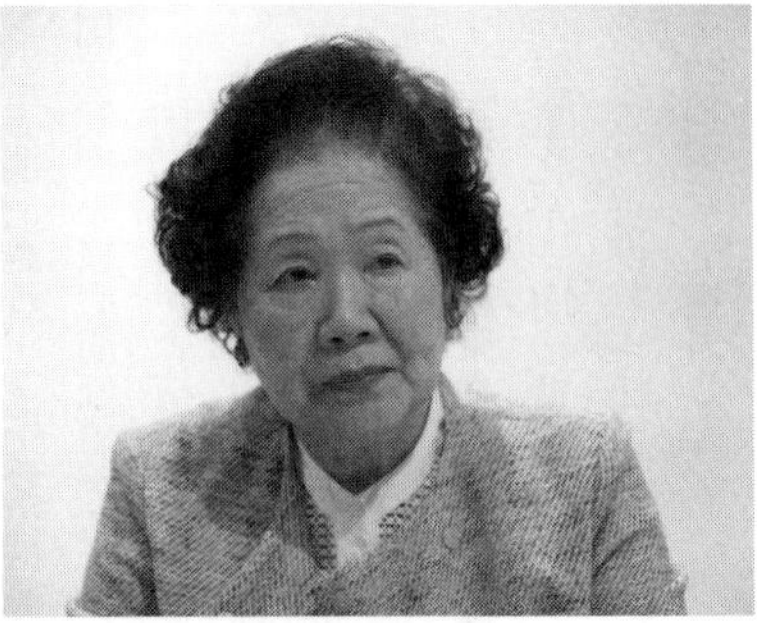

元香港政府政務官　陳方安生氏〔竹花徹朗撮影、2019年9月3日〕朝日新聞社提供

る」と明記され、「港人治港（香港人による香港の統治）」や「高度な自治」といった、一国二制度の核心的価値が踏みにじられました。

一国二制度が骨抜きになることを許した原因は香港側にもあります。

香港政府トップの行政長官は一国二制度を中国の干渉から守り、香港市民が抱える不安を北京に伝える「架け橋」の役割を果たすべきなのに、北京のほうばかり向いてしまっています。

――返還時に約束された普通選挙の実現は見通しが立ちません。

民主化が一向に進まないことも香港市民を失望させました。返還の際、（香港の憲法にあたる）香港基本法によって、少しずつ民主化を進め、最終的には行政長官と立法会議員を普通選挙で選ぶことが約束されました。しかし、中国の妨害により、いつ普通選挙が実施されるのか、全く見通しが立たなくなってしまいました。

確かに約150年にわたる英国の統治時代も、民主的な選挙制度は認められませんでした。だが、英国は基本的な人権や自由が尊重される社会を香港に残しました。

――英国の統治と比べて、中国はどのような違いがありますか？

中国は共産党の一党独裁体制であり、香港の民主化や自由などに対する考え方は英国とは大きく違います。一国二制度は、中国本土と香港の異なる体制を共存させるための壁です。逃亡犯条例の改正でその壁が壊れ、香港が中国にのみ込まれかねないという恐れから、大きな問題に発展しました。

――中国共産党は香港の抗議活動をどう見ているのでしょうか？

中国は中央政府の権威に対する挑戦だと非難していますが、全く違います。香港市民は中国政府を打倒しようとは思っていません。一国二制度を守り、自由を維持したいだけです。

鄧小平氏が主導した一国二制度は極めて適切でした。発案されてから約40年たった今も、多くの香港市民は一国二制度を受け入れ、香港は中国の一部だと認めています。中国は原点に戻り、一国二制度を正しく履行すべきです。

第 4 章

緊迫と混迷、極限に

警察官に発砲された高校生が通う学校の前に集まり、撃たれた左胸付近に手を置き抗議の声を上げる若者たち〔竹花徹朗撮影、2019年10月2日〕朝日新聞社提供

1　警察官の発砲

学生記者の独占映像

2019年10月1日午後、香港郊外の商店街に大きな発砲音が鳴り響いた。抗議デモに参加した高校2年生の曽志健（18）が警察官に左胸を撃たれ、一時重体となった。今回の抗議活動で参加者が警察官に実弾で撃たれたのは初めてだった。

世界中の記者やカメラマンが総力をあげて取材するなか、唯一、この銃撃の瞬間をカメラに収めたのは香港の大学生のメディアだった。衝撃的な独占映像は瞬く間に世界中に配信された。撮影したのは香港城市大の学生記者、林卓賢（21）だ。

林はこの日、同級生の女性と組んでデモ隊の取材に出かけた。取材対象が二手に分かれたため、林は女性と別行動を取り、一人で追いかけた。

林によると、午後4時ごろ、九龍地区の荃湾《ツエンワン》の路上で、十人足らずの若者と3、4人の機動隊員がもみ合いになった。隊員の1人が押し倒されると、別の隊員が拳銃を向けながら助けに来た。曽は白いパイプを使い、拳銃を払い落とそうとした。その直後、隊員は数十センチとみられる至近距離から発砲した。

2019年10月１日、警察官（左）に拳銃で撃たれる曽志健＝香港城市大の学生メディア「城市放送局」の動画から　朝日新聞社提供

「この数カ月、デモ取材を続けてきたが、一度も聞いたことがない大きな音だった」。林は一瞬、何が起きたのか分からなかった。気がつくと、曽が路上で仰向けに倒れていた。

「助けて！」。曽は自分の名前と身分証の番号を叫び続けた。胸から大量に出血していた。林はようやく曽が拳銃で撃たれたことを理解できた。

発砲を受け、デモ隊の多くは逃げたが、曽を助けようと、仲間１人が近づいてきた。しかし、警察に押し倒され、拘束された。その若者は「俺は逃げないから、先にあいつを助けてくれ」と叫んだ。

遠くから、デモ隊が「火炎瓶やれんがを使って、救出しよう」と話す声が聞こえてきた。警察は「暴力はやめろ、おまえらの仲間は撃たれたんだぞ」と警告。曽は撃たれた後、しばらく放置され、応急処置を受けることもなかった。救急隊員が駆けつけたのは、発砲から約10分後だった。

香港警察トップの警務処長、盧偉聡は1日深夜、記者会見に臨んだ。「警察官はデモ隊に襲撃されて生命の危険を感じ、やむを得ず撃った。発砲は適切で合法だった」として、正当防衛だったと強調した。

だが、現場で目撃した林は「警察の説明は正しくない」と反論する。

林によると、押し倒された隊員は逃げられる状態で、致命的なケガも負っていなかった。発砲した警官は銃口を水平に向けて近づいてきた。「最初からデモ隊を撃つつもりだったようだ」と振り返る。威嚇射撃もしなかったという。

曽は撃たれた後、搬送先の病院で約4時間にわたる緊急手術を受け、体内に残っていた実弾を取り除いた。実弾は心臓まで3センチのところに達していた。辛うじて一命は取り留めたものの、10月3日には暴動罪で起訴された。

林が所属する香港城市大学のメディアは「城市放送局」と呼ばれる。キャンパスを訪れると、撮影機材が乱雑に置かれ、床に敷かれた布団で男子学生が仮眠をとっていた。雑多な雰囲気がいかにも大学メディアらしかった。

香港の各大学の学生会には、大学内外の情報を学生向けに紹介するメディアがある。情報発信は主にフェイスブックやツイッターなどで行われる。

学食のメニューなど身近なニュースを伝えていた城市放送局が一転、忙しくなったのは2019年6月のこと。大規模なデモが起き、取材を開始した。

城市放送局に所属する学生記者は30〜40人。香港の大手メディアに負けない規模だ。若くて体力のある学生記者は機動力があり、各地の衝突現場の最前線で取材活動を続ける。大手メディアが撮れないスクープ映像を発信することも少なくない。

林はもともとデモに参加していた。しかし、警察との衝突が激しくなり、逮捕される若者が相次いだ。デモ隊の最前線に立って抗議活動に加わりたいが、逮捕されると就職など今後の人生に響く。そんな考えから、抗議活動の現場にいても逮捕されない学生記者を志願したという。しかし、すぐに甘かったと気づいた。「記者はこんな自分勝手な動機でやれる仕事ではない」

曽が撃たれた直後、すぐに救助すべきか、撮影を続けるべきか。林は迷った。「記者は現場に介入してはならない」。結局、後者を選んだが、それが正しかったのか、今でも判断がつかない。

林が撮影した動画はSNSで世界中に拡散された。警察の過剰な取り締まりの実態を多くの人に知らせることができたと思い、達成感があった。しかし、精神的に落ち着いた2週間後、思い直した。「何人見ようが大事ではない。重要なのは、何が起きたのか記録することだ」

大学では経営管理を専攻しているが、卒業後は大学院に進学し、ソーシャルワーカーになるつもりだ。学生記者として現場取材を続けるうちに考え方が変化した。「1人の香港人として、香港という家のために役立ちたい」

林に卒業後、メディアに就職する考えはないか聞いてみた。

林は「記者は中立、客観的でなければならないのに、自分はすぐ感情に流されるので記者には向いていない」と即答したが、デモが続く限り、取材を続けるとも話した。「デモの記録をカメラに収めて、将来、真実が覆い隠される事態を防ぐ。これが自分の任務だ」。そう力を込めた。

メンツをつぶされた習近平

香港の高校2年生、曽志健が警官に撃たれた10月1日、香港政府行政長官の林鄭月娥（キャリー・ラム）は北京にいた。中国の建国70周年を祝う軍事パレードに出席するためだ。

共産党はパレードを盛大に挙行し、統治の正統性と成果を国内外にアピールすることを狙っていた。国家主席の習近平は香港について「一国二制度の方針を堅持し、長期の繁栄と安定を維持する」と演説した。

だが、自国の一部である香港で大規模な反政府デモが発生し、中国の国旗が相次いで燃やされた。習のメンツは丸つぶれとなった。

香港警察は10月1日朝、約5千人を動員した。3万人超しかいない警察官の6分の1に相当する。「SNS上で自殺願望がある人を集めて、警察官の殺害や駅の放火が計画されており、ますますテロに近づいている。非常に危険な一日となる」。警察の報道官はこう事前に表明。民主派の市民団体「民間人権陣線」が申請していた毎年恒例のデモ行進の実施を認めないなど厳戒態勢を敷いた。

事前の予想通り、10月1日は各地で大荒れとなった。香港島では、民陣のデモが許可されなかったため、幹部を務める民主活動家らが個人の名義でデモを強行。10万人超とされる市民が「何が国慶節だ」などと大声を張り上げて行進した。対岸の九龍地区でも、道路を埋め尽くしたデモ隊が「中国共産党、消えろ」と口にしながら、中国の葬儀の時に使用する紙を大量にばらまいた。

大規模な抗議デモは10カ所以上で行われた。警察が大量の催涙弾を使って強制排除を進めると、デモ隊も火炎瓶を投げつけるなどして応戦。衝突は6月に抗議活動が拡大して以降、最大級の激しさとなった。

香港警察はこの日、計4カ所の現場で6発の実弾を発射した。6発のうち、1発が曽に命中した。警察がこの日に使った催涙弾は約1400発、逮捕者は269人で、いずれも当時1日当たりの最多を更新した。医院管理局によると、負傷者は100人を超えた。曽以外に2人が重体になった。

香港紙・明報によると、9月30日に警察が実弾使用の基準を規定したマニュアルを改定し、発砲を認める条件を緩めていた。警察がなりふり構わない強硬姿勢を取る背景には、早期収束を求める中国政府からの圧力に加え、デモ隊が過激化し警察側にも負傷者が続出している事情があった。警察がデモ参加者を「ゴキブリ」呼ばわりして挑発するなど、規律の乱れも露呈した。

曽が撃たれた翌日の10月2日、香港各地で市民らが急きょデモを行い、一部は警察と再び衝突した。

曽が通う荃湾の学校には2日朝、在校生や卒業生らが続々と集まり、政府や警察に抗議した。男子生徒と同じ学年の女子生徒(17)は「昨夜はショックで眠れなかった。市民の命を守るのが警察の仕事なのに、至近距離で銃を放つ動画を見て、恐怖でいっぱいになった」と話した。

卒業生の大学1年生の女性(19)は、後輩が実弾で撃たれたと知ってやってきた。自身も6月以降、何度もデモに参加してきた。「香港の未来のために、私たち若者は声を上げている。その声を武力で押さえつけるなんて許せない」と、声を震わせた。

正午過ぎ、高層ビルに囲まれた金融街・中環（セントラル）の公園に、スーツ姿の会社員たちが続々と集まった。ネット上の呼びかけに応じ、昼休みを使って抗議集会に参加するのが目的だ。

中国とのビジネス上の関係が深く、中国寄りとされる金融界だが、この日の集会は数千人規模に膨らみ、オフィス街をデモ行進した。曽に発砲した警察に対する社会の怒りは頂点に達していた。

一方、建国を祝う日に大規模な抗議活動が起きたことを受け、香港の親中派はいら立ちを一段と募らせた。前行政長官の梁振英はフェイスブックで、曽を暴徒だと決めつけたうえで、校長に対しても「少年（曽）を除籍すべきだ。もし、その除籍によって暴力・破壊活動が学校内で起きることを心配するならば、貴殿は即刻やめるべきだ」と圧力をかけた。

曽への銃撃は、警察とデモ隊による「暴力のエスカレート」の通過点に過ぎなかった。

52年ぶりの「戒厳令」

香港政府行政長官の林鄭月娥が10月4日、全16人の長官・局長を引き連れて会見場に入った。極めて重大な発表があることを意味していた。

覆面禁止法制定に抗議するためマスクをつけてデモに参加した人たち〔竹花徹朗撮影、2019年10月6日〕朝日新聞社提供

「一緒に暴力にノーを突きつけ、みんなが安心できる香港を取り戻そう」

林鄭はこの日、「事実上の戒厳令」とも呼ばれる緊急状況規則条例（緊急法）を52年ぶりに発動し、政府への抗議活動の際、参加者がマスクなどで顔を覆う行為を禁じる覆面禁止法を制定した。

覆面禁止法は立法会（議会）の審議を経ず、翌5日に施行された。英植民地時代以来、香港が守ってきた法治主義を大きく損ねる事態といえ、香港の混迷は新たな局面に入ったことを印象づけた。

1922年に制定された緊急法は、政府が緊急事態もしくは公共の安全に危害が及ぶ事態になったと判断した場合、行政長官が通信や移動の自由など市民の権利や生活を幅広く制限することを認めるものだ。

通信や交通の制限、拘束者の勾留延長、財産の没収などが想定され、「実質的な戒厳令に等しい」との批判も根強かった。過去には英植民地時代の1967年、51人の死者を出した反政府暴動の際に発動され、政治的なビラの貼り出し禁止や出版の差し止めなどの措置がとられた。

なぜ、香港政府はこのタイミングで立法会（議会）の審議を経ずに法制化するという「禁じ手」を打ち出したのか。

国慶節の10月1日、香港各地で大規模な衝突が起き、親中派や中国から鎮圧を強く求められていた。議会は休会中で、すぐには審議を再開できないという事情もあった。

政府関係者によると、政府は抗議デモが過激化した夏以降、事態収拾に向けて3段階の戦略を立てた。

第1段階は懐柔策ともいえる経済支援だ。政府は全世帯への電気代の補助金支給など総額191億香港ドル（約2600億円）の生活支援策などを打ち出した。だが、デモはやまず、不発に終わった。

第2段階として検討していたのが緊急法の発動だった。

「覆面禁止法と同じような法律は世界の多くの国々にある」。林鄭はこう強調した。外国にも類似の法律があると持ち出し、香港市民や国際社会の反発を弱めようとする意図がにじんだ。

第3段階は、中国に軍や武装警察の出動をあおぐことだった。しかし、香港市民や国際社会に与える衝撃は大きく、香港と中国の政府が払う政治的な代償は極めて大きい。

林鄭は会見で、緊急法発動について、「香港が緊急事態に入ったことを意味するものではない」と強調した。根拠になったのは「公共の安全に危害が及ぶ状態にある」との判断であることを強調した。

緊急事態を宣言してしまえば、香港基本法の規定に基づき、中国が武力介入する道を開くことになる。軍や武装警察が出動すれば、香港の高度な自治を保障する一国二制度への信頼が地に落ち、国際社会から猛烈な批判を浴びるのは必至だ。そのシナリオは中国政府も避けたいのが本音だ。実際、香港政府に対し、デモを自力で収束するよう要求していた。

緊急法の発動は、香港政府が自力で事態を収拾するために残された数少ないカードだが、最後の手段と位置づける中国の武力介入に近づく危うい一手でもあった。香港政府関係者は「緊急法の効果が乏しければ、残される道は中国の武力介入しかなくなってしまう」と、切迫した思いを語った。

だが、覆面禁止法によって抗議デモが沈静化するとは考えにくかった。覆面をして破壊行為を繰り返す過激な勇武派は、最高刑が禁錮10年という暴動罪での逮捕を覚悟したうえで違法行為を犯しているのに、覆面禁止法の最高刑は罰金2万5000香港ドル（約35万円）および禁錮1年にとどまる。抑止効果が弱かった。

それでも、林鄭は記者会見で「デモ参加者の暴力は公共の安全を脅かしている。法律の施行で暴力を抑制できると信じる」と強気な姿勢をみせた。

香港の時事評論家の劉鋭紹は「政府と市民の間に新たな対立が生まれてしまった。多くの人がこれからもマスク姿で街に出て、抗議の声をさらに強めるだろう」と指摘した。

その後の展開は、劉の予想通りになった。

10月6日午後、香港島の繁華街・銅鑼湾で始まったデモには、逮捕されるリスクを承知したうえで、多くの市民があえてマスクや仮面をつけて参加。地元メディアの推定で数万人規模に膨らみ、「香港人は恐れない」などと声を上げた。

政府が超法規的措置をとれる仕組みが発動されたことで、政府の思うままに自由や人権が制限されるとの危機感が高まった。デモが過激化した夏以降、足が遠のいていた親子連れや中高年が抗議活動に戻ってきた。

5歳と1歳半の子どもを連れて参加した女性（26）は、「緊急法の発動に香港の自由の危機を感じ、いてもたってもいられずに来た」。警察の許可のないデモに参加するのは初めてだ。

香港中文大の世論調査によると、覆面禁止法に反対が71％に達し、賛成の19％を大きく上回った。覆面禁止法の施行や52年ぶりの緊急法発動は、むしろ穏健な市民の反発を強めた。同法施行から1カ月で逮捕された人は300人を超えた。

覆面禁止法はその後、香港の憲法にあたる香港基本法に違反しているとして、民主派から司法闘争に持ち込まれ、香港の高等法院（高裁）は11月18日、覆面禁止法を「違憲」と判断。デモの早期収束を図る香港政府と中国政府にとっては大きな誤算となった（2020年12月、終審法院〔最高裁〕は「基本法に違反しない」との判断を下した）。

2020年に新型コロナウイルスの感染が広がると、香港政府は一転して、全市民にマスクを着用するよう呼びかけた。一時、マスクが不足し、催涙ガス対策としてデモ隊が使ったフェースマスクをかぶる市民もいた。感染症の流行拡大は予想外だったとはいえ、覆面禁止法をめぐるマスク騒動は何だったのか。何ともやりきれない気持ちになった。

警察の家族、複雑な思い

「ヤクザ警察」「家族もろとも死ね」「警察を解体しろ」

10月20日、観光客でにぎわう尖沙咀の大通り。デモに参加した市民たちが沿道にある警察署に向かって、大声でののしった。

繊維の貿易会社で働く女性（35）は、デモが本格化した6月から父母と別居している。

父親は警察官だ。6月12日、立法会（議会）周辺に集まった若者らに警官隊が催涙弾やゴム弾を放ち、72人が負傷したことをめぐって言い争いになったのがきっかけだ。

それ以降、女性は自宅を離れた。アパートを借りて約20平方メートルの狭い部屋で暮らす。家賃は約1万香港ドル（約14万円）と決して安くはない。

家族とはSNSで連絡を取り合ってはいる。だが、男子高校生が10月1日に警察に撃たれて一時重体となった事件をめぐって、「発砲の経緯を調べるべきだ」とする女性に対し「調査の必要はない」と父は反論し、また口論になった。定年退職を控える中級幹部の父は現場でデモ隊を直接取り締まることはないが、政府や警察を擁護する姿に女性は改めて失望した。

デモが起きる前、家族関係は何の問題もなかった。一緒に食事をして、旅行もした。デモをきっかけに一変した。

女性は、警察の暴力を追及する独立調査委員会の設置が重要だと考えている。しかし、父親は「警察のやっていることは正しい」の一点張りで、委員会は必要ないとの立場を崩さない。「父との距離を埋めることは不可能だ」

女性はこれまで香港の自由を守るとの訴えに共感し、デモにも参加してきた。だが、デモ隊が中国資本の銀行や警察官の家族寮を襲うなど過激化したり、SNS上で警官の顔写真や子どもの名前、自宅の住所をさらしたりするケースが出てきた。「デモ隊に対しても半分支持、半分反対」。警察、デモ隊のどちらに対しても、距離を置くようになった。

警察の家族でつくるSNS上のグループには約10人が登録する。夫が警察官だという女性は、デモ隊を暴力的に鎮圧する警察に強い不満を抱く。夫婦内で口論が絶えず、「子どもがいなければ、すぐに離婚したい」と訴える人もいる。

警察官の家族も、長期化する抗議活動がもたらした分断の中で苦しんでいた。

「殺人犯」が出獄、野放しに

香港社会を混乱の泥沼に陥れた台湾での殺人事件。その「容疑者」とされる男が出獄した。

10月23日朝、緑豊かな香港郊外の刑務所。数十人の記者やカメラマンの前に、出獄した陳同佳が姿を現した。深々と頭を下げた後、「まず被害者の遺族におわびしたい。取り返しのつかないことをしてしまった」。謝罪の言葉を繰り返した。

陳は2018年2月、旅行先の台湾で交際相手の香港人の潘暁穎（当時20）を殺害したとされる。事件直後、香港に逃げ帰ったが、香港と台湾の間には司法協力制度がないため、殺人事件での訴追を免れ、別件の罪で服役。この日、刑期満了を迎えた。

陳の身柄を台湾当局に移送するため、香港政府は2019年2月、逃亡犯条例改正案を提案。だが、台湾だけでなく、中国本土へも移送可能な内容だったため、市民の強烈な抗議活動を招いた。

「台湾に行き、当局へ出頭する」。陳は報道陣にこう繰り返したが、出獄してからも香港にとどまっている（2021年4月現在）。なぜ「殺人犯」が拘束もされずに自由な生活を送れるのか。

台湾と香港の間には、司法協力に関する協定は締結されていないものの、2016年に香港で殺人事件を犯した後、台湾に逃げて拘束された男3人を当局間の合意のもと、香港に移送した実績はあった。

今回の事件で、台湾側はその前例にならって、陳の身柄と証拠の引き渡しを要求したが、香港政府は応じなかった。当時と異なり、中国と台湾の関係が冷え込むなか、当局間の対等な司法協力に応じれば、台湾を国家とみなしたことになりかねず、「台湾は中国の一部」とする中国政府の支持を得られないと判断したためとみられる。

香港政府は「陳は自首する意向だ」と発表し、自らの意思で台湾へ移動すると強調した。台湾側は「殺人事件の容疑者が自由な状態で移動するのは危険だ」として、当局者を香港に派遣し、陳を護送すると通知した。

これに対して香港政府は「香港の司法管轄権を極度に尊重しない行為だ」と強烈に反発し、引き渡しの協議は頓挫した。

殺人容疑を認めている陳は結局、台湾に出頭すると明言しながら、当局間の調整がつかないことから、香港の自宅で暮らす日々が続いており、事実上、野放しの状態となっている。

男が出獄したこの日、香港政府は逃亡犯条例改正案を正式に撤回し、廃案となった。改正案は香港を大混乱に陥れただけで、姿を消した。

インタビュー⑦「中国は英国統治の歴史を学ぶべき」

（2019年12月5日に実施）

香港城市大学教授　葉健民（レイ・イップ）氏

▼香港の政治学者。民主派に近い立場から、中国や香港の政治問題を研究している。英ブリストル大や北京大、マカオ大などで客員教員として研究した経歴を持つ。

——抗議活動が収束に向かう可能性はありますか。

短期間で収束する要素は見当たりません。北京は譲歩しないでしょう。とはいえ、どうすれば収束できるのかも分かっていない。ひたすら弾圧を繰り返して、デモ隊を根負けさせるしか北京には手段がありません。

英国統治下にあった1967年、香港で暴動が起きました。当時も深刻な状況に陥りましたが、その主体は中国共産党を支持する左派系の労働組合や学生でした。今回はデモ隊が組織化されておらず、実態がよく分かりません。北京は困惑しているはずです。

ただデモ隊もゼネスト、道路やトンネルの封鎖、火炎瓶の使用、国際社会への働きかけ等、抗議の手段を尽くしました。もはや、ほかの方法はありません。北京はそれを見透かして、長期戦に持ち込むのではないでしょうか。

香港城市大学教授　葉健民氏
〔益満雄一郎撮影、2019年12月5日〕朝日新聞社提供

——香港政府の林鄭月娥行政長官が辞意を漏らし

たとの報道があります。
北京にとって、最大の譲歩は林鄭氏の辞任ですが、実際には大きな問題が存在していま
す。市民の要求に屈したとのメッセージを生みますし、そもそも後継者にふさわしい人が
ほとんどいません。

――一国二制度は今後、どうなりますか？

香港は返還後、中国の特別行政区となりました。中国政府は香港市民に中国人としての
アイデンティティーを形成するよう要求してきました。
しかし、中国政府は今回、香港の抗議活動は中央政府の統治への挑発や外国勢力との結
託だとする報道をメディアに繰り返させ、中国国民の香港市民に対する印象を大きく悪化
させました。中国と香港は一つの家族だと言いつつ、実際は一国としての発展や、中華民
族のアイデンティティーを破壊したのです。
キャセイ・パシフィック航空では、多くの職員が抗議活動に参加した結果、経営トップ
のCEO（最高経営責任者）が中国の圧力で辞任に追い込まれました。キャセイのトップ
は経営改善に道筋をつけ、株式市場では高く評価されていました。一国二制度のもと、資
本主義が保障されているはずなのに、政治によって、経済が振り回されています。

――一国二制度は破壊されたということですか。

そうです。民主主義国家であれば、政治のリーダーが何か失敗した場合、大規模な抗議活動が起きて辞任に追い込まれますが、香港はそうはなりません。北京が辞任を認めないからです。香港には、外交と国防を除く高度な自治が保障されています。そうであれば、政府高官の進退は香港内で解決されるべきです。

香港は100年を超える英国の統治という歴史を経て、法治社会を形成しました。法律は市民の権利を守るだけでなく、政府の権力濫用を防ぐ手段でもあります。しかし、中国本土では、法律は国民を統治する手段です。リーダーによって解釈がころころ変わります。つまり、香港と中国本土では、法律の持つ意味が異なるのです。

――一国二制度の将来を悲観し、香港の独立を訴える若者が目立っています。

独立への考え方は年齢層によって異なります。私たち40～50歳代が大学で学んだ1980年代は、中国が最も開放された時期でした。中国が発展し変化すると期待しました。

独立を求める若者は多くはないと思いますが、実際にどれくらい存在しているかは分かりません。SNS上では、独立を求める書き込みもありますが、面倒なことに巻き込まれることを避けるために意見を表明しない人もいるはずです。

――中国政府への反発が拡大しています。

デモ隊の要求は当初、逮捕された仲間の釈放や、警察の権力濫用に対する責任追及といったもので、中国に関係するものは含まれていませんでした。途中から、中国がこの問題への介入を強め、香港のデモに対するネガティブキャンペーンを始めた結果、香港政府の背後で中国政府が操っているとの見方が広がりました。

――中国政府と香港政府は、どうやって一国二制度に対する市民の信頼を回復すべきでしょうか。

真の意味で、香港市民の要求に応じる必要があります。そうでなければ、市民の抗議は止まらないでしょう。中国側は香港が世界と結びついた国際都市であり、西側に近い価値観を持つ特殊な場所だと理解する必要があります。だから私たち香港人は自由や人権、民主化を追求しているのです。政治的な圧力を加えて、一方的に香港を取り込むのであれば、香港全体が死んでしまいます。

もう一つ重要なのは、いかに中華民族としてのアイデンティティーを形成するか、という点です。中国は経済的な支援を施せば、市民は中国への忠誠心を高めると思っているかもしれませんが、過去20年あまりを振り返ってみると、そうはなっていない。中国と香港のアイデンティティーは異なります。両者が接近するまで粘り強く待たないといけないのに、中国の政治指導者は強引に融合しようとしています。

3番目には、中国は英国による統治の歴史について、もっと学ぶべきだと思います。英国から派遣された総督が香港を統治した時代と比べ、返還後は香港市民が行政長官という政治リーダーを選出できるようになったのだから、民主化が進んだと誤解しているのかもしれません。英国統治時代の香港は自由が保障されていました。香港政庁は何か問題があれば、中国政府とやりあって香港市民の利益を保護してくれました。中国の顔色ばかりをうかがう今の行政長官とは異なります。

2　民主派、区議会選挙で圧勝

北京の「操り人形」

満面の笑みで2人は握手した。

中国国家主席の習近平が2019年11月4日夜、香港政府行政長官の林鄭月娥と訪問先の上海で会談した。6月に香港で抗議活動が拡大後、2人が公式に会談するのは初めてだ。

香港社会を大混乱に陥れた林鄭をめぐっては、進退がずっと注目されてきた。英紙フィナンシャル・タイムズは10月、中国が更迭を検討中だと報じた。香港親中派の一部からも、民主派が有利と予想される11月24日の区議会選挙への影響を小さくするため、林鄭を交代させて局面の打開を図るべきだとの声が上がっていた。

2人が満面の笑みを浮かべた背景には、こうした更迭論を打ち消す狙いがあったのだろう。余裕があることを意図的に演出したのではないか。そう勘ぐりたくなるほど、不自然な笑みだった。

習は林鄭に対し、「あなたは香港政府を率いて職責を果たし、情勢安定のために努力している。中央政府は高度に信頼している」と称賛した。さらに「暴力と混乱を阻止し、秩序を回復させることが香港の当面の最重要任務だ。法に従って暴力を止め、処罰することが民衆の幸福を守ることになる」と続けた。

習には、林鄭を当面は続投させるというメッセージを明確に打ち出す狙いがあったとみられる。しかし、親中派の関係者は取材に、北京は積極的には林鄭を支持していないとしたうえで、「辞任を認めず、混乱を招いた後始末をさせるべきだ」との声が多いことを明らかにした。

香港の時事評論家、劉鋭紹は「習が続投を指示した理由は簡単だ。北京はなお、林鄭という傀儡政権を必要としているということだ」と解説した。北京の「操り人形」として林鄭を批判の矢面に立てる思惑があったとの見方だ。

習が林鄭と会談する直前、共産党は10月末に閉会した重要会議「党中央委員会第4回全体会議」(4中全会)で、香港への統治を強化する方針を決定した。

そこで初めて「(香港での)国家の安全を守る法と執行制度を確立する」との内容が盛り込まれた。これをきっかけに、党内部で立法化に向けて検討が本格化し、2020年6月末に香港国家安全維持法が制定されたとされる。

この決定は香港の一国二制度を骨抜きにする極めて重要な決定だったが、香港の民主派は、それほど深刻な事態だとは受け止めていなかった。というのは、香港では当時、香港基本法で義務づけられている国家安全条例の早期立法を香港政府に改めて迫るものとの解釈がもっぱらだったからだ。

同条例は、国家の分裂や政権転覆につながる動きを禁じる香港基本法23条を具体化する法律だ。「自由や人権が制限される」として反対運動が起き、長年、先送りされてきた。そのため、今回も中国側が同じ要求を繰り返しただけ、との認識にとどまったのだ。

習の「お墨付き」を得た林鄭のもと、香港当局がデモ隊への強硬姿勢を強めるのではないか。民主派の不安は的中した。

衝突で初の死者か

11月8日午前8時9分、香港科技大の男子学生、周梓楽（22）が緊急搬送された病院で死亡した。その4日前、警察との衝突現場近くの立体駐車場で転落し、頭を強く打って重体が続いていた。病院には同級生や市民から多くの折り鶴が届けられたが、回復はかなわなかった。6月から続く大規模な抗議活動で、自殺者を除き、警察との衝突に関連するとみられる死者が出たのは初めてだ。

警察はデモ隊を強制排除するため、この立体駐車場近くで催涙弾を使用したことは認めたが、救急隊が地上に倒れている周を見つけたとき、付近の催涙ガスの濃度は低かったと指摘。周の転落と警察の取り締まりの因果関係については否定的な見解を示した。一方、デモ隊は警察が放った催涙弾から逃れようとしたことが原因とみて反発を強めた。友人によると、周は熱心にデモに参加していたという。

周の死亡から一夜あけた9日、各地で追悼活動が続けられた。

「君の犠牲を決して無駄にしない」「真相を明らかにし、責任を追及する」

香港郊外にある転落現場には、周の遺影が掲げられ、花束を手にした市民が次々と訪れた。「政府や警察がまともなら、あなたの若い命がここで終わることはなかった」。周の死を知り駆けつけた衣料品販売員の女性（60）は、こうメッセージを書き残した。これまで抗議活動への参加は見送っていたというが、この日は自然と足が向かったという。「行政長官や警察は責任を取って香港から出て行ってほしい」

初めてとみられるデモ関連の死者が出たことで、市民の怒りは一段と高まった。これまで「香港人頑張れ」や「香港人は反抗する」だったシュプレヒコールが、この日は「香港人は復讐する」に変わった。周の追悼集会には、主催者発表で10万人が集まった。

一方、親中派とみられる市民側にも死者が出た。11月13日、デモ隊を撮影していた清掃員の男性（70）の頭に何者かによって投げられたレンガが直撃し、14日に死亡した。

親中派、民主派の双方に死者が出て事態が一段と深刻化するなか、香港当局は11月上旬、逃亡犯条例改正案の審議を妨害したとして、立法会（議会）の民主派議員7人を立法会条例違反の疑いで逮捕・訴追した。容疑は5月11日、改正案の審議中に親中派の議員らともみ合って議事の進行を妨げたというもの。議場内の混乱が刑事事件として立件される異例の措置に、民主派はますます反発を強めた。

香港では立法会と区議会の議員の兼職が認められており、7人のうち4人が11月24日の区議会選挙に立候補していた。親中派に有利な仕組みの立法会選挙や、主に中国寄りのごく一部の人物にしか投票権がない行政長官選挙と異なり、有権者が一人一票を投じることができる区議選では、民主派の伸長が予想されていた。民主派議員団は8日の声明で「(7人の逮捕で)市民を怒らせて混乱を引き起こし、区議選を取り消そうとする策略だ」と非難した。

警察がデモ参加者に向けて実弾を撃ってから1カ月あまり。警察は躊躇なく発砲するようになっていた。

香港警察は11日、デモ参加者に実弾3発を発砲し、うち1発が男性(21)に命中したと発表した(363~369頁を参照)。発砲の様子をとらえた動画によると、警官がデモ参加者ともみ合っていたところに男性が接近。それに気づいた警官が男性の腹部に1発発砲した。男性は一時、心臓が停止し重体となった。2021年3月までに、3人のデモ参加者が警察に撃たれた。

武器を持たない参加者に警察が至近距離から銃撃する映像は波紋を呼んだ。発砲を目撃した男性(30)は「男性は武器を持っていなかった。警察は撃つ必要があるのか」と怒りをあらわにした。

なりふり構わない警察の措置は、習近平が行政長官の林鄭月娥に対して、厳しい対応をとるよう指示したことを踏まえたものとみられる。当局の強硬姿勢が市民感情をさらに刺激し、事態はますます悪化していった。
16日には、駐留する中国軍の軍人らが駐屯地を出て、デモ隊が路上に設置した障害物を撤去する活動に参加した。6月に拡大した抗議活動に関連して軍の駐留部隊が動くのは初めてだ。

香港基本法は、中国軍の駐留部隊は治安維持や災害救助を目的に香港政府の要請を受けて出動できると定める。ただ、香港政府は今回、解放軍に出動を要請しておらず、軍側が自発的に「ボランティア作業」を行ったと説明した。

立法会（議会）の民主派議員団は軍人らの動きについて「香港基本法違反だ」と批判する声明を発表した。香港政府の要請がないまま、駐留部隊が出動するケースが続くことで、香港基本法の規定が骨抜きにされ、軍の出動要件が緩むとの懸念を強めた。

香港の緊迫と混迷は深まるばかりだった。

大学が「戦場」に

「最前線の人手が足りない。応援に来て欲しい」

11月11日夜、高校を卒業し、就職先を探していたジョン（仮名、19）のスマホに、香港郊外にある香港中文大に立てこもっていたデモ隊のメンバーからメッセージが届いた。

ネット上ではこの日から、ストライキと交通妨害が香港全域で呼びかけられていた。これに応じる形で、一部の参加者が中文大のキャンパスにつながる「2号橋」から、下を通る高速道路に物を落として車の通行を妨害したことをきっかけに、出動した警官隊と激しい衝突に発展した。大学が衝突の舞台になるのは初めてだ。

ジョンは早速、5、6人の仲間とともにキャンパスへ向かった。だが、出入り口はすでに警察に封鎖されていた。そのため12日午前3時過ぎ、暗闇の中、小高い山の斜面を1時間かけて登り、ようやく内部にたどり着いた。

そこで目にしたのは、警察の催涙弾やゴム弾などが直撃して、負傷した200〜300人の若者だった。骨折した人や血まみれの人が路上にうずくまっていた。しかし、逮捕される恐れがあるため、学外の病院に連れていくことはできない。ボランティアの救急隊員や医学部生らが応急処置を施していた。

衝突は12日午後に再び始まった。前日よりも激しさを増した。警察が連射した催涙弾の白い煙が巻き上がり、キャンパスは深い霧に包まれたようになった。ジョンもデモ隊に加わり、火炎瓶を投げつけて対抗した。途中、大学当局が調停に入ったが、不調に終わった。携帯電話は警察の電波妨害のせいか、通じなくなった。「このまま死ぬのか」。ジョンは極度の緊張に襲われた。

一方、学内には食料が潤沢にあった。デモ隊を支援する大人たちが警察の警備をかいくぐって持ってきたという。中には、スタッフが脱出した大学食堂で料理をつくり、デモ隊に提供した大人たちもいた。ジョンは「デモ隊を支援してくれる大人には、若者が青春を捨てて政権に抵抗しないといけない社会をつくったことに申し訳ないという思いがあるようだ」と語った。

衝突は深夜まで約10時間も続いた。香港メディアによると、一連の衝突で使われた催涙弾は1千発超、デモ隊が投じた火炎瓶は200本超に上る。香港メディアは「キャンパスが戦場になった」と形容した。

6月にデモが本格化して以降、警察は大学構内での実力行使は控えてきた。だが、大学生がデモ隊の主力となっていることから、方針を転換。警察幹部は「デモ参加者はキャンパスを武器庫に変え、恐怖を蔓延させた」と非難し、大学を取り締まりの「聖域」とはしないという立場を強調した。

圧力を強める警察に対し、中文大のデモ隊はバリケードを築いて徹夜で立てこもるなど徹底抗戦した。キャンパスの入り口に「検問」を設け、デモ参加者に偽装した警察官の入場に目を光らせた。

疲れ果てた様子で道路に座り込んでいた中文大3年の男性（23）は、衝突2日目の12日からデモ隊に加わった。「催涙弾が連射され、防毒マスクのフィルターを何度交換したか分からない」と語った。だが、「中文大学は我々の家だ。キャンパスの中に警察を決して入れさせない」と力を込めた。

男性はデモがここまで過激化した責任は警察にあると強調した。「6月以降、デモ隊は平和な抗議活動をしていたのに、警察が先に武力を使って鎮圧した。だから、我々はやむを得ず、暴力に打って出ている」と語った。

デモ開始から半年近くが経過し、警察が実弾の発砲など武力行使を強める一方、デモ隊側にも過激な動きが目立ってきていた。先鋭的な勇武派の若者らは鉄パイプや火炎瓶に加え、弓矢も使うようになった。弓矢は中文大のアーチェリー部から物色したもの。ネット上では、大学の実験室から化学薬品を持ち出し、武器を製造しようとの呼びかけも出回った。

恐怖が暴力を生み、暴力がさらなる暴力を呼ぶという悪循環が拡大した。香港政府教育局長の楊潤雄は「キャンパスが暴乱や暴動の舞台と化した」と批判を強めた。中文大の約50人の日本人留学生は相次いで学内の寮を離れ、一部は帰国した。

結局、中文大に立てこもった若者たちは15日までに撤退した。デモ隊には、中文大とは無関係の若者も少なくなかったとされる。自らの大学が破壊されることに心を痛める中文大の学生との間で内部対立があったとも報じられた。

中文大以外にも、香港大や香港城市大など各大学で衝突が発生。なかでも激しかったのが、中文大から撤退した過激な勇武派が転戦した香港理工大だ。

きっかけは香港島と九龍地区をつなぐ海底トンネルの封鎖だ。デモ隊は、香港の交通の要衝とも言えるトンネルを封鎖し、交通機能のマヒを狙った。警察が出動すると、デモ隊はトンネル近くの同大のキャンパスに逃げ込んで、1千人前後の若者が立てこもった。

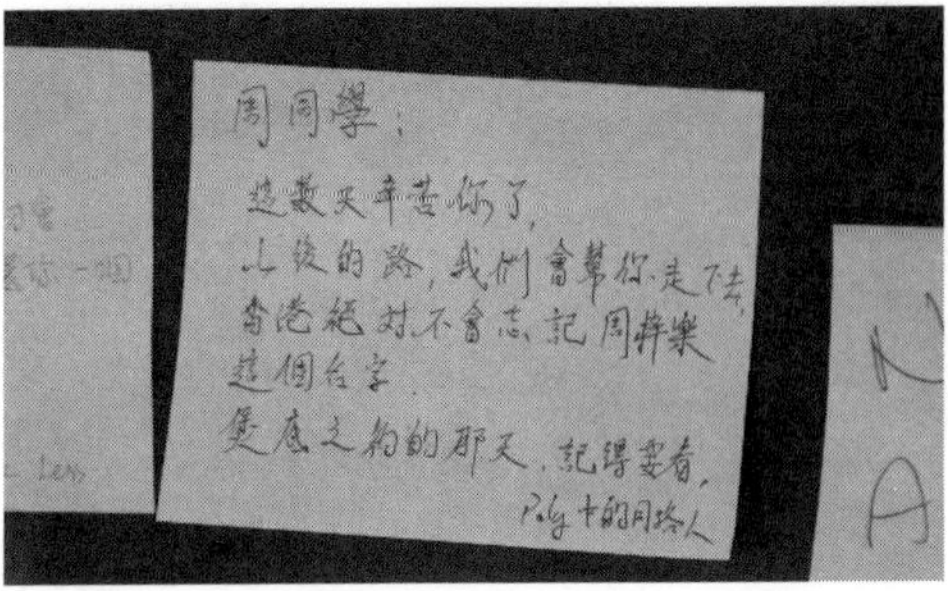

香港理工大の学生施設に貼られた付箋には、「香港は周梓楽という名前を絶対に忘れない」などと追悼するメッセージが書かれていた〔益満雄一郎撮影、2019年11月29日〕朝日新聞社提供

警察は「香港で最も過激なデモ参加者だ」（香港紙）と判断し、キャンパスへの突入を見合わせる一方、大学を包囲し、食料の供給網を断ち切って兵糧攻めにする戦略をとった。同時に「実弾を用いて反撃する」と警告し、投降を促した。

当初は火炎瓶や弓矢で激しく抵抗したデモ隊だが、続々と投降。キャンパスの壁から飛び降りたり、汚水が流れる下水道管の中を通って脱出を試みたりした人もいた。香港警察は一連の騒動で理工大の周辺も含め、未成年者を含む1300人以上を取り締まり、火炎瓶約4千本を押収した。

警察が13日間にわたる包囲を解除したのは29日だった。理工大の内部に入ると、学生会が入る建物の壁に、メッセージが書かれた付箋が大量に貼られていた。警察との衝突現場近くの立体駐車場で転落し、8日に死亡した男子大学生、周梓楽を追悼する内容が大半だった。「私たちはあなたと一緒に歩き続ける」。立てこもった若者の多くが周の死去を受けて、憤りを強めたのだろう。一連の抗議活動で最も激しかったとされる理工大の攻防に若者たちを突き動かしたのは、「仲間」である周の死去だったと実感した。

食堂は腐った食べ物の異臭であふれ、思わず嘔吐しそうになった。学内施設の大半は破壊され、正門付近には、机やいすを積み重ねてつくったバリケードが焼け焦げていた。火炎瓶の製造に使う油の入ったブリキ缶が大量に残されていた。

決死の覚悟で警察にぶつかる勇武派とは、どんな人たちなのか。

勇武派の青年の素顔

過激な暴力行為もいとわない勇武派のメンバーと共に活動するジョン(仮名、19)。私が初めて出会ったのは、2019年6月にデモが大規模化した直後だった。ジョンは抗議集会の会場の片隅に座り、1人でスマホを触っていた。私の第一印象は、おとなしそうな若者だった。

その直後、別の現場で偶然再会し、積極的にデモに参加していることを知った。当時はデモがエスカレートする前の段階。若い男女のカップルが手をつないで参加するなど和やかな雰囲気に満ちていたのに、ジョンだけはいつも真剣な表情を浮かべていた。

香港社会は戦後、中国本土の政治的な迫害や社会の混乱から逃れるために、移り住んだ人やその子孫を中心に構成されている。しかし、ジョンの祖先はずっと香港で暮らしてきたという。それがジョンにとっては誇りで、自分を「香港の原住民です」と紹介した。

ジョンにとって、中国人は迷惑な存在だった。多くの中国人の学生が香港で就職し、香港の若者たちの仕事を奪う。香港の言論の自由が中国の抑圧を受けて、失われていく。ジョンは中国が嫌いな理由をまくし立てた。

香港という自らの「生存空間」や自由を中国に奪われるという危機感は、勇武派全体に共通している。

香港政府関係者によると、勇武派の人数は2千～3千人程度とみられるという。学生や20代の若者が大半を占める。失業や低所得など経済的に不満を持つ人だけでなく、自由が奪われることに危機感を抱く高学歴の人も含まれているとされる。

デモでは警察に向かって火炎瓶を投げる勇ましいジョンだが、素顔はあどけない表情をした若者だ。「デモに参加しても政府は動かないし、無力感でいっぱいだ。でも、ここで踏ん張らなければ、香港の自由はなくなり、10年後はもっとつらい」。ジョンはこう強調する。

ジョンの妹は高校1年生（16）。妹もデモに参加しているという。

勇武派は親中派を支持した飲食店や地下鉄の駅で、破壊や放火を繰り返している。地下鉄を狙うのは、デモ会場の最寄り駅を封鎖するなど、地下鉄を運営するMTRが警察当局に協力し、市民のデモ参加を妨害していると受け止められているためだ。

香港の民主化運動には穏健派の「和理非（平和・理性・非暴力）」と勇武派に代表される急進派の二つの路線がある。2014年の民主化デモ「雨傘運動」が挫折した背景には、両者の路線対立があったと指摘されている。

雨傘運動が挫折すると、「和理非では生ぬるい」との考えが一気に広がった。暴力も辞さない急進的な活動が必要との認識が若者たちの間に浸透した。

一般市民の支持を広げるには穏健な運動が大切だが、「100万人」が平和的に行進するデモを実行しても、香港政府は逃亡犯条例改正案を撤回しなかった。政府が民意に耳を傾けないのであれば、多少の暴力はやむをえない。そもそも先に手を出したのは警察だ。そんな市民の意識が勇武派の暴力を容認する空気を形成した。

勇武派にとって、希望の星に映るのが活動家、梁天琦（28）だ。香港の利益を優先する反中国グループ「本土派」の代表格。1991年に中国武漢市で生まれ、幼少期に香港に移住してきた。中国を強烈に批判する姿勢が雨傘運動後、反中感情を強めた若者の間で熱狂的な支持を集めた。

梁が注目を集めたのは2016年2月の立法会（議会）の補欠選挙だ。当選は逃したものの予想以上に善戦し、若者への浸透ぶりを裏付けた。

慌てた香港政府は「梁つぶし」に動いた。2016年9月の立法会選挙に立候補すると表明した梁に対し、香港の選挙管理当局は香港基本法を順守していないとして立候補を禁じた。梁は警察とデモ隊が激しく衝突した「旺角（モンコック）騒乱」をめぐって暴動罪に問われ、禁錮6年の実刑判決を受けて服役中だ（2021年4月現在）。

「香港ファースト」を訴える梁が若者に支持される背景には、香港市民のアイデンティティーの変化が大きい。2020年6月に実施された世論調査によると、18～29歳の若者の81％が「自分は香港人」だと回答し、1997年の香港返還後、最高を記録する一方、「中国人」との回答はわずか4％にとどまった。逃亡犯条例改正案への抗議活動が香港人としてのアイデンティティーを刺激したと分析されている。

今回の抗議活動の代表的なスローガン「光復香港」（香港を取り戻せ）は梁が発案したと

される。梁は有罪判決後も刑期の長さをめぐって裁判所で争った。公判のたびに熱烈な支持者が裁判所に詰めかけた。フェイスブックで訴訟費用を募ったところ、15分で目標金額を達成し、45万香港ドル（約630万円）が集まったという。

ジョンは梁の出所を心待ちにしている。「政府を動かすには、穏健なデモだけではなく、暴力も必要だ。勇武派がいなければ、政府が改正案を撤回しなかったことからも、それは明らかだ」

区議会選、政府に「ノー」

民主化を求める市民の熱意が香港政府に強烈な「ノー」を突きつけた。

11月24日午前7時半、抗議活動の過激化で実施が危ぶまれていた区議会選挙が予定通り始まった。6月にデモが大規模化して以降、初めて有権者が民意を示す機会だ。民主派がどの程度議席を伸ばすのか、注目が集まった。「お金もうけばかり考え、政治に興味がない」と皮肉られてきた香港の有権者。早朝から各地の投票所に長蛇の列ができ、民主派は歴史的な圧勝を収めた。いったい何が起きたのか。

各地で開票結果が明らかになった25日未明。民主派候補の当選が次々と伝わると、選挙活動を支援してきた若者らが拳を振り上げたり跳びはねたりして喜びを爆発させた。

「（香港政府行政長官の）林鄭月娥（キャリー・ラム）に民意は山のようにびくともしないと知らしめたい。このチャンスを利用して、五大要求を勝ち取るぞ」。現職の親中派候補を破って初当選を決めた岑子杰（32）はこう宣言した。民主派の五大要求の中には「普通選挙の実現」という項目がある。民主派側には、デモの勢いを政治に反映させたいとの思惑があったが、まさにその通りの展開となった。

岑が代表を務める民主派の市民団体「民間人権陣線」（民陣）は6月以降、100万人規模のデモを主催してきた。岑は10月16日に繁華街の路上でハンマーを手にした集団に襲われるなど2度も襲撃を受けて重傷を負ったが、杖をつきながら選挙を戦い抜いた。

香港の区議会選挙は4年に1度行われる。議員定数は全18区合計で479人。そのうち27議席は、中国本土に近い新界の自治組織のトップに割り当てられるため、残る452議席を1人1票の小選挙区制で選ぶ。行政長官選挙や立法会議員選挙のような親中派に有利な仕組みがないため、香港で最も民主的とされる選挙だ。

香港の面積は東京都の約半分で、それを452の選挙区に細かく分けるため、地域に密着したどぶ板の選挙戦術が勝敗のカギを握る。経済界や中国側から強力な資金支援を受ける親中派が圧勝を繰り返し、組織票に頼れない民主派は苦戦続きだった。民主派は前回の2015年、全選挙区に候補者を擁立できず、68人の親中派議員の無投票当選を許した。

区議会選挙で投票するため列をつくる有権者ら〔宮嶋加菜子撮影、2019年11月24日〕朝日新聞社提供

区議会は地域の意見を政府に届ける諮問機関だ。法律や条例を制定する権限はない。日本でいえば、町内会に近い組織と言える。しかし、抗議活動に参加した若者の中で、議員になって民意に耳を傾けない政府を変えたいという意識が高まり、民主派は全選挙区に候補者を擁立した。

親中派も合わせると、今回の区議選には、１９９７年の中国返還後で最も多い約１１００人が立候補した。

香港紙の明報によると、選挙結果は民主派が３８６議席、親中派62議席、その他が4議席となった。民主派は改選前の１２４議席から大躍進した一方で、３００議席を保有していた親中派は歴史的な大敗を喫した。投票率は71・23%に達し、中国返還後で最高だった4年前の前回を約24ポイントも上回った。

なぜ民主派が大勝したのか。

最大の理由は投票率の高まりだ。区議選では18歳以上の永住者が有権者登録を済ませれば投票できる。今回の登録者数は過去最高となる約413万人で、前年より30万人超も増加した。そのうち20万人は登録受付が締め切られた7月2日に滑り込んだ。前日に起きたデモ隊の立法会突入事件に刺激された市民が慌てて登録したとみられ、その多くが民主派に投票したとされる。

強い追い風が吹く中、民主派は抗議活動が6月に本格化して以来、初めてとなる選挙を広範な市民に政府への信任を問う「住民投票」と位置づけた。候補者調整も順調に進み、全選挙区に候補者を立てることに成功した。

親中派にとっては、林鄭の支持率低迷は致命的だった。直前の世論調査によると、支持率はわずか11・3％。一方、支持しない割合は82・5％に達した。政府寄りの親中派にとっては極めて不利な状況だった。

デモ隊排除のために警察が盛んに催涙弾を放った区で親中派が苦戦する傾向もみられた。警察官の寮にデモ隊が押しかけ、激しい衝突が繰り返された黄大仙区（25議席）では、改選前、過半数の議席を占めていた親中派が全滅した。催涙ガスを浴びるなど巻き添えをくった地元住民が、親中派の候補者に怒りの矛先を向けたとの見方もある。

もっとも、今回の圧勝劇は、民意が極端に反映される小選挙区制による影響も大きかった。獲得議席数で圧勝した民主派だが、親中派との総得票数の割合はおよそ3対2。長引く混乱から抜けだし、社会の安定を取り戻したいと政府寄りの親中派に投じた有権者も少なくなかった。選挙で示された民意と社会の現状にはズレがあったのも事実で、社会の分断はなお深刻だった。

二つのジレンマ

「政府は心から市民の意見に耳を傾ける」

香港政府行政長官の林鄭月娥は区議会選挙後、声明でこう表明した。

選挙前から政府寄りの親中派の苦戦が予想されるなか、林鄭は一時、選挙を延期する構えをみせたが、最終的には予定通り実施した。この間、林鄭は「二つのジレンマ」に苦しんだ。

「延期や中止の可能性を排除しない」。選挙が近づいてきた9月、林鄭はデモの過激化を理由に親中派の立法会議員らにこう伝えた。選挙の延期をちらつかせることで、民主派を牽制する狙いがあった。

区議会の運営について定めた条例によると、非常事態などが起きた場合、最長14日間の延期が可能だ。しかし、わずか14日間延期したところで、反政府感情が収まる見込みはなかった。さらに延期するために、10月に52年ぶりに発動した「緊急状況規則条例」（緊急法）を再発動する可能性も議論された。

だが、決められた選挙を予定どおり実施しなければ、有権者だけでなく国際社会からも厳しく非難されるのは必至だ。投票日直前には、躍進が見込まれる民主派からSNS上で過激なデモを控える呼びかけが広がったのを受け、勇武派の若者たちが活動を自粛した。判断を引き延ばしてきた林鄭は、延期を決断しにくい状況に追い込まれた。

もう一つのジレンマが、候補者の出馬資格の取り消しだった。香港政府は2016年、候補者の公約や主張を審査し、立候補を禁止する仕組みを導入した。香港独立の機運が台頭したのを受け、急進的な候補者の当選を防ぐためだ。18年に行われた立法会の補欠選挙では、日本とも関係が深い周庭（アグネス・チョウ）の出馬が認められないなど、立候補禁止の対象を拡大した。

今回、立候補者の中には、中国に極めて批判的な民主派の急進勢力メンバーも多数いた。2016年と同じ基準を適用すれば出馬資格を取り消される可能性が高かった人たちだ。

各区の選挙管理当局は選挙戦が始まると、抗議活動の代表的なスローガン「光復香港」（香港を取り戻せ）を自身のフェイスブックに載せた候補者らに対し、その意図について照会した。香港メディアの間では、当局による政治的な審査が行われ、急進的な候補者が排除されるとの見方も浮上した。

一方、選挙期間中、過激化したデモ隊が、100カ所を超える親中派の候補者の事務所を破壊した。もし、選管当局が民主派の候補者を排除すれば、選管や投票所がデモ隊に襲撃され、選挙が正常に行われなくなるとの懸念も指摘された。

最終的に立候補が認められなかったのは、著名な民主活動家の黄之鋒（ジョシュア・ウォン、23）だけだった。

「選管は香港衆志の政治理念を曲解し、北京の命令に従って立候補を取り消した」。黄は10月29日、記者会見を開いて抗議した。

黄は2014年の民主化デモ「雨傘運動」の学生リーダーの一人で、民主派の政治団体「香港衆志」（デモシスト）幹部を務める。今回のデモでは指導的な立場にはないが、国際的な知名度をいかし、民主化運動への支援を訴えていた。

選管当局は、香港衆志が「香港の将来の政治体制は香港人が住民投票で決める」という「民主自決」を綱領に掲げ、中国からの独立を排除していないと問題視。「香港は中国の一部」と明記する香港基本法に抵触すると判断した。

黄の出馬を認めなかった背景には、中国側の強い圧力があったとみられている。中国政府は黄を「独立派のリーダー」や「売国奴」などと、厳しく非難してきた。もし黄の出馬を許可すれば、中国政府から叱責されるのは確実だった。

一方、黄も国際的な知名度をいかして当局を揺さぶっていた。米国議会で香港の人権を侵害する人物への制裁を可能とする香港人権・民主法案が議論されていた9月、選管当局のトップである主任の名簿を米国側に渡した。立候補を取り消すと判断した主任が米国から資産凍結や入国拒否などの制裁を受ける可能性も想定された。

そんななか、黄の審査を担当した主任が10月24日、病気を理由に突然休暇に入った。プレッシャーに耐えられなかったとみられている。後任が10月29日、黄の立候補を禁止した。立候補を受け付けるか否かの審査は、選管主任が独自の判断で決定することになっている。政府高官は「法律に照らして審査する」と強調し、政治的な意図は存在しないとしている。

だが、選管主任は香港政府の中堅幹部に過ぎない。実際は林鄭ら政府高官の関与を疑う見方が一般的だ。

親中派の大敗、北京に衝撃

「こんなに議席を失うとは」。11月25日に区議会選挙の開票結果が伝わると、親中派の関係者は絶句した。

中国の影響下にある香港紙の大公報は26日の朝刊トップページで、「親中派は反暴力を堅持し、得票55％増」と報じた。親中派は今回、約124万票を獲得し、4年前の前回選挙で獲得した約80万票を大きく上回ったとの内容だったが、選挙報道で最も大事な獲得議席数の記述が見当たらない。新聞を12ページまでめくっていくと、コラムの中で「乱港派（民主派を指す）」が86％の議席を獲得したと書いてあった。極めて不自然な紙面構成だった。

中国政府はこれまで「香港の混乱は海外勢力に操られた一部の過激派が起こした」と批判し、「多くの市民は香港政府を支持している」といった宣伝工作を展開してきた。しかし、開票結果はその正反対となった。

新華社通信など中国の国営メディアの報道は低調だった。親中派が圧勝するという原稿を事前に用意していたとの情報もある。香港メディアによると、投票直前、デモ隊の暴力がエスカレートしたことから、暴力反対の機運が高まり、親中派に有利に働くと、北京はみていたという。

中国政府内では、香港出先機関「中央政府駐香港連絡弁公室」（中連弁）に批判が集まった。正確な選挙情勢を中央に報告しなかったためだ。香港政治に詳しい学者は「普段、親中派としか付き合っていないため、民主派の情報が入らない」と指摘する。

「中国政府が中連弁トップの更迭を検討」。ロイター通信が11月26日、特ダネを放った。さらに、香港に隣接する広東省深圳に中国政府が「危機管理センター」を設置し、中連弁を経由しないで、直接対応に乗り出す案も検討していると報じた。実際、主任の王志民は2020年1月4日に更迭が発表された。

区議選の敗北は、香港政府と親中派の関係に暗い影を落とした。

香港政府行政長官の林鄭月娥は26日に会見し、「中央政府から責任を取るよう求められていない」として、続投を表明した。だが、多数の同僚が落選した親中派からは「政権の体をなしていない」「我々の意見を聞こうともしない」などと林鄭への強烈な不満が噴き出した。

親中派の最大政党、民主建港協進連盟（民建連）は、候補者の事務所100カ所がデモ隊に破壊されたうえ、選挙でも大敗し、林鄭への不満は頂点に達した。民建連幹部は吐き捨てた。「林鄭の政治センスのなさには、ほとほとあきれる」

一方、区議会選挙で圧勝した民主派は自信を深めた。

1997年の返還後、民主派が行政長官選挙で勝利するチャンスが初めて巡ってきたからだ。

現在1期目の林鄭の任期は2022年6月末まで。選挙は同年の3月に行われる。任期は5年だ。

民主派勢力の拡大に危機感を募らす中国は2021年3月の全国人民代表大会（全人代）で、行政長官選挙を親中派により有利な内容に改変する決定案を採択した。行政長官選挙の投票権を持つ選挙委員の増員や立法会（議会）議員の議席増などが柱だが、市民の直接投票枠を減らし、民主派勢力を弱める狙いがある。区議選での民主派の圧勝は、結果的に中国の警戒感を高める結果となった。

米国で香港人権法が成立

「トランプ、ありがとう」「キャリー・ラム（林鄭月娥行政長官）を制裁しろ」

民主派が圧勝を収めた区議会選挙の余韻が残る11月27日（米国時間）、米大統領のトランプが「香港人権・民主主義法案」に署名し、同法が成立すると、抗議活動に参加してきた市民から歓迎の声が上がった。

翌28日夜、香港島中心部の中環（セントラル）。成立を祝う大規模な集会が開かれ、会場には100本以上の米国旗がはためいた。米国の後押しを追い風に、民主的な選挙の実現など「五大要求」を改めて政府に求めようと訴えた。

米議会の公聴会にも出席し、法案の早期成立を訴えてきた民主活動家の黄之鋒（ジョシユア・ウォン）は記者会見を開き、「香港と米国にとって記念すべき法律だ」と語った。
ただ、「実際に米国がどれだけの制裁を科すかは未知数だ。引き続き国際社会へ香港の現状を訴え続ける必要がある」と、米国の対応を慎重に見極める考えも示した。

米国で香港人権・民主主義法が成立したのを受け、米国旗を掲げて歓迎する集会参加者ら〔竹花徹朗撮影、2019年11月28日〕朝日新聞社提供

民主派の間では、トランプの最大の目的は香港の民主化支援ではなく、中国との通商交渉を有利に進めることにあるとの見方が一般的だった。トランプが翻意し、はしごを外されるとの警戒感も強かった。

香港で警官隊とデモ隊の衝突が激化するなか、米国では香港情勢への懸念が高まり、法案は上下院で超党派議員の圧倒的な賛成を得て可決された。中国との通商協議を重視するトランプは直前まで拒否権を発動する可能性も示唆していたが、最終的には議会側に配慮したとみられる。ロイター通信は、民主派が区議会選で圧勝したことがトランプの署名につながったと報じた。

米国務省は毎年、一国二制度に基づく「高度な自治」の状況を検証し、米議会に報告することが義務づけられているが、機能していないと判断されれば、香港が受けている関税やビザ発給の優遇措置が見直される可能性がある。法律はまた、香港で人権侵害を行った当局者に米国が制裁を科すことも可能とした。

トランプは署名にあたっての声明で「中国の習近平国家主席、中国、香港の人々への敬意から法案に署名した」と述べ、「中国と香港の指導者らが友好的に意見の相違を解決することを希望する」と記した。中国側に配慮して運用する姿勢をにじませた。

一方、中国外務省も法成立を受けて、通常の報道官談話より重い「外務省声明」を発表。「中国の内政に対する重大な干渉であり、露骨な覇権行為だ。中国政府と人民は断固反対する」と述べ、「報復」を宣言した。

民主派はトランプの翻意に警戒しつつも、米国の関与を歓迎した。だが、これは香港が米中対立の最前線に巻き込まれることも意味していた。

インタビュー⑧　香港市民の「反乱」

（2019年11月25日に実施）

立教大学教授　倉田徹氏

▼1975年生まれ。2003～06年に香港の日本総領事館で専門調査員を務めた。著書『中国返還後の香港』でサントリー学芸賞受賞。編著に『香港危機の深層』など。

《11月24日の区議会選挙で民主派が8割超の議席を獲得し、親中派が大敗した。衝撃が冷めやらない翌25日、調査のため香港入りしていた倉田教授と香港理工大学前を訪れた。当時はまだ若者らが立てこもっており、警察が包囲するキャンパスの周辺は、ピリピリした緊張感がただよっていた。》

――区議選の投票率は71・23％でした。過去の区議選の最高投票率を約24ポイントも上回っています。

注目の選挙であることは分かっていましたが、投票当日、朝から投票所に並ぶ人々を見たときには目を疑いました。かつて「金もうけにしか興味がない」と言われてきた香港人が、政治に目覚めたことを示す光景でした。香港の選挙を調査して20年になりますが、こ

立教大学教授　倉田徹氏〔益満雄一郎撮影、2019年11月25日〕朝日新聞社提供

のようなことは初めてでした。

6月には主催者発表で約100万人や約200万人が参加するデモがありましたが、「数で民意を示す」という文脈で言えば、今回の区議選も一連のデモの延長線上にあります。区議選は親中派の支持者も含めてですが、300万人近い有権者が投票して民意を示した「デモ」と言えます。

――選挙の結果をどう受け止めましたか。

区議とは日本の町内会長のような存在で、区議会には条例をつくる権限もなく、選挙はあまり注目されていませんでした。今回の選挙は民主化の過程の大きな一里塚です。東アジアの民主化は20世紀末に韓国や台湾などで実現しましたが、香港は乗り遅れました。しかし香港人は民主化をあきらめていなかったのです。

――民主派の勝因は？

民主派の市民団体の代表が選挙のあと、「（普通選挙の実現など）五大要求の勝利」と言いましたが、区議選を事実上の住民投票と位置づけ、要求の是非を民意に訴える戦略が成功しました。

中国共産党は潤沢な資金を使って、香港の富裕層と貧困層を組織化し、親中派勢力の拡大を図ってきました。投票率が低ければこの戦略で何とかなりますが、全市民を巻き込む展開になると太刀打ちできません

――なぜ親中派への支持は広がらなかったのですか。

中国では戦後、政治や経済の混乱が続き、飢餓や迫害を免れるために多くの難民が英国統治下の香港へと逃亡しました。見方によっては彼らは祖国を捨てて植民地に身を投じた「逃亡犯」とも言えます。彼らの心の中には根本的に共産党への不信があります。デモの契機となった逃亡犯条例改正案への反発もそうした香港の人々の深層心理に触れたからでしょう。

――ずっとデモを取材してきましたが、「勇武派」と呼ばれる過激な若者たちが街を破壊する行為には、ぎょっとさせられます。

勇武派の多くも覆面を脱げば中高生や大学生など普通の若者です。香港の人たちはそれ

を知っているので、世論調査では「警察が怖い」という人のほうが、「デモ参加者が怖い」という人よりもずっと多いのです。大人の間では、若者が自分の青春を犠牲にしてまで戦わないといけない社会をつくってしまった大人たちに責任があり、申し訳ない、という意識が共有されています。デモとは民意を体制側に平和的に示す行為ですが、政府が市民の声に耳を傾けないと知った若者らは、警察との衝突をいとわないなど実力行使に動きました。今回の運動は早い段階から、見せることを意図したデモから、直接行動としての「反乱」に変質したと私は考えています。

——「死なばもろとも」という広東語の「攬炒（ラムチャウ）」という合言葉が使われています。

抗議活動が6月に拡大したばかりのころ、若者が「翌朝の太陽を拝めないかもしれない」と遺書を書き残していたとの報道を見て驚きました。「どうせ死ぬなら、全体を巻き添えにしてやる」というほどの深い絶望感があります。

——やや極端な発想では？

香港の高度な自治を保障する一国二制度は2047年に期限が切れます。その後の政治体制は全くの白紙。自治や自由がなくなり、中国に完全にのみ込まれる可能性もあります。しかし、2047年以降の政治体制のあり方を議論するだけで独立派とのレッテルを貼られ、弾圧の対象となります。今の若者が40代になるときの政治体制はまったく分からない。彼らがその不安の中で生きていることは理解しておく必要があります。

一方、攬炒は、中国に弾圧を思いとどまらせるための、したたかな戦略でもあります。若者は、香港の機能が破壊されれば、中国経済に巨大なダメージになると考えている。だからこそ、自分を人質に取るような発言で、むしろ中国を威嚇しているのです。現に、懸念されている中国軍による鎮圧は起きていませんよね。中国も香港の価値は知っています。

――なぜ、香港政府は若者らの意見に耳を傾けないのですか。

中国政府の影響力が強まり、北京の指示通りに動かざるをえなくなっているからでしょう。例えば、習近平国家主席は昨年、香港にある中国政府の出先機関に「香港の子どもからもらった手紙に返事を書くように」と指示したこともあったとされます。超大国のリーダーがこんな細かい内容まで指示しているとすれば、香港政府の決定権はもはやないに等しい。

――中国政府は香港への締めつけを強めています。強硬路線の修正は望み薄にも映ります。

区議選の結果により、中国政府が言ってきた「デモは一部の暴徒の仕業であり、大多数の香港市民は政府を支持している」との説明が間違っていたことが明らかになりました。今後の香港情勢は、中国政府の路線の修正次第です。中国政府が民意を無視すれば、さらに大きな抗議活動につながり、一国二制度という政治体制の維持が困難になる可能性があります。一方、区議選によって香港市民の不満のガス抜きに成功すれば、現在の政治体制の枠内で問題点を改善する方向に向かう可能性もある。一国二制度を維持できるかどうか、今は大きな分かれ道です。

――経済大国となった中国は香港をのみ込むのでしょうか。

上海や深圳が発展しても、香港の代わりにはなりえません。香港は中国唯一の国際金融センターであり、経済活動の自由や法の支配が保障されない中国本土では、その機能は果たせないからです。中国にとっては、米国との対立が激しくなったからこそ、金融面や貿易面で対中制裁の抜け穴となる香港の必要性はむしろ高まります。

一方、香港で大きな抗議活動が起きた背景には、米中対立の激化など世界の構造的な変化や、大国化した中国の影響力の拡大といった要素があります。同じ東アジアに位置する日本にとっても、ひとごとではありません。香港の状況を知ることは、今の世界をよく理解することにもつながります。

――香港の混乱はいつ収束に向かうのでしょうか。

普通選挙を中国側が受け入れる可能性は極めて低い。デモ参加者がこの要求を突きつけた時点で、問題は政治体制のあり方を問う、やるか、やられるかの対立と化しました。時間が解決する問題ではありません。香港では混乱の長期化を予想する声が多数です。

――問題解決の糸口は見いだしにくい、と？

英国統治下の1960年代、中国の文化大革命の影響を受けた左派系の組織が主導した暴動があり、多くの参加者が拘束されましたが、中国との関係に配慮した英国の指示で特赦が認められました。今回、五大要求の中には「逮捕者の刑事責任の免除」との項目があり、実際に特赦を認めるべきだとの議論も一部にあります。特赦によって警察への怒りを解消できれば、普通選挙は実現できなくても、デモが収束に向かう可能性はあります。ただ特赦が実現するかどうかは習近平氏の判断次第です。

――希望が見えません。

印象的だったのは、私が街で見かけたデモ参加者のビラに「香港は希望に満ちた絶望の場所」という言葉があったことです。デモ参加者は多くの犠牲を払っていますが、多くの人々が五大要求の実現という目標のために協力し合い、主体的に活動することに希望を持っているように思います。

絶望とは普通、すべての終わりと思いがちですが、香港人にとってはこれまでのやり方をやめ、新しい行動へスタートを切るという宣言なのかもしれません。市民が知恵を絞って行動することで、米中という超大国の政治をも翻弄《ほんろう》してしまうのですから、香港はそう簡単につぶされるようなヤワな場所ではないと思いますよ。

第 5 章

深まる分断と対立

抗議活動のスローガン「光復香港　時代革命」(香港を取り戻せ　我らの時代の革命だ)の前を歩くデモ参加者ら〔竹花徹朗撮影、2019年12月8日〕朝日新聞社提供

1　抗議活動は越年、見えない出口

「青店」か？「黄店」か？

「香港経済は非常に厳しい局面に入った。我々は内憂外患に直面している」

香港政府行政長官の林鄭月娥（キャリー・ラム）は2019年12月3日の記者会見で顔をしかめた。

内憂とはもちろん、長期化する抗議活動を指す。6月に大規模化した後、親中派を支持したとみなされた飲食店や小売店が相次いでデモ隊に破壊され、中国本土から来る観光客が激減した。外患とは米中貿易摩擦の深刻化だ。米国と中国を行き来する貨物の中継点でもある香港。米中のモノの流れが滞れば、香港に落ちるお金も減ることになる。

内外からの衝撃は予想以上に深刻だった。

香港の2019年の実質域内総生産（GDP）は前年比1・2％減だった。リーマン・ショックの影響を受けた09年以来、10年ぶりのマイナス成長に沈んだ。

香港飲食業協会によると、香港にある約1万6千店のうち、年末までに500店が廃業したという。

「香港頑張れ」「悪党警察は家族もろとも死ね」。香港島の湾仔《ワンチャイ》のフルーツティーショップではデモ隊を応援し、警察や政府を非難するメッセージが壁に無数に張られていた。デモに賛同する飲食店「黄店」の一つだ。

スマートフォンのアプリを開くと、地図上に黄店のほかに、親中派を支持する「青店」の飲食店も表示される。デモを支援する市民らは黄店で消費をして経営を支える。これが「黄色経済圏運動」だ。黄店の中には、中国人の入店を拒否する店もある。

ただ、香港飲食業協会によると、飲食店が使用する食材の68%は中国本土から調達している。デモに賛同する飲食店であっても、調達面で中国とのつながりを絶つのは困難だ。黄色経済圏について、香港中文大副教授の荘太量は「経済学に値しない」と切り捨てる。

中国は、キャセイ・パシフィック航空など香港を代表する大企業に圧力をかけ、経済的なパワーで抗議活動の封じ込めを図った。これに対し、黄色経済圏運動には「香港は中国に頼らなくても経済的にやっていける」とする民主派のメッセージを示す政治運動という側面が色濃い。

青店は店内の設備を破壊されたり、ボイコットされたりする対象となる。創業者一族がデモ隊を非難したとされる企業が運営するスターバックスや、経営トップが警察と政府を支持すると表明した企業が香港でフランチャイズ展開する牛丼チェーンの吉野家はいずれも標的になり、放火されるなどの被害を相次いで受けた。

ただ、中国の国有企業が運営するマクドナルドはターゲットになっていない。黄店や青店の区分はネット上の真偽不明の情報によって色分けされ、間違っていることも少なくない。飲食店を色分けする地図は、中国との向き合い方をめぐって分断を深める社会の縮図とも言える。

香港飲食業協会長の黄家和は強く訴える。「信条や民族、宗教がどうであれ、お客様が来れば、サービスを尽くすのが飲食業だ」

習近平のいら立ち

マカオは一国二制度の優等生、香港は落第生――。中国国家主席の習近平がそんな皮肉を言ったように聞こえた。

12月20日、習は5年ぶりにマカオを訪問した。ポルトガルから中国に返還されて20年という節目を祝う記念式典に出席するためだ。

香港からフェリーで約1時間の場所にあるマカオは香港と同様、一国二制度が適用され、高度な自治が保障されている。だが、返還後、中国に寄り添う道を選んだ。反政府デモが続く香港とは、その歩みが大きく異なる。

マカオ返還20年を祝う式典に出席した中国国家主席の習近平氏
〔益満雄一郎撮影、2019年12月20日〕朝日新聞社提供

「多くのマカオの同胞は一国が二制度の前提や基礎であると深く理解している」。習は演説で、中国の統治のもとで急速な発展を遂げたマカオの歩みを称賛した。

習がとりわけ力説したのは、一国二制度に基づく体制安定に対するマカオの貢献だ。マカオ政府が２００９年、反政府行為を取り締まる法律を制定したことなどを挙げ、「マカオ政府は中央政府による全面的な統治権を断固として守り、高度な自治権を正しく行使している」と高く評価した。

会場には、返還後３人目の行政長官に就いた賀一誠らマカオの要人に加え、来賓には香港政府行政長官の林鄭月娥の姿もあった。

習のこの日の演説が香港を意識していたのは明らかだった。「マカオ」と言うべきところを「香港」と言い間違える場面もあった。

習は「強烈な国家への帰属感や民族の誇りが、一国二制度がマカオで成功した最も重要な要因だ」とも述べた。習は前日、マカオの学校を視察。若い世代への愛国主義教育が進んでいることをほめあげ、さらに徹底するよう強調した。

香港では2012年、愛国心を育てる授業の必修化が撤回に追い込まれ、その後も若者たちが政府への抗議活動を引っ張っている。習の演説には、香港の現状への危機感やいら立ちがにじんだ。

香港の混乱を受け、習のマカオ訪問の意味や重要性は一変した。中国共産党の統治下で返還後のマカオが飛躍的に発展したことを強調し、一国二制度への疑念や批判を封じる必要性に迫られたからだ。

ただ、香港とマカオは同じ広東語圏で文化的に近いとはいえ、事実上、中国本土のカジノ客に依存するマカオと、世界とつながる自由貿易港や国際金融センターを備える香港とは産業構造が異なる。経済面だけでなく、民主主義の浸透度もまるで違う。香港で、マカオを見習おうという声はほとんど聞かれない。習が強調したマカオの「成功」が香港市民に響くことはなかった。

一方、習が称賛したマカオでは急速に中国化が進む。

「外国の勢力から金をもらって動いているのか」

2019年8月、マカオの警察署の取調室に警官の大きな声が響いた。追及を受けたのは、マカオに住む20歳代の女性だ。香港国際空港で行われた抗議デモに友人と参加したことを理由に約6時間にわたって拘束された。

女性は香港のデモが始まってから、マカオでも自由の侵害が進んでいると感じる。「警察の力が強まるばかりだ。背後にいる中国の影響が大きい」と嘆いた。

香港の民主派の関係者や記者らがマカオへ入境しようとし、当局に拒否されるケースも相次いでいる。

変わったのは、それだけではない。観光名所の聖ポール天主堂跡では、監視カメラが目を光らせている。マカオ政府は約1600の監視カメラを設置し、顔認証機能も導入する予定だ。

マカオの民主派は「政府は国家の安全を口実に市民を監視下に置こうとしている」と懸念を深めるが、異議を唱える市民の声は小さい。経済発展や社会の安定に力を入れる中国政府の姿勢は、返還前の貧しさや不安定な治安を知る市民の心に響く面があるからだ。

英国の統治下で貿易拠点として繁栄した香港に対し、マカオは宗主国ポルトガルからの支援が限られ、発展が遅れた。カジノ利権に群がるマフィアが抗争を繰り広げた。

だが、1999年の返還後、状況は一変する。カジノ市場の開放を機にラスベガスなどの大手資本が参入し、産業の裾野が一気に拡大。中国本土や世界の富裕層を吸い寄せた。

人口1人あたりのGDPは返還後5倍以上に増えて香港を抜き去り、2018年には、世界約200の国・地域の中で3位に躍進した。格差の拡大など成長の「影」もあるが、返還前と比べて暮らしが改善されたとの実感を多くの市民が持っている。

中国はマカオ返還に際し、香港と同じ特別行政区とし、一国二制度を採用した。香港では、しばしば民主派や市民が民主化や自由を求めて中国政府に反発を示したが、マカオでは立法会（議会）でも民主派はほとんど育たず、北京と政治的に対立することがほとんどない「優等生」であり続けた。

中国と距離を置こうとする香港をマカオの人たちはどうみているのか。

マカオ立法会で数少ない民主派議員の蘇嘉豪によると、多くのマカオ市民は香港市民がなぜ中国に抗議するのか理解できないという。政治に口を出さなければ、中国は経済発展を保障してくれると信じているためだ。「マカオでは沈黙するメリットのほうが大きい」。蘇はこう嘆いた。

世界に助けを求めるクリスマスカード

「過去7カ月間、我々は抑圧的な政府に対して、民主主義を追求するために冷静で一生懸命に戦いを続けてきました」

香港の抗議活動への支援を求めて朝日新聞東京本社に送られてきた大量のクリスマスカード〔益満雄一郎撮影、2020年3月24日〕　朝日新聞社提供

年の瀬が押し迫った2019年12月、香港から数十通のクリスマスカードが朝日新聞東京本社に送られてきた。いずれも日本語で書かれている。過去にはなかった現象だ。

東京本社から転送されたカードを読み進めると、メッセージの文面や体裁がほぼ共通していることに気づいた。差出人はすべて匿名。文末は「迫害されている香港人より」「助けを求めている香港人」などと結ばれていた。

筆跡から判断するに若い女性が書いたのだろう。どんな思いを込めて、わざわざ外国の新聞社にクリスマスカードを送ったのだろうか。手紙に書かれていた電子メールのアドレスにメールを送ると、24歳の女性だという人物から返事があった。

女性によると、SNS上でクリスマスカー

ドを外国のメディアや政治家に送って、香港の抗議活動に対する国際的な関心を引きつけようという運動が呼びかけられた。自分もその考えに賛同して参加したのだという。

外国語ができる人たちが自発的に各言語で文案を作成し、SNS上に投稿。参加者はその文案を書き写して、日本や欧米を含む約20カ国へ一斉に発送したのだという。

面識もない参加者がSNS上でつながり、行動を起こす。特定の指導者がいない今回の抗議活動を象徴する運動だ。

女性は6月以降、10回以上、デモに参加してきた。しかし警察との衝突が激しくなり、怖くてデモには行けなくなった。それでも何か自分に貢献できることはないか。そう考えているとき、この運動の存在を知り、日本のほか米国とイタリアにもクリスマスカードを送った。

女性のメールには、中国共産党への怒りがむき出しになっていた。

「中国人を香港に送り込んで、香港人の血統を絶やそうとしている」「中国共産党は全人類の災いの元だ」「世界が手を握って、毒をまき散らす共産党政権を撃退しよう」。強烈な言葉がつづられていた。

何が彼女をここまで駆り立てるのか。

24歳といえば、1997年の香港返還の直前に生まれた世代だ。中国の香港に対する影響が格段に強まった2010年以降、反発する若者たちの間では、香港人としてのアイデンティティーが形成され、14年には、民主化を求めて若者たちが道路に座り込んだ「雨傘運動」が起きた。彼女はそのころ、多感な青春時代を過ごした。

クリスマスカードには、可愛らしいイラストも描かれていた。共産党を糾弾する激しい文言とのギャップの大きさに驚いた。どちらが本当の姿なのだろう。

「香港はこのままでは少数民族が抑圧される中国の新疆のようになり、自由にメールも書けなくなる。私たちの戦いは終わっていない。不正義の政権に全力で対抗する」。メールには、将来の世代のために戦いを続ける覚悟がつづられていた。

その後、中国の抑圧は一段と強まった。女性はいま、どのような思いで日々を過ごしているのだろうか。

救護ボランティアの奮闘

12月29日、香港島の中心部で開かれた抗議集会。「FIRST AID」(救急処置)と書かれたリュックを背負った若者が巡回していた。

若者はエリック(仮名、23)。デモ参加者の安全を守る救護ボランティアだ。デモ隊が警察と衝突し、負傷者が出た際、すぐに駆けつけて応急処置を施す。そのほか、警察が路上で放った催涙ガスを浴びた通行人の顔にペットボトルの水をかけ、洗い流すのも主な任務だ。

衝突現場では、催涙弾やゴム弾で撃たれた若者が負傷する事態が相次ぐ。しかし病院で逮捕されることを恐れ、救急車での搬送を拒否する人も少なくない。そんなとき出番となるのが、救護ボランティアだ。デモ隊を後方支援する存在といっていいだろう。

エリックは飲食店や衣服販売店の店員としてアルバイトをしている。当初、デモ隊の一員として抗議活動に加わった。犯罪容疑者の中国本土への引き渡しを可能にする逃亡犯条例改正案が成立すれば、生まれ育った香港の自由や法治が消滅してしまう。そんな危機感を抱いたからだった。

中国に対する警戒心の原点には、民主化を訴える若者を中国が武力弾圧した1989年の天安門事件がある。小学校の高学年のころ、中国軍の戦車の前に、たった1人で立ちはだかる男性をとらえた写真を親から見せられ、衝撃を受けた。「タンクマン」と呼ばれる男性のショットは、天安門事件を代表する有名な写真として知られる。「軍隊が本来は守るべき市民を殺したという事実に耐えられなかった」

エリックが救護ボランティアに転じたのは11月だった。香港中文大を舞台に警察とデモ隊が激しくぶつかり、デモ隊側に負傷者が続出。SNS上で「救護ボランティア募集」との情報が流れると、すぐに救急セットを持って現場へ駆けつけた。以前、家族が負傷したことがあり、救護の研修を受けたことがあったという。

中文大の衝突で警察は1千発を超える催涙弾を放った。デモ隊も200個を超える火炎瓶で応戦し、「戦場のようだ」と形容されるほど激しくぶつかった。「天安門事件のように武力弾圧されるのではないかと思うと恐怖で体が震えた」。エリックはそう振り返った。

救護ボランティアの仲間とはSNSで知り合い、10人前後でチームをつくって行動する。参加者の経歴はさまざまで、医者や看護師など医療従事者もいれば、大学生もいる。救急用品は現物や現金の寄付で賄ったり、自腹で購入したりしている。

デモの最前線に立つ救護ボランティアは危険とも隣り合わせだ。

11月に香港理工大で警察とデモ隊が衝突した際、キャンパス内にいた多くの救護スタッフが逮捕された。また、18歳の救護ボランティアの男子学生の背中に催涙弾が直撃し、大やけどを負う事件もあった。催涙弾は200度を超える高温になる。とりわけ中国製の催涙弾は温度が高いとされる。男子学生の命に別条はなかったが、広範囲にわたって背中にやけどを負い、皮膚の移植手術を受けた。

エリック自身も足に催涙弾が当たったことがある。「大けがをした人と比べれば、大したことはないよ」と笑ったが、当たった瞬間、痛みで身体が崩れ落ちたという。

救護ボランティアは警察と衝突はしないが、デモ隊を支える立場ではある。警察からはデモ隊と同一視され、逮捕されることも少なくない。

一方で、エリックは負傷した警察官を助けたこともあるという。「警察のデモ隊に対する暴力はひどいと思うけど、少数だが、良心のある警察官もいるから」。エリックは力を込める。「香港の人たちが政治的な立場を超えて一緒に助け合う社会が来るのを信じて、今の活動を続けたい」

2　コロナ禍で混迷に拍車

中国政府、現地トップを更迭

香港島西部にある西環《サイワン》。昔ながらの住宅や商店が連なるこの地域に不似合いな40階を超える高層ビルがそびえ立つ。ここに拠点を構えるのが中国の出先機関「中央政府駐香港連絡弁公室」（中連弁）だ。香港の政治に強い影響力を行使しているとされる。

中国国営新華社通信は2020年1月4日、中連弁トップの主任を王志民（62）から前山西省共産党委員会書記の駱恵寧（65）に代える人事を報じた。王の在任期間は2年3カ月と、歴代主任では最短。王はのちに、共産党の党史や文献を編纂する研究院の副院長に就いたことが判明した。香港で続く混乱の責任を問われ、閑職とされる部署に更迭されたとの見方が広まった。

中連弁は中国返還から3年が経過した2000年に発足した。かつての中央政府の出先機関である新華社香港分社を改名した。返還前、中国政府は英国による香港統治の正統性を認めなかったため、領事館を置くことができなかった。新華社の香港分社が事実上の政府出先機関として機能してきた。

返還直後、中国政府は香港問題に干渉しない政策をとった。香港の高度な自治を保障する一国二制度の成功を国際社会や台湾にアピールするためだ。中連弁の初代主任を務めた姜恩柱は「香港は一冊の難解な書だ」との有名な言葉を残した。香港という都市は「熟読」してもなお分からないことが多いという意味だが、この言葉を除けば、中連弁が注目を集めることはほとんどなかった。

転機となったのが03年だ。約300人の死者を出した重症急性呼吸器症候群（SARS）の流行で経済が悪化するなか、国家安全条例導入に反対する大規模なデモが発生したのを受け、中国政府は香港問題に干渉する方針に転換。香港への経済支援に乗り出すだけでなく、政治にも関与し始めた。4年に1回行われる立法会（議会）選挙では、親中派の各政党に組織票をどう割り振るか決めてきたとされる。

中連弁の影響力が強まるにつれ、東京の「永田町」が政界、「霞が関」が官僚機構を指すように、「西環」は単なる地名ではなく、中連弁の代名詞として使われるようになった。

香港政府トップを決める行政長官選挙にも関与してきたとされる。2012年の選挙では、中国政府は当初、元香港政府ナンバー2の唐英年（ヘンリー・タン）を支持していたが、唐のスキャンダルが表面化すると、梁振英（C・Y・リョン）支持へと方針転換。投票権を持つ選挙委員に梁への投票を指示したとされ、梁は当選を果たした。唐を支持していた親中派の自由党幹部の田北俊はこれに不満を持ち、中連弁の官僚が梁支持に回るよう要求してきたと暴露した。

習近平指導部は2017年の選挙では、政務長官の林鄭月娥を支持。ライバルだった財政長官の曽俊華（ジョン・ツァン）の辞任をすぐに認めず、立候補を妨害したうえ、林鄭への票の取りまとめを親中派に指示したとされる。

中連弁は、香港政治に大きな影響力を持っているとされるが、その政治活動の実態は明らかになっていない。外国メディアの取材を認めておらず、主任の記者会見に出席できるのは、香港に拠点がある中国メディアと香港メディアに限られる。

王の後任の駱は浙江省出身。中国本土の地方勤務が長く、青海省や山西省で省トップの書記を歴任した。山西省書記だった2018年12月、地元経済界を率いて訪問した以外、香港にはほとんど接点がない。逆に言えば、香港とのしがらみがなく、思い切ったことをやるには適した人材とも言えた。

さらに中国政府は20年2月13日、香港政策を統括する香港マカオ事務弁公室主任の張暁明（56）を副主任に降格すると発表した。後任の主任には、全国政治協商会議副主席・秘書長の夏宝龍（67）が兼務する形で就任した。夏は03年、まだ地方幹部の浙江省書記だった習近平に副書記として仕えたことがある習の側近だ。過去にキリスト教会の十字架を取り壊すなど宗教弾圧を行った強硬派とされる。

張の降格は更迭人事として報道された。だが、その後も張は主任時代と同じように中央政府の見解を表明する立場にいる。張の役職は大臣級のままで、その権限は変わっていない。むしろ、格上の副首相級の夏を主任にすえることで、香港マカオ事務弁公室の格を引き上げたとの見方が正しそうだ。

同時に公表された機構改革からも、そのことがうかがえる。今回、中連弁の駱が香港マカオ事務弁公室の副主任を兼務したことにより、香港マカオ事務弁公室が中連弁を指導する構図ができた。

これにより、同弁公室のトップは副首相級の夏が、副主任には大臣級の3人（張、駱、マカオ出先機関トップの傅自応）が就いた。香港紙によると、中国の各政府機関の中で、経済政策の司令塔である国家発展改革委員会を除けば、幹部に最も「重量級」を置いた組織になるという。

中国政府の香港政策を担当する機関のトップ交代は何を意味していたのか。反政府活動を取り締まる香港国家安全維持法導入に向けた重要な布石だったことが、後に明らかになる。

香港と台湾、深まる連帯

ここは香港なのか。一瞬、そんな幻覚にとらわれた。

2020年1月10日、台北市の総統府前。翌日の総統選挙の投票日を前に再選を狙う現職、蔡英文の陣営による大規模な決起集会が開かれた。

「光復香港　時代革命」（香港を取り戻せ　我らの時代の革命だ）。香港の抗議活動で使われるプラカードや幕があちこちに見える。香港から来たという男性は「香港と台湾が手を握って中国に対抗する意思を示すためだ」と訴えた。

別の香港人の男性が「台湾、ありがとう」と大声で叫ぶと、台湾人の群衆が「香港、がんばれ」と返す。台湾と香港によるエールの交換が連帯の深まりを感じさせた。

結局、11日の総統選挙では、蔡が史上最多となる817万票を獲得。552万票にとどまった対中融和路線の野党国民党の韓国瑜に圧勝し、再選を果たした。

政権与党の民進党は2018年秋の統一地方選で、中台関係を改善し、経済発展を図ると訴えた国民党に大敗。蔡の支持率も2割台に落ち込み、19年春ごろまでは世論調査で韓にリードを許した。

流れを変えたのは、香港情勢だ。

2019年1月、中国国家主席の習近平は演説で、台湾統一へ強い意欲を示した。香港で実施されている一国二制度を台湾にも適用し平和的に統一するとしつつも、武力行使の可能性にも言及した。これに対し、蔡は「台湾は絶対に受け入れない」と主張し、統一の呼びかけを明確に拒否した。

2019年6月、香港で抗議活動が大規模化し、警察が弾圧に乗り出すと、台湾社会で一国二制度に対する不信感が上昇した。一国二制度はもともと、台湾との統一のために考案された仕組みだからだ。「今日香港　明日台湾」（今日の香港は明日の台湾だ）というスローガンが広く台湾社会に浸透した。台湾市民の警戒感が、中国の圧力に屈しない蔡の支持率を一気に回復させた。

今でこそ連帯を深める香港と台湾だが、1990年代までは近くて遠い存在だった。英国の統治下にあった香港と、国民党政権の独裁が続いた台湾。同じ中華圏にありながら、お互いに冷ややかなイメージを抱いていた。

転換点となったのは2000年代だ。香港も台湾も、ともに中国との経済統合が進めば、いずれ中国に飲み込まれ、自由や民主が骨抜きにされるとの危機感が民主活動家らの間で共有され始めた。

2014年には、香港で「雨傘運動」、台湾で「ひまわり運動」という学生運動が起きた。雨傘運動は行政長官選挙の民主化、ひまわり運動は中国との経済関係を強化するサービス貿易協定への反対と目的は異なったが、中国に「ノー」を突き付ける点では共通していた。それぞれの運動が終結した後も、民主活動家らの交流は維持され、世論調査では双方の好感度が高まる傾向が続く。

台湾の大学では、2019年7月1日に香港の立法会（議会）に突入した若者ら200人超を受け入れたとされる。台湾の教会はカンパを募り、防毒マスクやヘルメットを香港に送り届けた。英BBCは「台湾が香港にデモの装備を届ける中継基地となった」と報じた。香港のデモ隊に寄り添う集会も相次ぎ、市民レベルでの連帯が深まっている。

そんな連帯を苦々しく見つめるのが習だ。海峡をはさんで台湾と向き合う福建省や浙江省でキャリアを積み、共産党トップに登り詰めた。歴代の最高指導者が一人として実現できなかった中台統一に道筋をつけることができれば、後世にその名を残せるとのもくろみは崩れた。

ある外交筋はこう漏らした。「香港への統制強化が、悲願の台湾統一を遠のかせるとは、習は想定していなかっただろう」

香港を襲ったコロナ・ショック

アジア屈指のハブ空港が目詰まりする光景に目を奪われた。

２０２０年3月22日、香港国際空港を望む山に登った。息を切らせて、急な坂道を駆け上がること1時間。眼下に広がる駐機場に、新型コロナウイルス感染拡大に伴う運休や減便で行き場を失った１００機超の飛行機が見本市のように並んでいた。

香港は世界有数の自由貿易港と国際金融センターを築き上げ、人、貨物、マネーの自由な往来がもたらす莫大な富を享受してきた。反政府デモに揺れるグローバル化のシンボルが、今度は「鎖国」という最大の危機に直面している。

「お客が消えた」。観光客に人気の旺角《モンコック》にある雑貨市場「女人街」で、女性店員がため息をついた。２０１９年6月からの抗議活動と、新型コロナというダブルパンチに見舞われ、売り上げはデモ拡大前と比べ8割以上も減った。「ここも1カ月後は閉店しているかも」

少し前までは中国本土からの買い物客が路上にスーツケースを広げ、「爆買い」した雑貨や薬を詰め込む光景が当たり前だった。ピークだった2018年、本土を含む世界各地からの訪問者数は人口の9倍近い約6500万人。日本に例えれば、10億人超が押し寄せた計算になる。

しかし中国本土からの感染者の流入を防ごうと、香港政府は2020年1月下旬以降、高速鉄道の運行を停止し、出入境施設の大半も封鎖した。「劇薬」の副作用は大きかった。3月の訪問客数は前年同月比99％減（速報値）と急ブレーキがかかった。街から北京語の会話が消えた。バブルにわいた反動は大きく、客足が途絶えた小売店は一転、閉店ラッシュに見舞われた。

日本人観光客もよく訪れた水上レストラン「珍宝王国」（ジャンボ・キングダム）も3月上旬に営業停止に。「（1997年の）アジア経済危機以降、不況を何度も克服したけど、今回はさすがにダメだ」と男性社員が肩を落とした。

世界に開かれた香港の原点は、英国の植民地時代にさかのぼる。中華圏と世界をつなぐ貿易拠点として発展した。グローバル化の足音が聞こえてきた1990年代に日米欧に先駆けて多くの工場が中国本土に移転すると、貿易や金融を中核とする産業構造へと転換。今の繁栄の礎を築いた。

コンテナ埠頭に行くと、緑や紺のコンテナの数が普段より少なく見えた。中国広東省と香港を往復するトラックに荷物を積み込んでいた男性は「一時は全く仕事がなかった。早く感染が終わってほしい」といら立ったように話した。

香港は2003年、中国から広がった重症急性呼吸器症候群（SARS）の感染で約300人が死亡、経済も大きな打撃を受けた。08年のリーマン・ショック後はマイナス成長に沈んだが、中国との経済融合を進めてピンチを克服した。

運輸業界団体トップの蔣志偉は「今回が最も深刻だ」と顔をしかめる。中国本土への依存が桁違いに深まったからだ。「中国人が香港に来なくなったら、香港経済は何で食べていけばいいのか」

香港社会の動揺は小さくない。中国が経済大国として台頭し、香港は乱高下する世界経済と運命共同体になった。香港中文大副教授の荘太量は「香港が自分の生命を制御できなくなったことへの不安が広がっている」と指摘する。

2019年以来、中国への反発が広がるなか、再び中国から感染症が広がった事実は、香港社会の対中感情に暗い影を落とす可能性もある。「中国依存が危険だと証明された」。デモに積極的に参加する男性（19）は力を込める。

終わりが見えないデモに加えてコロナウイルスの拡大に苦悩を深めるグローバル化の旗手は、自らの将来像をますます描けなくなっていた。

干された大物俳優の気概

香港島の東端にある柴湾《チャイワン》。香港映画界を代表する実力派俳優、アンソニー・ウォン（黄秋生）の事務所は、工業地帯の一角にある地味なビルの中にあった。

アンソニーは1961年、イギリス人の父と中華系の母の間に生まれた。80年代に映画デビューすると、高い演技力が評価され、香港アカデミー主演男優賞を計3回受賞した。日本では香港警察を舞台にした『インファナル・アフェア』の刑事役が最も有名だろう。

アンソニーは2014年の民主化デモ「雨傘運動」で中国政府に批判的な発言をしたとして、中国の映画界だけでなく、影響下にある香港の映画界からも締め出された。『インファナル・アフェア』で共演したトニー・レオン（梁朝偉）やアンディ・ラウ（劉徳華）がメジャー作品で活躍を続ける一方、干されたアンソニーに舞い込む出演依頼は独立系映画や舞台だけになった。

「正直に言うと、私は雨傘運動を支持したのではなく、警察の暴力に反対したのです」。アンソニーは冒頭こう説明した。「そうしたらネット上で中国に盾突いたとみなされ、いつの間にか売国奴というレッテルを張られたよ。香港の独立なんて一度も主張したことはないのに」。困惑気味に話した。

代表作の一つ、『インファナル・アフェア』で描かれた香港警察は、本国の英国女王から「皇家香港警察」（ロイヤル・ホンコン・ポリス）と名乗ることが認められた誇り高い組織だ。ところが、今回の抗議活動では、民主化を求める市民に大量の催涙弾を打ち込んで弾圧し、「黒警」「ヤクザ警察」と市民からののしられている。

警察映画で数々の名演技を披露したアンソニーは、英植民地時代の警察には過剰な取り締まりを監視する機能があったと言う。だが、１９９７年の返還後は警察に対するチェックが弱まった。「あの当時は皇家警察でしたが、今や共産党警察に変質してしまった」と嘆いた。

アンソニーは今回の抗議活動に参加したことはない。私はその理由について、有名人なので現場にファンが集まり混乱するからだろうと想像したが、全く違った。「もしデモ隊が警官に暴行を受ける現場を目撃したら、私は自分の衝動をおさえられず、警官に殴りかかるのではないか。そんな心配をしている」。暴力に反対するアンソニーの強い決意が伝わってきた。

香港映画界の盛衰は激しい。１９７０年代、ブルース・リーがカンフー映画ブームに火をつけた。ブルース・リーが32歳の若さで亡くなると、ジャッキー・チェンが後を引き継いだ。アメリカにも進出し、香港映画は絶頂期を迎えた。

しかし、1989年の天安門事件を目の当たりにした香港映画界の関係者らは、言論弾圧を強める中国政府の検閲を警戒。映画の製作本数は大きく落ち込み、業績が悪化した。追いつめられた香港映画界は中国マネーへの傾斜に転じたが、それと同時に活気も失われていった。

いまや中国の存在抜きでは語れない香港の映画界で政治的な発言を隠そうとしない俳優は、アンソニーを含めてごくわずかだ。多くは沈黙を貫くか、ジャッキー・チェンのようにデモ隊を非難する側についている。人口14億人の巨大市場を持つ中国の威光には逆らえないのが現実だ。

アンソニーは、もうメジャーな映画会社から声がかかることはないだろうと覚悟していた。自身が率いる劇団も資金繰りに困っているというが、後悔はしていない。

アンソニーは強調する。「人間としての尊厳なのか、それとも生きるためなら何でもするのか。どちらが大事なのだろうか。人によって考え方は違うと思うが、この社会で生きていく以上、市民としての責任がある。私は警察の暴力はダメだと言っただけなんだ」

アンソニーは2018年、大ヒットした独立系作品『淪落《りんらく》の人』で主人公を演じ、3度目の香港アカデミー最優秀主演男優賞を獲得した。妻と離婚し、重いけがを負って人生に絶望した中年の男性と出稼ぎのフィリピン人の家政婦の心温まる交流を描いた内容だ。これまで活躍してきたアクション作品の役柄とは大きく異なる。ノーギャラで出演したという。厳しい環境の中に追い込まれながらも、前向きに生きるアンソニーの今の境遇に重なる新境地をみせてくれた。

インタビュー⑨「この社会で生きる以上、市民としての責任がある」

（2020年3月4日に実施）

俳優　アンソニー・ウォン（黄秋生）氏

▼1961年、英国人の父親と中華系の母親のもと、香港で生まれる。80年代に映画デビューし、数々の映画に出演。代表作に、香港警察を舞台にした『インファナル・アフェア』など。内外でその演技力は高く評価されている。

――日本で香港といえば、映画を想像するファンも少なくありません。香港の俳優の方々は一連の抗議活動にどのような考えを持っているのでしょうか。

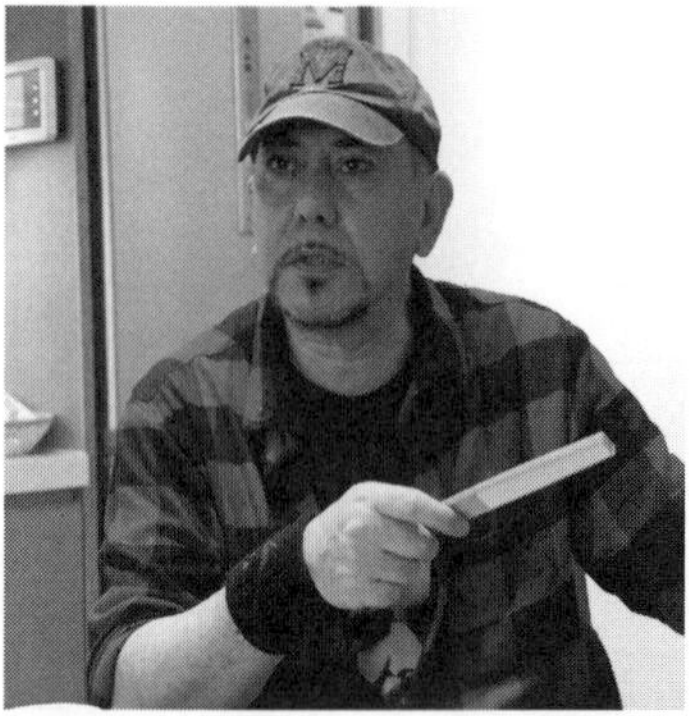

俳優　アンソニー・ウォン（黄秋生）氏〔益満雄一郎撮影、2020年３月４日〕朝日新聞社提供

二つに分けられると思います。映画だけでなく、舞台、ドラマなど香港のエンターテインメントは中国本土の巨大な市場がなければ成立しません。多くの関係者が中国本土で仕事をしています。一部の俳優は、中国当局を支持する考えを表明していますが、多くは沈黙を続けています。

一方、私やチャップマン・トウ（杜汶沢）、グレゴリー・ウォン（王宗堯）ら数人は2014年の雨傘運動以降、中国市場から締め出されてしまいました。だから自由に発言することができます。

――あなたは雨傘運動を支持したのでしょうか。

正直に言うと、私は雨傘運動を支持したのではなく、警察の暴力に反対したのです。これらは別々の概念です。しかし、中国共産党に異論を唱えただけで、政権に盾突いたとみなされ、「香港独立を支持した」とのレッテルまではられて攻撃されました。共産党の敵という扱いを受けてしまいました。

雨傘運動のころ、私はずっと中国本土でロケをしていました。当時、私はフェイスブックで政治的に敏感な話を書き込んでいました。中国は「五毛党」(ネット監視員)を動員し、私が書いた内容を中国のネット上に次々に転載していきました。(中国当局が作成したとされる)「ブラックリスト」に私の名前が載りました。

——なぜ標的にされたのでしょうか。

比較的有名だからだと思います。ただ、私はいったん決意したら簡単には考えを変えない人間ですし、怖いものもありません。

——しかし、多くの香港俳優は中国市場から締め出されることを恐れ、沈黙しています。

人間としての尊厳なのか、それとも生きるためなら何でもするのか。どちらが大事なのでしょうか。人によって考え方は違うと思いますが、この社会で生きていく以上、市民としての責任があります。

雨傘運動当時、私は「道路を占拠しよう」とか「自宅に帰るな」なんて呼びかけていません。警察の暴力はダメだと言っただけなのです。それなのに、売国奴や香港独立分子にでっち上げるのはおかしいと思います。

——香港独立を支持していないのですね。

一度も支持したことはありません。なぜか。香港が独立するなんて不可能です。歴史的にみても、香港が中国の一部であることは明確です。

——かつて香港市民は警察を高く評価していましたが、デモ隊からは「ヤクザ警察」などとののしられています。

英国統治時代、香港警察は非常に素晴らしかった。しかし、今では香港政府の後ろ盾を得て、権力を濫用し、市民への暴力を繰り返しています。デモ隊が警察をののしれば、警察がデモ隊を厳しく弾圧する。そんな悪循環に陥っています。

警察内も二つに分けられると思います。若い警察官は暴力をふるうこともありますが、ベテランはそうではない。ただ、ベテランの警官はそうそう現場に出てきませんので、どうしても暴力的な取り締まりになってしまいます。先日も、女性の警察官が路上生活者を足で踏みつけたというニュースが流れていましたが、事実なら、警察は武装した山賊のようなものです。

——あなたが演じた香港警察は市民から非常に尊敬されていましたね。

返還前ですね。あの当時は「皇家香港警察」(ロイヤル・ホンコン・ポリス)です。今の「共産党警察」とは異なります。

昔の香港警察は規律が保たれ、取り締まりは抑制的でした。しかし、いまは規律が失われてしまい、デモ参加者に好き勝手に暴力を加えています。私は空手や太極拳などの武術をやっているので分かるのですが、今の警察の取り締まりの手法は軍人のやり方そのものです。中国当局のやり方が香港警察に伝わったのでしょうが、取り締まりは抑制的でなければなりません。

——今回の抗議活動に参加したことはありますか。

ありません。もういい年ですし、マスクをはめると呼吸が苦しくて動けなくなります（笑）。もし、警官隊にデモ隊が暴行を受ける現場を私が目撃したら、私は自分の衝動をおさえられず、警官に殴りかかるのではないか。そんな心配をしています。

——外国へ移住する考えはありますか。

私の父母はすでに亡くなりました。妻と子どもはカナダに移住し、私は一人で暮らしています。外国に移住するか、それとも香港に残るか、まだ決めていません。私は香港で生まれ育ちました。すべてのモノがここにあります。仕事はなくなりましたが、友人や思い出はすべて香港にあります。もちろん、香港を去りたくありませんが、安全な場所でなくなれば、移住を考えなければなりません。
もし、移住するとしたら、第一選択肢は台湾です。台湾には、古き良き中国が残っています。私は日本もとても好きなんです。ただ私には日本語の問題があります。もう少し若ければ、ガールフレンドをつくって、日本語を教えてもらったのですが（笑）。
英国にいる親戚は私に英国移住を勧めるのですが、私は飛行機に乗るのが怖い。他人に命を預けて、飛行機に長時間も乗るのは怖くて仕方がないのです。過去、搭乗中の飛行機に雷が直撃したこともあって、飛行機が怖い。まだ死にたくありません。

――今後はどんな仕事を予定していますか。

私は劇団をもっています。もう5年間やっています。この1年、資金繰りは厳しいですが、外国の劇に挑戦したいと思っています。ただ、著作権の費用が高いうえ、新型コロナウイルスが落ち着くのを待つことになるので、やれるとしたら来年かな。台湾のドラマに出るという打診もありますが、うまくいかないかもしれない。

――もし、雨傘運動で発言しなければ、資金繰りに困ることはなかったのではないでしょうか。

雨傘運動がなければ、私は舞台はやっていなかったと思います。もっとお金がもうかる映画やドラマに出演していたでしょう。

ただ、雨傘運動のころ、私の体調はよくありませんでした。長時間、中国本土でロケをくり返していました。仕事の時間は不規則でしたし、仕事のプレッシャーも大きく、深夜にホテルで酒浸りになってしまいました。2、3年、あのまま続けていたら、死んでいたかもしれません。

——中国本土では、俳優は大事に扱われないのでしょうか。

中国本土の映画会社には、カネを出してやっているのは俺たちなんだ、という意識が強いように思えます。私たち俳優は貴族ではありませんが、現場ではそれなりに大事に扱ってもらう必要があります。体調不良を訴えても、よほど有名な俳優でなければ、ロケを休むことも許してもらえません。

——中国本土の俳優たちをどのように評価しますか。

香港の芸能界には、思慮深い俳優が減ったと思います。逆に中国の俳優のほうが自分の意見を持ち、ちゃんと考えて動いています。しかし、残念なことに、彼らは政治的な環境のせいで、そうした特徴を発揮することができません。

第 6 章

国家安全法の衝撃

香港国家安全維持法が施行される直前に開かれた抗議集会で、香港独立を訴える旗を掲げる男性〔益満雄一郎撮影、2020年6月30日〕朝日新聞社提供

1　習近平、我慢の限界に

突然の速報、走る激震

「人大が香港版国家安全法を制定へ」

2020年5月21日午後、複数の香港メディアがこんな速報を一斉に流し始めた。人大とは、中国の全国人民代表大会（全人代）の略語だ。私はスマートフォンの速報を見た瞬間、ついに中国国家主席、習近平の堪忍袋の緒が切れたと思った。国家の安全を守るという名目のもと、デモや集会を制限し民主化運動を強権的に封じ込めるものになるに違いない。慌てて取材の準備を始めた。

「本家」にあたる中国の国家安全法は2015年7月、習近平指導部の肝いりで成立した。中国の安全保障政策の土台となるものだ。当時、領土や海洋権益という従来の対象に加え、宇宙やサイバー空間といった新しい分野も含めて安全保障上のリスクと想定した点に注目が集まったが、「国家の主権と統一」を香港、マカオ、台湾の「共通の義務」とも規定。香港にも体制安定への寄与を義務づけていた。

香港の親中派の間では以前から、強硬的な立場を主張する学者らを中心に、中国の国家安全法を香港にも適用するべきだとの議論はあった。ただ、そうなれば、中国共産党が香港の自治に手を突っ込むことになりかねず、一国二制度は有名無実化してしまう。民主派はもちろん、国際社会からも猛反発を浴びるのは確実なため、現実味を帯びていなかった。

親中派や香港メディアなどによると、5月21日夜、中国政府で香港政策を統括する香港マカオ事務弁公室主任の夏宝龍らが、香港選出の全国政治協商会議のメンバーと会談した。夏は同会議の副主席も兼務している。

この際、中国政府側の出席者が香港政府を叱責したうえで、「今後、突発事が起きた場合、香港政府では対応できないため、中央政府が直接介入する」と通告した。「米国が反発したとしても、中国は決して譲歩しない」とも語ったという。この出席者の発言から透けて見えるのは、デモを鎮圧できない香港政府に見切りをつけたという事実と、米国の反発には屈しないという強い決意だ。

香港では、憲法にあたる基本法23条により、国家分裂や政権転覆につながる動きを禁止する国家安全条例の制定が政府に義務づけられている。1997年の中国返還以来、最大の政治課題だが、市民の強い反発によって成立せず、先送りされてきた。中国からみれば、もはや我慢の限界に達していた。

「一国二制度は終わった」。民主派の議員団は21日夜、緊急記者会見を開き、中国の対応を強く批判したが、中国は一切、耳を傾けなかった。

全人代への法案提出を受け、常務委員会副委員長の王晨は22日、「19年の『香港風波』以来、反中勢力が公然と独立などを吹聴し、国家統一を破壊しようとしている。さらに外国勢力が香港問題に介入し、かき乱している。香港の国家安全を守る法制度は不十分で欠点がある」として、国家安全法案は「一国二制度を続けるために必要な措置だ」と正当化した。

ここで王が持ち出したのが、「一国は二制度の前提・基礎である」とのロジックだ。これは習近平指導部が掲げる香港政策の重要な考え方となっている。一国二制度の根本は「一国」の側にあり、その「一国」を安定させる国家安全法は、一国二制度をより堅固なものにするとしている。

もっとも伏線はあった。

共産党指導部は2019年10月の重要会議で採択した決定に、香港について「国家の安全を守るための法と執行制度を確立する」と盛り込み、大規模デモが続く状況に強い姿勢で臨む意思を示していた。

中国が定めた「国家安全教育の日」にあたる2020年4月15日、中国政府の香港出先機関トップ、駱恵寧がオンラインイベントで「できるだけ早く国家の安全を守る法律制度と執行メカニズムを整える必要がある」と訴えた。駱は20年1月の就任後、国家安全法の必要性を何度も主張していたが、「できるだけ早く」と踏み込んだのは初めてだった。自戒を込めて書くと、私を含め多くのメディアは特段、駱の発言に注意を払わなかった。いま振り返れば、中国側は早い段階から、香港に国家安全法を適用するシグナルを示していたと思う。だが、こんなに早く本当にやるとは。

中国の動向に詳しい親中派幹部は勝ち誇ったように言い放った。「共産党は去年、ちゃんと予告していた。決して突然ではないんだ」

※「香港国家安全維持法」という名称は、2020年6月末の成立時に公表された。それまでは香港地区国家安全法などの名称で報じられたが、本稿では便宜上、正式名称が公表される前の場面でも「香港国家安全維持法」という名称を使用する。

「いま立ち上がるしかない」

「悪法に反対するデモ行進に参加を」。香港国家安全維持法の導入に中国の全国人民代表大会（全人代）が着手し、反体制的な言動を取り締まる方針を打ち出したのを受け、SNS上では早速、抗議活動の呼びかけが広まった。

デモが設定されたのは5月24日。もともと中国国歌への侮辱行為を禁止する国歌条例案の審議に抗議する活動が予定されていたが、急きょ、国家安全法案に反対するとの要求も加えられた。

一方、香港警察はデモ前日の23日、「市民には、違法な集まりに参加しないように求める。警察は当日、十分な人員を配置し、いかなる違法行為も絶対に認めない」と警告。香港で抗議活動が大規模化すれば、国内外の注目を集める「晴れ舞台」である全人代を開催している習近平指導部の面目がつぶれかねないとの危機感がにじんだ。

24日昼、集合場所に指定された香港島の繁華街、銅鑼湾（コーズウェイベイ）。1年前であれば、100万人規模の市民がデモに参加してもおかしくない状況だが、現場に集まったのは数千人規模にとどまった。警察との衝突は確実だったため、多数を占める穏健な市民は参加を見合わせていた。

当時、新型コロナウイルス対策で、公共の場に9人以上集まることは禁じられていた。違反した場合、6カ月以下の禁錮刑や2万5千香港ドル（約35万円）以下の罰金が科せられる。

それでも参加した女子中学生（15）は、「香港には民主も法治もなくなる。逮捕されるのは怖いけど、一国二制度が終わろうとするいま、立ち上がるしかない」と訴えた。

若者が多いデモ隊の中に、専業主婦の女性（60）もいた。女性は「国家安全法は、香港の一国二制度を棺おけに閉じこめ、釘でふたを打ち付けるようなものだ」と怒りをあらわにした。

参加者の強い反発の背景には、一国二制度のもとで保障されてきた自由や人権が「国家の安全」という「大義名分」のもと、中国本土並みに制限されてしまうとの危機感があった。中国に批判的な香港紙リンゴ日報は「共産党の秘密警察が進駐する」と報じ、市民の不安をかきたてた。

デモ開始直後、警察はデモ隊に向けて催涙弾を立て続けに発射。デモ参加者はろくに行進できないまま、あっという間に強制排除された。数千人規模では、全く歯が立たなかった。違法な集会に参加した容疑などで、180人の参加者が逮捕された。

衝突があったこの日、香港政府保安局長の李家超は「テロリズムが広がりつつある」とブログで指摘した。李は3段階に分けられているテロが起きる危険度を、現在の「中度」から「高度」へ引き上げる考えを示唆した。抗議活動をテロの温床と認定し、国家安全法の導入を正当化する思惑が透けて見えた。

口を開いた親中派のドン

5月28日午後、香港から2千キロ近く離れた北京の人民大会堂。「可決しました!」。全国人民代表大会（全人代）委員長の栗戦書が香港国家安全維持法の導入方針が採択されたと宣言すると、出席者から大きな拍手の音が響き渡った。

ステージ横の大画面に表示された投票結果は賛成2878票、反対1票、棄権6票。香港では4日前の24日に数千人が抗議活動に参加し、反対の声を上げたが、完全に無視された形となった。採択を受け、全人代の常設機関、常務委員会が立法作業に着手した。

親中派の重鎮、譚耀宗は全人代が開幕する4日前の5月18日、常務委員会の会合に出席し、国家安全法案が審議されることを初めて知った。譚は香港から選出された唯一の常務委員だ。

「わたしたちがこの1年間、お手上げだった問題の解決に向け、中央政府がついに支援の手を差し伸べてくれた」。議案を見た瞬間、うれしさがこみあげてきた、と後に私に語った。

ただ、発言が事実であれば、香港で最も北京の政治動向を知る親中派の大物でさえ、これほど重要な法案提出の動きを直前まで知らなかったことになる。

そんなことがあるのだろうか？

にわかには信じがたいが、香港政府に通告があったのも全人代直前との情報もある。いずれにせよ、習近平指導部の強い意志のもと、香港の頭越しに立法プロセスが進んだのは間違いない。

中国が国家安全法の立法を決断したきっかけは何か、譚に尋ねた。

譚は、2019年7月1日にデモ隊が立法会（議会）に突入した事件と、7月21日、同じくデモ隊が中国政府の香港出先機関を包囲した事件を、譚はあげた。ほかにも、デモ隊が中国の国旗を破ったことを含めて、「政権を攻撃する行為」が引き金を引いたと語った。「デモ隊が議会や政府機関を破壊したら、日本でも処罰されますよね？　非常にけしからん」。冷静な譚がいら立ちをあらわにした。

立法会に突入したデモ隊は、「中華人民共和国香港特別行政区」と書かれた紋章の「中華人民共和国」の部分を中心にスプレーを吹き付けた。香港出先機関が包囲された事件でも、入り口に取りつけられた国章に黒い液体がかけられた。いずれも、中国政府への敵意がむき出しになった事件だった。

なぜ、立法化がこのタイミングとなったのかについては、新型コロナウイルスの感染拡大で通常3月に開催される全人代が5月に延期されたことを理由にあげた。「コロナがなければ、3月に公表されていた」と語った。

譚は一連の抗議活動について、「香港独立を訴える勢力が拡大し、国家の安全を脅かす深刻な行為だ」と強調した。「香港は中国の一部である以上、中央政府が再発防止に向けて香港の法制度の欠陥を埋めるのは当然だ」と述べ、中国が香港の議会を通さずに立法することを正当化した。

香港では、中国からの独立を支持する市民は少ない。世論の主流は、「香港は中国の一部である」ことを認めたうえで、香港の高度な自治を保障する一国二制度の維持を求めている。にもかかわらず、譚は独立勢力の拡大を大義名分に国家安全法が必要だと主張した。

国家安全法制定の動きを受け、米国は中国や香港への制裁に乗り出す方針を明らかにした。もし、米国が香港ドルと米ドルの交換を禁止するなど厳しい金融制裁を発動すれば、香港経済が大混乱に陥る可能性もある。だが、譚は「米国も国際金融センターである香港を通して巨額の利益を得ている。自らを傷つけるような強い制裁は発動できるはずがない」と余裕をみせた。

全人代の採択を受け、香港政府行政長官の林鄭月娥（キャリー・ラム）は、「国家安全法は必要性のほか、緊迫性もある。その合憲的、合法的、合理的、情理的な基礎は疑う余地もない」とする書簡を公表した。採択直前にはわざわざ、親中派団体が進めていた国家安全法への署名運動の現場に顔を出し、ボランティアを激励。自ら署名する様子をメディアに撮影させた。親中派団体は最終的に約292万人分の署名が集まったとし、香港市民が熱烈に支持しているとアピールした。

政府ナンバー2の政務長官、張建宗（マシュー・チャン）は「国家安全法はテロリストや国家分裂を図る者に適用されるもので、人口の99・99％は影響を受けない。独立した司法機関や自由な社会は守られる」と呼びかけた。

全人代で採択された5月28日、香港で大きな抗議活動は起こらなかった。北京に抗議しても怒りは届かない。そんな無力感が社会に漂っていた。

2　施行前から広がる恐怖

「最後」の天安門事件追悼集会

2020年6月4日夜、香港島のビクトリア公園。中国の民主化を求めた学生らが軍に弾圧された天安門事件から31年を迎えたこの日、犠牲者を弔う追悼集会に参加するため、市民が続々と集まってきた。「今年が最後の集会になると思って、初めて参加しました」。金融関係の仕事をしているという女性（23）の表情に悲壮感が浮かんだ。

香港警察は今回、新型コロナウイルスの感染対策を理由に開催を禁止した。30年を超える歴史の中で禁止されたのは初めて。主催者の民主派団体「香港市民支援愛国民主運動連合会」（支連会）は「感染対策を口実にした封じ込めだ」と批判し、集会を強行した。

香港では天安門事件以降、毎年、大規模な追悼集会が開催されてきた。中国本土で事件を語り犠牲者を追悼することが禁じられるなか、追悼集会は香港が一国二制度のもとで守ってきた集会や言論の自由の象徴だ。この集会に参加したことをきっかけに民主主義の大切さを学び、民主派を支持するようになったという市民も少なくない。

しかし、中国の全国人民代表大会（全人代）が5月、反体制的な言動を取り締まる香港国家安全維持法を導入する方針を決めた。「国家安全法が成立したら、追悼集会は開けなくなる」。民主派を支持する市民の間では、そんな危機感が日増しに高まった。

支連会トップの主席である李卓人は夕方、ビクトリア公園の入り口で記者団の取材に応じ、「我々は決してひるまない。多くの市民がすでに駆けつけ、我々に勇気を与えてくれた。追悼集会を今年も実施する」と宣言。午後8時の開始時刻が迫ると、李ら支連会幹部は園内に突入し、数百人の市民も後に続いた。市民が続々と鉄柵を乗り越える姿は、香港の自由を守り、民主主義を求める強い決意を体現していた。

警察はこの日、違法集会だとして警告を繰り返したが、市民の公園への突入を実力行使で止めることはなかった。開催前、警察幹部は取材に「追悼集会が開催されたとしても、遮るつもりはない」と語り、事実上、黙認した。香港市民が自由や民主化に思いをはせる特別な日に、強硬手段を用いて市民感情を過度に刺激することは避けたいと考えていたとみられる。

1年前の追悼集会は過去最多タイとなる18万人（主催者発表）の参加者を集め、会場は超満員にふくれあがった。その熱気は後に大規模な抗議活動に発展する下地となった。

今回、支連会は参加者数を発表しなかったが、私が会場を見渡せるホテルから目視した限り、ビクトリア公園に集まったのは数千人にとどまった。しかし、園内の様子はオンラインで中継され、香港各地で小規模な集会が分散して開かれた。視聴者を含めれば、それなりの規模になった模様だ。支連会が追悼用として市民に配ったろうそくは10万本に達した。

「一党独裁を終わらせよ」「民主的な中国を構築せよ」。追悼集会では、支連会のスローガンが叫ばれた。

一方、いつもと異なる風景も見られた。「香港の独立が唯一の活路だ」。中国からの独立を支持する急進的な市民が姿を見せたのだ。

支連会は1989年、北京の天安門広場に座り込んで、中国の民主化を求めた若者を香港から支援した活動をルーツに持つ。香港市民も中国本土の住民も「同じ中国人」との立場から祖国の民主化を訴えてきた。支連会が批判対象とするのは中国共産党であって、中国という国ではない。共産党が人民を抑圧するとみているからだ。

これに対し、香港独立を訴える急進的なグループは近年、支連会のような伝統的な民主派勢力を弱腰だと強く非難。民主派内の内部分裂は結果的に親中派を利する形となっていた。しかし、当局のなりふり構わぬ締めつけを受け、共に共産党に抵抗しようと両者の溝が埋まりつつあった。

香港の捜査当局は2020年8月、天安門事件の追悼集会をめぐり、李ら民主派の関係者ら24人を違法な活動に参加した罪で起訴した。

来年、支連会は追悼集会を開催できるのだろうか。そんな不安が社会に高まっていった。

「金融センター」香港の動揺

「香港国家安全維持法が制定されれば、香港の治安や社会環境は徐々に安定を取り戻すと信じている。中央政府は香港に対し、もっと自信を持ち、より開放・支持してくれるはずだ。そうなれば、中国本土や世界から多くのマネーが香港に流入する。大きな化学作用が発生し、より大きな価値を創造するだろう」

香港証券取引所CEO（最高経営責任者）の李小加は6月5日、公式ブログにこう書き込み、中国の統制強化を歓迎した。

李は中国福建省のアモイ大学を卒業後、米国に留学。弁護士としてニューヨークの大手法律事務所で企業買収などのビジネス案件に携わった後、JPモルガン・チェース中国やメリルリンチ中国のトップを歴任。２０１０年、香港証券取引所のＣＥＯに就任した。中国の国政助言機関、中国人民政治協商会議全国委員会の委員も務めるなど、中国寄りの人物だ。

香港は世界と中国本土を行き交う資金をつなぐ国際金融センターの役割を果たしてきた。厳しい資本規制がある中国本土と異なり、香港ドルは基軸通貨の米ドルと自由に交換できるためだ。中国からの対外投資や、外国からの対中投資はいずれも７割前後が香港を経由する。

李は「中国本土の血液と国際市場の血液は大きく異なるため、直接の取引は難しい」と、香港の役割を血液に例えたうえで、今後の香港についても自信をみせた。「香港の金融は、中国本土への輸血から造血する役割にグレードアップしたのだ」

このころ香港の新聞には、国家安全法を支持する親中派の経済団体の意見広告が掲載され、大がかりなキャンペーンが展開されていた。一方、進出する外国企業からは不安の声が広がった。米商工会議所は「国際ビジネスの将来の展望を脅かす可能性がある」とする懸念を表明した。

公正で透明性の高い司法制度は、外国企業が投資先として香港を選ぶ上でも重要な要素だ。司法への不信感が広がれば、アジアを代表する経済都市としての地位が揺らぐ可能性がある。

米ヘリテージ財団が２０２０年3月に発表した経済の自由度ランキングで香港は2位となり、25年連続で守ってきた首位の座をシンガポールに明け渡した。

それでも中国外交筋は、香港進出企業のシンガポールなどへの流出の恐れについて「中国へのアクセスも遠のき、現実的ではない」と語り、香港の地盤沈下は起きないと自信をみせた。

強気の背景には、中国の有力企業の大型上場が相次ぎ、株式市場が活況を呈していることが大きい。２０１９年11月、中国の電子商取引最大手のアリババ集団が香港市場で上場し、過去最大となる１０１２億香港ドル（約１・４兆円）を調達した。20年6月には、中国ポータルサイト運営大手の網易（ネットイース）と、ネット通販大手の京東集団も上場し、それぞれ２４３億香港ドル、３０１億香港ドルを調達した。

香港証券取引所が２０１８年に上場規則を改正し、ハイテクやＩＴなどの企業が上場しやすくなったことに加え、米国による中国企業への規制強化が香港市場への上場を後押しした。香港市場の時価総額に占める中国系企業の割合は20年夏、約8割に達した。

今後も中国本土からの投資の増加が見込まれることから、三井住友ＤＳアセットマネジメント香港最高投資責任者の村井利行も、「香港は今後、中国の窓口としての位置づけが強化される」と指摘する。世界のため、というよりは、中国のための国際金融センターとしての色合いが濃くなるとみる。

とはいえ、香港に死角がないわけではない。国家安全法が禁じる「外国勢力との結託」などの規定は、その定義にあいまいさを残す。どんな行為が罪に問われるのか分かりにくいという懸念は、外国企業を萎縮させかねない。司法の独立が揺らいだり、当局の意向に沿わない企業家の人権を危うくしたりすれば、投資マネーの逃げ足は速い。国家安全法は国際金融センターの先行きを不透明にしている。

あれから1年

あれから1年が経過した。

2020年6月9日、刑事事件の容疑者を中国本土に送還することを可能にする逃亡犯条例改正案を発端に、主催者発表で103万人が参加した抗議活動が起きて1年を迎えた。改正案は廃案となったが、大規模な民主化運動への発展に危機感を深めた中国は、香港国家安全維持法による統制強化に着手した。1年前とは一転して、社会には無力感が漂っていた。

「どれだけ香港で反対を訴えても、声は届かない」

医師の男性、ニッキー（英語名、24）はそう漏らした。ニッキーは2019年以降、逃亡犯条例改正案の撤回を求めてデモに3、4回参加した。市民の声が香港政府に届くとの淡い期待もあった。

しかし、今回は違う。中国が進める国家安全法は香港の議会での審議を経ず、頭越しに施行される。市民の反対意見が中国側に反映される可能性は皆無だ。そう判断したニッキーはデモへの参加をあきらめた。

ニッキーはもともと「愛国少年」だった。

香港が英国から中国に返還される1年前の1996年に生まれた。2008年の北京五輪では、テレビで中国の選手を応援し、金メダルをとると大喜びした。「強い中国を見るのが単純にうれしかった」

2014年9月、雨傘運動が始まった時は、大学の医学部に入学した直後。学生たちが占拠していた大通りに足を運んだ。民主化を求める市民の声に政府は催涙弾で応え、民主的な行政長官選挙の実現を求める運動は挫折に終わった。「これが一国二制度の現実なのかと、それまでの幻想から目が覚めた」

雨傘運動は、ニッキーら若者にとって民主化を勝ち取ろうとした闘いだった。民主化は得られなかったばかりか、6年後、これまで保障されてきた自由を奪われかねない厳しい局面に追い込まれた。中国にあらがっても状況は変えられない。そんな現実を再び突きつけられたように感じる。「中国は共産党の独裁政権だ。いずれは自由を制限する時が来ると覚悟していた」。ニッキーは自分に言い聞かすように話した。

香港独立を支持し、デモに十数回加わった女性（24）も最近、足が遠のいている。「香港の自由を守れ」との訴えに、中国は統制の強化で応えた。女性は「悲しみと憤りと無力感でいっぱいだ」と語る。

この1年間に、一連のデモで逮捕された市民は延べ約9千人。大半は保釈されたが、2020年5月、暴動罪を適用した判決の言い渡しが始まり、22歳の男性が禁錮4年の実刑判決を宣告された。政府と対決する代償は、次第に大きくなっている。多くの市民が恐怖におののき、沈黙するようになった。

香港で再び大規模なデモは起きるのだろうか。デモ参加者の動向を分析してきた嶺南大学助理教授の袁瑋熙は「大規模デモを再び起こすのは難しい。しかし、抗議は形式を変えて続くだろう」と指摘した。

忍び寄る密告社会の影

香港の中高一貫校で教師を務める楊子俊（30）は、逃亡犯条例改正案の審議を止めようと多くの市民が立法会（議会）を包囲した2019年6月12日の抗議活動で右目の視力をほぼ失った。警察が撃った催涙弾が直撃したからだ。それから1年。楊は自身の体験やデモへの考えをまとめた新書を20年7月に出版する計画だったが、思わぬ展開が待っていた。「この内容だと印刷は難しい」。6月上旬、原稿を持ち込んだ地元の業者3社から相次いで断られた。業者は事情を説明しなかったが、察しはついた。理由は中国が立法作業を進める香港国家安全維持法だ。「当局から目をつけられるのを恐れたのだろう」

台湾の業者に印刷を発注し、何とか出版のメドは立った。だが、時間をロスしたため、7月15日から始まる見本市「香港ブックフェア」（新型コロナウイルスの感染拡大のため最終的に延期）には間に合わなかった。楊は懸念する。「自己検閲する雰囲気が社会全体に早くも広がっている」

例年、約100万人が来場するブックフェアは、香港の言論や出版の自由の象徴だ。天安門事件関連など中国本土では取り締まりの対象となる書籍の販売も問題ない。だが、今後は処罰されるのではないか――。出展者の間ではそんな不安が広がった。

きっかけは急進的な親中派政治団体が6月、フェイスブックに投稿した呼びかけだ。「国家の安全を脅かす書籍を会場で発見したら、写真を撮影し提供してください。国家安全部門に提出するお手伝いをします」

密告を促すような手口に、香港の出版社「次文化堂」社長の彭志銘（64）は「中国の文化大革命のようだ」と懸念を深める。1966年から10年間続いた文革では、階級闘争の名のもと、友人や同僚、家族までもが互いに監視し、社会が大きく荒廃した。

ブックフェアの主催者は今年の出展者に「違法な書籍」を扱わないように呼びかけている。とはいえ、法律の解釈権を握るのは中国だ。彭は「トラブルを避けるため、政治的に敏感な内容の書籍は取り扱わない業者も出てくるだろう」と心配する。

国家安全法が影を落とすのは、言論の自由だけでない。6月15日、民主派の区議会議員、葉錦龍（32）のもとに、区議会議長らに宛てられたメールが転送されてきた。「葉は外国勢力に香港問題への干渉を要求した売国奴だ」

一方的に葉を中傷し、脅す内容だった。その6日前、葉は日本の超党派の国会議員らが出席した香港問題を考えるシンポジウムにテレビ会議で参加した。滑らかな日本語で「香港問題に関心を持ち続けてください」と訴えた。

国家安全法は外国勢力と結託し、国家の安全に危害を加える行為を禁止する。民主派が国際社会の支援を受けて活動する芽を摘み取る意図があるが、葉は「外国の政治家と交流しただけで、違法になるかもしれない」と困惑する。

メールには第三者が知り得ない葉の身分証の番号に加え、葉を中国当局に告発したとも書かれていた。葉は「脅迫には屈しないが、個人情報が漏れており、気味が悪い」と語った。

国家安全維持法が6月末に施行されると、香港警察は11月5日、国家の安全を脅かす行為を見つけた市民からの通報を受け付ける専用の窓口を設けて運用を始めた。2021年2月までに4万件の通報が寄せられたという。民主派は「密告を奨励し、市民同士の信頼関係を壊す」と批判を続けるが、当局の締めつけは止まらない。中国本土にはない自由な言論空間が誇りだった香港で、息苦しさが増していった。

司法への信頼が低下

「突然過ぎて、心の準備もできていなかった」

1年前の抗議デモで拘束されたソーシャルワーカーの劉家棟(24)は2020年6月中旬に禁錮1年の実刑判決を言い渡されたときの心境をこう振り返る。

劉が問われた罪は警察への公務執行妨害だ。通常なら、社会奉仕命令などで済むことが珍しくない。ネット上では「重すぎる」との同情が相次いで寄せられた。

劉は判決後に収監されたが、1週間後に仮釈放された。その後、控訴審の裁きを待っていた劉にインタビューすることができた。

劉によると、1年前のデモで、警察に追われた若者が転倒し、危険な状態になった。自ら警察に近づき、デモ隊に突入するのを止めてほしいと訴えたところ、逆に警察官に押し倒され、逮捕された。

劉は、香港の司法制度は中国本土よりも公正だと信じていた。ただ最近、デモ参加者に対して厳しい実刑判決が相次ぎ、本当にそうなのか疑問を抱くようになった。自分に下された判決で、「司法への信用を完全に失った」と話す。

市民が司法に寄せる信頼が薄れていることはデータにも表れている。司法制度の公正さを10点満点で市民が評価する世論調査で、2020年4月の結果は4・4点。デモが拡大する前の19年5月の5・6点から急落し、1997年の返還以来、最低の水準に落ち込んだ。

香港では1997年の中国返還後も英国統治時代の司法制度がほぼ継続され、司法の独立が保たれてきた。独立性の高い司法制度は一国二制度の大きな柱だ。

それにかみついたのが親中派だ。

「警察官の寮にモノを投げつけたのに、罰金はわずか200香港ドル（約2800円）」

「重大事件を引き起こした暴徒をいとも簡単に保釈している」

中国の影響下にあるメディアは2020年夏以降、裁判所を連日のように批判するキャンペーンを開始した。裁判所が市民から信頼されてきた香港社会では異例といえる事態だ。背景には、意のままに動かない香港の裁判所に対する中国政府のいら立ちがある。

キャンペーンのきっかけは、デモ隊と警察が激しく衝突した2019年11月にさかのぼる。香港政府がデモを抑え込むために施行した「覆面禁止法」について、高等法院（高裁に相当）は、香港の「憲法」に当たる香港基本法に違反すると判断したのだ。

覆面禁止法は、デモ隊がマスクなどで顔を隠して抗議活動に参加することを禁じる。香港政府が「事実上の戒厳令」とも言われる「緊急状況規則条例（緊急法）」を発動して超法規的に施行した。世論の反発を強引に押しきって覆面禁止法を施行した香港政府にとって、この判決は大きな痛手となった（最高裁にあたる終審法院は国家安全法施行後の2020年12月、基本法に違反しないとの判決を示した）。

また、抗議活動で逮捕・起訴された被告への無罪判決も相次いだ。三権分立が進んだ民主主義国家では珍しくないが、「裁判所も共産党の指導下にある中国ではありえない事態」（政治学者）だった。

国家安全法は、同法違反事件を裁く裁判官を政府トップの行政長官が指名するとした。行政長官は、国家安全法に基づき取り締まりを強化する立場でもあり、利益相反《そうはん》行為になるとの見方が強い。香港大首席講師の張達明は「行政長官の司法への関与を制限する既存の司法システムから大きくかけはなれたものだ」と批判した。

香港では、裁判官に外国人が含まれているのも特徴だ。2019年秋時点で終審法院では裁判官22人のうち、英国やオーストラリアなど外国人が19人を占め、法廷では今も主に英語が使用される。行政長官が裁判官を指名できるとした背景には、外国人を国家安全法事件の審理から外す狙いがあるとみられている。

親中派の批判キャンペーンを受け、終審法院首席裁判官（最高裁長官に相当）の馬道立は2020年9月、「法廷を政治化してはならない」とする声明を公表した。政治的に中立であると認識されてきた裁判所がこのように説明をしないといけないこと自体が、司法への信頼低下を物語っていた。

「香港の良心」が引退

中国返還前後の香港で政府のナンバー2を務め、退官後も香港の自由を守る立場から発言を続けてきた陳方安生（アンソン・チャン、80）が6月26日、政治活動から引退すると表明した。香港国家安全維持法の成立が目前に迫るなか、「香港の良心」と呼ばれた民主派の有力者が表舞台から去った。

陳方は引退声明を発表し、その理由について、今年亡くなった娘を追悼する時間を大切にしたいなどとした。娘とは、自身が80歳になったら政治活動をやめると約束していたという。香港の若者には「前途に希望を抱き、合法的かつ平和的な方法で私たちの街の核心的な価値を守り続けてほしい」と呼びかけた。

声明は中国語と英語で書かれていた。中国語の声明はわずか6行しかなかった。生涯をかけて求めた民主化が国家安全法の施行で大きく後退するのが確実になるなか、陳方の心境はどうだったのか。淡々とした筆致でつづられた短い文章は、最後の「抗議文」のように思えた。

陳方の引退表明を受け、中国の影響下にある香港紙は「香港が正常な軌道に戻る好機だ」と喜ぶ親中派の声を紹介した。

陳方は1940年生まれ。もともとの姓は方で、結婚後、陳方と名乗った。香港では社会的立場の高い女性は結婚後、夫の姓を自らの姓の前につけることがある。香港政府行政長官の林鄭月娥も、夫の姓である林をもともとの姓、鄭の前に置いている。

陳方は英植民地時代の93〜97年、香港政庁で総督に次ぐナンバー2のポストを務めた。香港市民の間では、返還後、香港政府トップの行政長官に就任することを望む声も多かったが、実現しなかった。

返還後も香港政府ナンバー2の政務官を務めたが、行政長官の董建華と対立し、200

1年に退任した。民主主義を追求する立場から発言を続け、07〜08年には立法会（議会）議員を務めた。13年には、普通選挙の実現をめざす政治団体を立ち上げるなど、民主主義を求める活動を続けてきた。

陳方は英米の政府・議会関係者と太いパイプがあり、民主派の活動家が外国の支援を求めて国際的な活動を展開するサポートをしていた。陳方が去ったいま、どうやって香港問題に対する外国の関心をつなぎとめていくのか。民主派に難しい問題が突きつけられた（146頁のインタビュー⑥に陳方との一問一答を掲載）。

施行前、最後のデモ

2020年6月30日、中国の全国人民代表大会（全人代）常務委員会が、反体制的な言動を取り締まる香港国家安全維持法案を可決した。施行は香港政府行政長官の林鄭月娥の署名を待つだけという状態になった。

昼下がり、香港の金融の中心部、中環（セントラル）の商業施設で、国家安全法への抗議集会が始まった。施行前に開かれる、最後のデモだ。

連日、昼休みの時間帯に抗議活動を呼びかけることから、「ランチ兄さん」と呼ばれる若い男性ら約10人が、「7月1日のデモに参加し、国家安全法に反対を表明しよう」と訴えた。その様子を200人ほどの市民が遠巻きに眺めている。明日からどんな取り締まりが待っているのか。不安な思いで集会を見つめているようだった。

そのときだった。私の視界に「香港独立」と書かれた旗が飛び込んできた。1階のデモ会場を見下ろすことができる3階の通路の柵にぶらさげられた。私は慌てて撮影し、エスカレーターを駆け上がり、取材に向かった。

到着すると、旗をぶらさげた男性はすでに20人ほどの警察官に包囲されていた。所持品の検査を受けており、取材はできなかった。国家安全法の施行前だったので、身柄を拘束されることはなかったが、警察側の素早い対応をみると、施行後、独立運動が容赦なく取り締まられることは簡単に予想できた。

1997年の返還後、香港では、中国からの独立を求める動きはほぼなかった。一国二制度という壁のもと、高度な自治が保障されていると、多くの市民が感じていたからだ。中国からの独立を求める動きが目立つようになったきっかけは、2014年の民主化デモ「雨傘運動」の挫折だ。

運動に参加した若者たちは、香港基本法で認められた普通選挙の実現を認めない中国政府に不満を募らせた。その中でも急進的な若者たちが2016年ごろから、香港が中国の統治下にある限り、民主化は進まないと見切りをつけ、独立を訴え始めた。

その代表格が「香港共和国の樹立」を党綱領に掲げる政治団体「香港民族党」を立ち上げた陳浩天だった。

陳は、もともと政治にはまったく興味がなかった。上海交通大学で交換留学生として学ぶなど、中国本土で暮らした経験もある。しかし、雨傘運動の挫折で、「中国政府が我々に民主を与えないことに気づいた」。陳は私の取材に「香港は私たちの場所だ。北京とは、すべての関係を断ち切りたい」とも強調した。

ただ、こうした独立を訴える人は一部に過ぎず、民意の主流は一国二制度の維持だった。それでも、中国は容赦しなかった。国家主席の習近平は２０１７年、香港返還20年を記念した式典で演説し、「中央の権力に挑戦する動きは絶対に許さない」と、中国からの独立をめざす一部の動きを強く非難した。

この演説を機に独立派勢力への弾圧が一気に強化された。香港政府は２０１８年、「社団条例」に違反している恐れがあるとして、香港民族党の活動を禁止した。

次に取り締まりの標的となったのが、香港独立連盟の陳家駒だ。

陳は国家安全法の施行が迫った２０２０年６月28日、自身のフェイスブックで香港を離れたことを明らかにした。「香港独立の大きな扉は開かれた。最終的に香港独立の瞬間を見届けることになるだろう」と投稿し、外国で独立運動を続けていく考えを示した。だが、香港を離れた以上、影響力の低下は否めない。
独立を求める勢力は国家安全法の施行前にすでに総崩れになっていた。

インタビュー⑩「国家安全法が施行されても活動はやめない」

（2020年6月26日に実施）

民主派団体「香港市民支援愛国民主運動連合会」（支連会）主席　李卓人氏

▼1957年生まれ。89年、中国の民主化運動を香港から支援する活動に参加。以後、30年以上、民主活動家として活動してきた。元立法会議員。2021年4月、当局の許可を得ていないデモに関与した罪で禁錮1年2カ月の実刑判決を受け、服役中。

――反体制的な言論を取り締まる香港国家安全維持法が施行されたら、支連会は民主化運動を続けられるでしょうか。

支連会が今後も存続できるかどうかは、中国共産党の意向次第です。共産党が違法団体と判断すれば、簡単につぶせるからです。

共産党側には、民主派を支持する市民や団体を脅す意図があるのは間違いありません。それを恐れて、私たちが萎縮したり、活動を放棄したりしては、共産党の思うつぼです。支連会は従来の活動を継続します。

――支連会が掲げるスローガンの一つに「一党独裁を終結せよ」があります。

このスローガンは支連会結成時からあるもので、31年間、変わらず訴えてきました。これまで何の問題もなかったのに、なぜ今、違法になるのでしょうか。ありえません。「民主的な中国を構築せよ」というスローガンも使い続けます。

――天安門事件の資料を展示し、語り継ぐ「六四記念館」の運営は継続しますか。

すべての活動を継続します。中国本土の民主・人権活動家を支援する活動や天安門事件の追悼集会も継続します。

香港市民支援愛国民主運動連合会主席　李卓人氏〔益満雄一郎撮影、2020年６月26日〕朝日新聞社提供

――今後、共産党から大きな圧力を受けるのは避けられません。

民主化を求める私たちの決意は1989年、中国本土で起きた民主化運動を香港から支援した活動に由来しています。支連会は時間の経過による記憶の風化という課題に直面してきましたが、さらに共産党からの圧力とも戦うことになりました。

――支連会の活動は多くの市民の支持によって成り立っています。あなたは国家安全法にひるまない姿勢を示しましたが、一般市民は国家安全法を恐れて、支連会への支援を見送る可能性はありませんか。

それは自然なことですし、私たちへの支援を強要することもできません。ただ、私たちは活動を継続し、市民にその姿を見せたい。市民のみなさんはそれを見て、私たちへのサポートを続けるか判断してくだされればよいと考えます。

――来年の天安門事件の追悼集会は内容に変化がありますか。

今年の集会は新型コロナウイルスの感染対策を理由に開催が禁止されましたが、来年は国家安全法を根拠に禁止されるかもしれません。この追悼集会は香港の高度な自治を保障する一国二制度の象徴です。もし禁止されれば、中国が国際社会に向けて、香港は一国一制度に変質したと自ら示すことになります。

——支連会は中国に対して、一国二制度や自由な社会を堅持するよう要求してきました。ただ現実はその逆の展開をみせています。

これは共産党による独裁体制を変えるのは簡単でないことを物語っています。私たちにできるのは、要求を訴えることだけです。それが成功するかどうかはコントロールできません。今は成功していませんが、明日、成功するかもしれない。活動の継続こそが大事だと考えます。

——国家安全法には、国家の安全に危害を加える行為を取り締まる規定が盛り込まれますが、民主化運動を禁止するとの規定は明文化されない見込みです。それでも、民主化運動は取り締まりの対象に含まれると思いますか。

共産党は恐怖による統治を狙っています。リーダーを逮捕し、市民には、民主化運動に参加しないよう警告しています。今後、民主化運動に参加した市民が支払う代償は大きくならざるをえません。

しかし、私たちは恐れません。犠牲になることを恐れる市民がいる一方、自らを犠牲にして暴政と戦う市民もいます。今後も共産党の恐怖統治と、民主派が対立する構図が続くのではないでしょうか。中国本土でも人権活動家が声を上げ続けるでしょう。中国本土と香港の両方から、共産党に圧力をかけたいと思っています。

——民主派は民主的な選挙制度の導入を目標に掲げていますが、実現する日は来ると信じていますか。

これは目標であり、短期間で達成するのは困難だということは、みな分かっています。目の前の目標は一国二制度を堅持し、自由を守ることです。自由が失われれば、選挙制度の改革どころではありません。

——国家安全法は「外国勢力と結託する行為」を禁止する見通しです。支連会は国際社会に対して、香港の民主化運動への支援を呼びかけてきましたが、適用される不安はありますか。

心配はしていません。そもそも支連会は決して外国と結託していません。共産党が香港の民主化運動を弾圧しているのが根本的な原因です。絶対に許すことはできません。もし、国際社会のサポートがなくなれば、私たちの活動は続けられなくなります。

一国二制度は、中国が世界に示した約束でもあります。こんな簡単に破っていいわけがありません。私たちは国際社会に中国のやってきた約束破りの実態をアピールしたいと思います。

——支連会は米国政府側から資金的な支援を受けていないのでしょうか。

まったく受けとっていません。外国からの寄付はありますが、大半は香港内からの寄付です。

——デモは街頭で参加者から寄付金を得る機会でもありましたが、最近は合法的にデモができなくなりました。支連会の活動資金に影響は出ていますか。

確かにあります。かつて天安門事件の追悼集会では200万香港ドル（約2800万円）が集まりましたが、今年は80万香港ドル（約1100万円）にとどまりました。

——今年の天安門事件の追悼集会には、香港独立を訴えるメンバーも参加していました。

私たちは香港の独立を求めていません。香港は中国の一部として、中国の民主化を進める先導役でありたいと思っています。

——支連会の活動を支持する市民も、あなたと同じ考えでしょうか。

そうとは限りません。かつて多くの市民は中国の民主化に希望を抱いていましたが、現在の中国には変化を期待できません。今の若者には愛国意識はほとんどありません。

共産党にとって「愛党」と「愛国」は同じ意味ですが、香港市民にとっては異なります。共産党は天安門事件で多くの無実の市民を殺害した責任をとっていませんし、香港への締めつけを強めています。当然、共産党に反発する市民も少なくありません。
――開催が禁止された今年6月の天安門事件追悼集会には、一国二制度の維持を支持する穏健な市民と、独立を訴える過激な市民がともに参加しました。

仕方がないことだと思います。天安門事件は30年以上も前のことです。参加者の要求に違いが生じて当然です。ただ、抗議活動のスローガンである五大要求の実現という訴えによって、私たちはつながっているように思えます。民主派内にもさまざまな考えがありますが、その最大公約数となる要求は自由や法治を守ること。これが崩れれば、どんな要求も絵空事で終わるでしょう。

インタビュー⑪「法案成立後も言論の自由は制限されない」

（2020年5月25日に実施）

香港政府行政会議召集人　陳智思（バーナード・チャン）氏

▼1965年、タイの華僑の一族として香港で生まれる。アジア金融集団など複数の金融企業のトップを務める。1998年～2008年、立法会（議会）議員を務めたほか、有識者として多数の官職を経験。香港政府の林鄭月娥行政長官の側近としても知られ、中国の全国人民代表大会の香港代表の一人。閣議に相当する香港政府行政会議で召集人（開催者）を務める親中派の有力者。

——中国側が制定作業を進める香港国家安全維持法案は、香港市民の利益に一致するのでしょうか？

香港政府行政会議召集人　陳智思氏〔益満雄一郎撮影、2020年5月25日〕朝日新聞社提供

まず国家安全法は、世界各国にあることを強調したいと思います。1997年に香港が英国から返還されたとき、中国は香港基本法23条に基づき、香港政府に対し、国家の安全を守る法律（国家安全条例）を自ら定めるよう義務づけましたが、香港政府はそれを実現できませんでした。

治安が良い香港では長年、テロや政権転覆行為に注意を払う必要はなく、国家の安全を守る法律がそれほど重要だとは理解されていませんでした。また一部の市民にとっては、言論の自由が脅かされ、中国共産党を批判するだけで処罰されるのではないか、という不安もありました。

しかし、多くの市民が昨年来の「社会事件」を目撃しました。最近は「香港独立」や「光復香港　時代革命」（香港を取り戻せ　我らの時代の革命だ）などと主張する人も出始めました。こうしたスローガンは、中国本土の人たちに、国家分裂行為だと思わせたことでしょう。国家の安全は香港だけの問題ではありません。中国全体に影響があります。したがって中国の全人代が国家安全法の立法作業に着手したのです。

——中国側が立法作業を進める過程で、香港市民が意見を表明する機会はあるのでしょうか。

きっとあると思います。なぜなら、新法は（中国と法体系が異なる）香港で制定されるので、香港の法制度に適合させる必要があるからです。

香港市民が心配しているのは、どのような行為が違法と認定されるのか、分かりにくいということでしょう。言論の自由を保障する観点からみれば、これは最もセンシティブな問題でもあります。今後、立法作業が進めば、より明確にされるはずです。

――ある親中派の学者によると、中国政府は長年、国家安全維持法を香港に適用することを研究していたそうです。

どのような背景があるのか、私もよく分かりませんが、香港政府は23年間、国家安全条例を自ら制定する義務を果たせませんでした。その間、中国政府はしっかり準備していたのだと思います。

香港政府は2003年、国家安全条例の制定に乗り出しましたが、多くの市民の反対を受け、断念しました。当時、香港政府は市民の国家に対する信頼が高まれば、成立に向けた環境が整うと判断し、機が熟すのを待つことにしました。しかし、去年の抗議活動の発生に加え、中国と米国の通商対立も深刻化し、中国政府はもう香港政府に任せていられないと判断したのでしょう。

――法案が成立すれば、一国二制度が崩壊するとの見方もあります。どうやって香港の高度な自治を維持していくのでしょうか。

中国政府高官は「一国二制度は変えない」と発言しています。中国政府は一国二制度の維持をとても重視しています。ただ、「一国」という基礎があってこそ「二制度」は成り立つと考えており、国家の方針が優先されます。

市民の大半は中国政府を転覆しようとか、中国から独立しようなんて考えていません。法律が制定されても、一般市民やビジネス関係者には何の影響もありませんが、多くの市民が言論の自由が制限されないか気にしています。法案成立まで注意深くウォッチしていく必要があると思います。

中国政府は経済発展に成功し、貧困問題を解決してきました。国民の共産党に対する満足度も高まっています。

実際、1997年の香港返還前、多くの香港市民が自由が維持されるかどうか心配しましたが、二十数年が経過しても変化はありませんでした。こうしたことからも、一国二制度を維持するという中国の説明を、私は信頼できると考えます。

法案成立後も政権を転覆するような行動さえとらなければ、問題はありません。したがって、言論の自由が制限されることはないはずです。

――中国軍が民主化を求める若者らを武力で弾圧した天安門事件は、中国本土では今もタブーとなっています。香港ではこれまで、天安門事件を追悼する集会が毎年開かれてきましたが、今後はどうなりますか。

問題ないと思いますよ。香港では毎日、さまざまな抗議集会が行われています。ただし、集会の狙いに国家の分裂を図る意図が含まれていれば、違法行為になります。

――トランプ米大統領は今後、貿易面などで香港を優遇する措置を取り消すなどの制裁を発動する方針を表明しました。香港経済への影響が懸念されています。

もちろん心配です。きっと香港経済への影響はあるでしょう。私は企業家の一人でもあります。ただし、影響は香港に拠点を置く米国企業にもあります。

米大統領選前なので、新型コロナ対策の失敗や通商対立などの責任を中国に押しつけたいという選挙戦術があるのでしょうが、米国が実際に制裁措置を発動すれば、米中両国の企業がともに影響を受けて敗者となります。

――香港では2019年の抗議活動以来、社会が混乱しています。どうやって安定を取り戻しますか。

一部のデモ参加者は「死なばもろとも」をスローガンに破壊行為を行い、香港経済はますます悪化しています。市民の多くは、そんな暴徒を支持しなくなるはずです。過激な人たちを孤立無援の状態に追い込めれば、沈静化できるはずです。

――デモ参加者は、民主的な選挙の実現など五大要求を掲げています。香港政府側に受け

入れる考えはありますか。

五大要求の一つである、逃亡犯条例改正案の撤回はすでに受け入れました。ほかの四つは、受け入れ不可能です。香港は法治社会なので、逮捕されたデモ参加者の刑事責任を免除することはできませんし、選挙制度の改革には、中国政府も関係します。香港政府だけでは解決できる問題ではありません。

第７章

弾圧の嵐

香港国家安全維持法に抗議するデモに参加し、連行される女性（中央）ら〔益満雄一郎撮影、2020年7月1日〕朝日新聞社提供

1　民主活動家の動揺

国家安全法、施行後初のデモ

2020年6月30日午後11時、香港政府行政長官の林鄭月娥（キャリー・ラム）が香港国家安全維持法に署名し、即時施行された。中国側が導入する方針を示してから1カ月あまり。香港の議会審議を省いて「スピード成立」した。

「わー、厳しい。これから民主化運動はできなくなる」。民主派の市民団体「民間人権陣線」（民陣）副代表の陳皓桓（24）は施行後、頭を抱え込んだ。初めて全文を読んだのは施行後だった。民主主義国家では考えにくいことだが、法案は概要しか公表されないまま、可決されたからだ。

全文には、香港での国家分裂や政権転覆などの反体制活動を禁止する内容が盛り込まれた。焦点だった最高刑は終身刑だ。ただ条文の定義はあいまいで、民主化運動も当局の法解釈次第では取り締まりの対象となりかねない。デモ隊が政府を批判しただけで、国家安全法違反で逮捕されるのではないか。そんな心配が陳の脳裏をよぎった。

国家安全法の施行直前、日本との関係が深い周庭（アグネス・チョウ）が所属する香港

香港国家安全維持法に署名する行政長官の林鄭月娥。中国の国旗（左）が香港の旗よりも大きい。中国政府と香港政府は対等な関係にないことを示している〔香港政府撮影、2020年6月30日〕朝日新聞社提供

衆志（デモシスト）や、香港の独立を主張する団体が法の適用を免れようと、続々と解散を表明。民主派の政治団体は蜂の巣をつついたような騒ぎになった。著名な民主活動家で、香港衆志の解散を発表した黄之鋒（ジョシュア・ウォン）は6月30日、今後は個人の立場で活動を継続していくことを明らかにしたうえで、「抹殺されるまで、香港という家を守り続ける」と訴えた。

民陣の陳は仲間と共に、国家安全法に抗議するデモを7月1日午後に実施すると呼びかけていた。

「身の安全のため、デモを取り消したほうがいい」。そう忠告する電話が陳の携帯電話に何度もかかってきた。その中には李柱銘（マーティン・リー）もいた。香港の「民主主義の父」と呼ばれ、民主化を求める市民の尊敬を集めるベテラン弁護士だ。

しかし……陳は民主化運動の将来を考え

た。もし、国家安全法の脅威に屈して、デモを取り消したら、もう二度と実施できないだろう。やるしかない。そう腹をくくった。だが、心配で1、2時間ほどしか眠れなかった。

7月1日は香港返還記念日だ。1年前はデモ隊が立法会（議会）を占拠した。毎年、この日の早朝、香港政府が返還を祝う式典を開催する。陳が所属する民主派政党「社会民主連線」（社民連）はそれに合わせて、式典会場の近くで政府を批判するデモを行ってきた。

陳はまず、早朝のデモが警察に止められるかどうか確かめることにした。もし摘発されたら、午後に予定していたデモの実施を見送るつもりだった。結局、早朝のデモは警察の監視を受けたものの、例年と同じように行進が認められ、逮捕者もいなかった。よし、これなら午後も大丈夫。陳はデモ会場に向かった。

しかし、予想外の展開が待っていた。1日午後のデモの集合地点は、街のシンボルのデパート「そごう」がある香港島の繁華街、銅鑼湾。陳は現場に向かおうとしたが、警察に動きをマークされ、近づくことができなかった。そのため、隣の湾仔《ワンチャイ》から銅鑼湾に向けて行進をはじめた。

そのころ、銅鑼湾には、数千人のデモ隊が集まっていた。「香港独立が唯一の活路だ」と叫ぶ人はいたが、その姿は少ない。「香港独立」と書かれた旗も激減した。早速、国家安全法の威力が発揮されたのは一目瞭然だった。

国家安全法の成立により、中国政府の出先監視機関である「国家安全維持公署」が香港で直接捜査できるようになった。現場で私が確認した限り、中国本土から派遣されたとみられる当局者の姿は見えなかった。その代わり、衣服の胸のところに「N」と番号札がついた警察官が配置された。「national security」(国家の安全)の頭文字だ。香港警察に新設された国家の安全にかかわる事件を専門に捜査する部門の警察官だ。

国家安全法の施行を受け、香港警察の取り締まりは明らかに強硬姿勢に転じた。「あなたたちが掲げた旗や、口にしたスローガンは国家を分裂させたり、政権を転覆させたりする意図があるため、国家安全法に触れる可能性がある」と書かれた真新しい紫色の警告旗を掲げ、解散を命令した。

実際の取り締まりにあたる機動隊員には、目や鼻を刺激するコショウ弾を発射する短銃が新たに配備された。以前はライフル銃のような大きな銃しかなく、機動力に問題があった。警官隊はこれまで以上に躊躇なく催涙ガスをデモ隊に向けて打ち込み、デモ隊を強制排除した。

取り締まり初日にあたるこの日、警察は「香港独立」の旗を所持した男性ら10人を国家安全法違反容疑で逮捕した。その中には、昨年の抗議活動の代表的なスローガン「光復香港　時代革命」と書かれた旗をバイクに取りつけ、警官隊に突っ込んだ日本料理店勤務の香港人男性（23）も含まれている。

その後、男性は国家の分裂をあおった罪とテロ罪で起訴された。国家安全法違反の罪で起訴された第一号となった。

デモに参加した金融業の男性（52）は、「国家安全法が成立した瞬間に一国二制度は終わった。今後、言論の自由が締めつけられ、（少数民族が抑圧される中国の）チベットのようにならないか心配だ」と漏らした。結局、この日は、国家安全法違反容疑のほかに、違法な集会に参加した容疑などを含め約370人が逮捕された。民主派や国際世論の批判に配慮して、香港警察は施行直後、慎重に法律を運用するとの見方もあった。しかし、実際は正反対だった。

国家安全法の施行後、最初にデモを呼びかけた陳は数千人の市民が抗議活動に加わったことについて「想定以上に多かった」と振り返った。「今後、激しい弾圧が待っていると思うが、これだけ多くの市民が街頭に出てきて対抗する姿勢を示したことに希望を見いだした」とも述べた。

民主化運動は今後も継続できるのだろうか。陳は「自分一人しかいなければ、私は怖くてデモに参加できない。でも仲間がいれば、乗り越えられるはずだ」と、市民の連帯を求める。

陳は2020年10月、民間人権陣線の代表に就任した。12月には、自身が呼びかけた7月1日のデモをめぐり、参加者を扇動した容疑で逮捕された。国家安全法の強力な網に包囲されるなか、どうやって民主化運動を前に進めるのか。陳ら民主活動家の先が見えない模索が続いている。

出国した雨傘運動リーダー

香港国家安全維持法の施行による混乱が収まらない7月2日、香港の民主活動家、羅冠聡（ネイサン・ロー、26）が、香港から離れたと自身のフェイスブックに公表した。

羅はその理由について、直前にテレビ会議システムを通して米下院の公聴会で証言し、人権状況が悪化する香港への支援を呼びかけたことで「予測できない危険な状態に陥った」と説明した。

羅は「香港から国際社会に働きかける活動は大幅に締めつけられ、リスクも高まっている」と投稿。海外を拠点に民主化運動を継続すると表明した。後に旧宗主国の英国に滞在していることを明らかにした。

羅は2014年の民主化デモ「雨傘運動」で学生リーダーの一人として活動。16年には、史上最年少で立法会（議会）議員に当選した。議員就任に必要な宣誓の際に「暴政は必ず滅びる」などと、中国共産党政権を批判する発言をした。香港政府はこれを問題視し、裁判所に司法審査を申し立てた。裁判所は17年に政府の訴えを認め、羅は失職に追い込まれた。

羅が出国したとのニュースを聞いて、私は2週間前に羅と会話を交わしたときの様子を思い出した。

香港名物の2階建ての路面電車が行き交う香港島の繁華街、湾仔。羅は6月19日夜、街頭演説に立った。

羅は、9月に予定されていた立法会（議会）選挙に向けた民主派の予備選挙に立候補すると表明した。予備選挙は共倒れを防ぐため、候補者を絞り込むのが目的で実施される。羅にとっては、議会復帰をめざすと宣言する機会でもあった。

演説を終えたタイミングを見計らって、羅に声をかけた。国家安全法は選挙運動にどんな影響を及ぼすでしょうか。そう質問すると、温和な羅の表情が急に険しくなった。「選挙も大事だけど、もはや自分の命の安全に関わる事態だ」

えっ、そんなに切羽詰まっているの？　私は驚いた。羅は香港の将来の政治体制は香港人が決めるという「民主自決」との立場をとり、国家安全法が禁じる独立などの過激な主張とは一線を画していた。２０１９年には米国に留学したため、抗議活動にほとんど参加していなかった。

羅は1993年、香港に隣接する中国広東省深圳市で生まれた。6歳のときに家族とともに香港に移り住んだ。大学進学後に労働問題に興味を抱き、社会運動を始めた。

2014年8月、香港トップの行政長官選挙をめぐり、民主派の立候補を事実上排除することを中国が決定すると、香港の若者たちは撤回を求めて道路を占拠。それが79日間に及ぶ雨傘運動に発展した。羅は大学生の団体「学連」の常務委員として参加し、中高生の団体を率いた黄之鋒と連携した。

非暴力を掲げ、「座り込み」という形で香港政府やその後ろ盾の中国政府に市民の強い意思を示した運動は、日本をはじめ各国の市民団体などから広い支持と共感を集め、影響を与えた。羅も若手の民主活動家として注目を集めた。

羅は若者世代の代表として香港政府側との直接交渉に臨み、主張が聞き入れられないとみると、北京に出向いて中国政府に直接訴えようとしたが、それも拒まれた。雨傘運動の終盤には、羅らの対話路線を生ぬるいと批判する強硬派が台頭。路線対立を引き起こし、運動は挫折した。羅自身も2017年、雨傘運動に関連する罪で禁錮8カ月の実刑判決を受け、収監された。民主活動家としての羅の人生は困難の連続だった。

羅はいま、英国を拠点に香港の自由や人権をめぐる状況をSNSで情報発信している。

国際社会の香港問題に対する関心を高め、中国政府への圧力を高めるのが狙いだ。

各国メディアの取材も精力的に受けている。朝日新聞の2020年8月のインタビューで、国家安全法について「この法律の下では、表現の自由はない。スローガンが書かれた旗やステッカーを持っただけで逮捕され、適法と違法の境界線が分からない。当局による解釈の余地が広く、人々は自己検閲するようになる」と危機感を表明した。

欧州では、英国に拠点を移した羅の知名度は高い。2020年のノーベル平和賞候補との見方も浮上した。羅は国家安全法違反容疑で指名手配されている。香港へ戻るつもりはないという。国家安全法の制約があるなか、国際的な支援をどう取りつけていくか。外国からの民主化運動の先行きは見通せない。

萎縮する「表現の自由」

7月2日、香港郊外の飲食店。4人の警察官が突然、姿を現した。「国家安全法違反だ」と警告し、抗議活動に賛同するメッセージやポスターを撤去するよう指示した。飲食店の責任者は警察の命令に従い、壁からはがした。

このニュースが流れると、デモに賛同してきた市内各地の飲食店に動揺が広がり、メッセージやポスターを撤去する動きが相次いだ。

香港島の湾仔の飲食店。歩道に面したガラスの壁には、デモを応援する付箋が貼られていたが、施行後は何もメッセージが書かれていない白紙の付箋に変わった。口を閉ざすことを余儀なくされた市民たちの「無言の抵抗」だった。

デモを応援するメッセージが大量に貼られた壁は「レノンウォール」と呼ばれ、デモ隊を応援する飲食店だけでなく、最盛期だった2019年夏には建物や地下通路の壁など、市内のいたるところに設けられていた。レノンウォールとは、凶弾に倒れたビートルズのジョン・レノンの死を悼んだメッセージを、東欧のチェコの若者が記した壁に由来する。その後、共産主義体制に抗議し、自由や平和を求める市民の声を象徴する存在となった。

香港郊外の大埔墟（タイポマーケット）駅近くの地下道には、香港最大のレノンウォールができた。壁一面がメッセージで埋め尽くされた。しかし、国家安全法施行後の2020年夏に訪れると、完全になくなっていた。

レノンウォールは、民主化を支持する香港市民にとって、大勢の仲間がいることを実感できる連帯の象徴だった。だからこそ、市民の分断を図りたい警察は国家安全法施行後、真っ先にメッセージやポスターの撤去を命じたのだろう。

7月に入って、デモの呼びかけが大幅に減った。デモがあったとしても、スローガンが書かれていない白い紙で顔を覆い隠したりするなど、個人が特定されないように神経を使うようになった。

また、過去にSNSに投稿したメッセージを市民が削除する動きも加速した。会社員の女性(24)は「中国式の厳しい監視手法が香港に持ち込まれ、言論の自由は大きく制限される」と不安を漏らした。

国家安全法に反対する市民らを震え上がらせたのが、強硬な警察の対応だ。香港メディアによると、警察は7月1日に国家安全法違反の疑いで逮捕した10人からDNAのサンプルを採取した。その意図ははっきりしないが、香港ではDNAが証拠となる性犯罪など一部の事件を除けば異例の措置だけに、統制強化につながる動きとして波紋を呼んだ。

さらに香港政府は7月2日、抗議デモの代表的なスローガン「光復香港　時代革命」(香港を取り戻せ　我らの時代の革命だ)には、香港の独立や政権を転覆させる意図があるとの見解を表明。スローガンを訴える行為を禁止した。

このスローガンは、中国との一体化に強く反発し、「香港ファースト」を訴える「本土派」の著名なリーダー、梁天琦が発案したとされる。「言葉狩り」ともとられかねない当局の強硬姿勢に、市民は口をつぐんだ。表現の自由が一気に萎縮した。

姿を消したのは、抗議活動のスローガンだけではない。

各地の公立図書館は7月4日までに民主活動家らの著書の閲覧や貸し出しを停止した。対象となった書籍は雨傘運動のリーダーだった民主活動家の黄之鋒、立法会（議会）議員の陳淑荘、作家の陳雲ら民主派3人が書いた計9タイトル。各地の公立図書館がこれらの著作を合わせて400冊ほど所蔵していたが、本棚から撤去された。蔵書検索サイトでは「審査中」と表示され、貸し出し予約ができなくなった。

このうち、黄の書籍は自身の運動の体験をまとめた『我不是細路（私は子どもではない）』など2タイトル。黄は4日にフェイスブックを更新し、この本に国家安全法に違反する内容は含まれていないとしたうえで、「言論弾圧がますますひどくなっている」と批判した。

陳淑荘は2016年に出版された自身の著作が問題視されたのを踏まえ、「国家安全法は施行前にさかのぼって適用されるのではないか」という疑念を表明した。陳雲の書籍は『香港城邦論』。香港の完全な自治を求める内容で、親中派からは香港独立論だと非難されていた。

香港政府は、閲覧・貸し出しの停止措置について、国家安全法に抵触する蔵書がないか公立図書館に審査させるためだと説明した。一方で、審査の基準や対象数は公表しておらず、恣意的に閲覧を制限した可能性は否定できない。

中国の影響下にある香港の親中派メディアは、公立図書館には他にも問題のある蔵書が大量に残っていると報道。停止の対象を拡大すべきだと訴えた。

言論の自由への統制が急速に強まるなか、規制をかいくぐろうと知恵を絞る動きもみられた。

中国共産党による「一党独裁の終結」を綱領に掲げる香港の民主派団体「香港市民支援愛国民主運動連合会」（支連会）は、1989年の天安門事件の資料をネット上に展示する「デジタル博物館」を2021年秋に開設する準備を進めている。九龍地区の雑居ビルで、事件の写真などを展示している「六四記念館」が今後、国家安全法違反の疑いをかけられ、閉鎖に追い込まれる事態に備えるためだ。

中国政府は本土では、天安門事件をめぐる言動を厳しく監視している。支連会主席の李卓人は「六四記念館はいつまで継続できるか分からない」と危機感をあらわにする。サーバーを外国に置くことも検討しているという。

国家安全法によって、香港の自由な言論空間は「窒息」させられようとしていた。

中国の治安機関、謎めく活動内容

2020年7月8日、中国政府の治安機関「国家安全維持公署」が発足した。公署は中国による統制強化の象徴的な存在だ。そのオフィスは、デモや集会が盛んに行われる香港島のビクトリア公園を見下ろす高層ビル内にある。ビルの前には、中国の国旗と香港の旗が掲げられ、警察関係者が常時監視している。

発足を祝う式典には、香港政府行政長官の林鄭月娥のほか、歴代行政長官らが出席。中国政府の香港出先機関である「中央政府駐香港連絡弁公室」（中連弁）主任の駱恵寧は「公署は安全の使者であり、国家安全のゴールキーパーだ」と宣言した。

ビクトリア公園は市民による大規模デモのスタート地点になるほか、毎年6月4日に開催される天安門事件の追悼集会の会場としても使われてきた。民主化運動の「聖地」ともいえる場所だ。ある民主派幹部は取材に「デモに参加する市民を威嚇するのが狙いだろう」と述べ、警戒心をあらわにした。

署長に就任したのは、香港に隣接する広東省の共産党委員会常務委員から転身した鄭雁雄だ。鄭は発足式典で「法律に従い、国家の安全を守る職責を厳格に履行する」と強調。一国二制度が骨抜きにされるのを警戒する民主派の批判に反論した。

取り締まりの最前線で指揮をとる鄭とはどんな人物か。

香港紙の情報を総合すると、年齢は57歳。広州で漢方医学を学んだのち、医者への道は選ばず、共産党機関紙の人民日報の地方幹部などを歴任。香港紙は、北京から公署のトップを派遣すれば、香港市民の警戒心を刺激してしまうため、香港に隣接する広東省幹部だった鄭に白羽の矢が立ったと解説した。

鄭の名前が知れ渡ったのは2011年だ。鄭は党の末端組織の腐敗に反発した広東省烏坎村の村民が自主選挙を行い弾圧された事件で、村を管轄する汕尾市トップの党委書記として厳しく対応した。鄭は当時、「外国メディアが信用できるならブタも木に登る」と発言し、外国メディアに協力する村民に圧力をかけた。

元烏坎村職員の荘烈宏は当時の鄭を知る一人だ。党の腐敗の追及に立ち上がった荘は取材に対し、「鄭は民意を顧みない人物だ」と批判する。荘によると、2011年12月、鄭の指揮のもと、数千人もの武装警察の部隊が村を封鎖し、住民運動を封じ込めたという。

荘は米国に亡命したが、地元に残った家族は情報当局の厳しい監視下に置かれた。一方、鄭は事件への強硬姿勢が高く評価されたとみられ、のちに広東省党委幹部に栄転した。

公署の副署長には、中国の治安維持部門出身とされる2人がついた。李江舟は公安省出身で、2016年から中連弁の警務連絡部長を務めた。孫青野は中国でスパイの取り締まりなどを担う国家安全省系の人物との情報があるが、素性は明らかになっていない。

一部香港メディアは、公署の職員は中国政府の治安機関から派遣され、規模は約300人態勢と伝えているが、公開される情報はほとんどなく、活動の実態は謎に包まれている。

香港政府も国家安全法施行後、急ピッチで制度の整備を進めた。政府は公署発足に先立つ7月3日、国家安全法に基づき、情勢分析や政策策定の司令塔となる「国家安全維持委員会」を設置した。

この委員会の顧問には、中連弁の駱が就任した。委員会のトップは香港政府の林鄭だが、実質的には、お目付け役の駱が強い権限を持っているとみられる。

国家安全法14条によると、同委員会の業務は香港特別行政区のいかなる機構の干渉を受けないほか、情報も公開しないとしている。さらに同委員会が行った決定は、裁判所による司法審査を受けないとも規定されている。

この条項が盛り込まれた背景には、デモ隊がマスクで顔を隠す行為を禁止する覆面禁止法を2019年に施行した際、民主派から司法闘争に持ち込まれ、初審では香港政府が敗訴したという苦い経験があった。香港の裁判所は中国本土と異なり、政府の意向を踏まえた判決を出すとは限らない。

鄭雁雄は公署の発足式典で、法の監視を受けると強調したが、国家安全法60条によると、公署やその職員の職務執行は香港当局のチェックを受けないとしている。

公署の実態はブラックボックスといわざるをえない。

民主派の予備選挙に行列

真夏の青空に覆われた2020年7月11日昼、香港島の繁華街、銅鑼湾（コーズウェイベイ）の飲食店。お客が食事をしているテーブルの横に長蛇の列ができた。市民が次々と身分証をスタッフに見せ、電子投票をすませていく。飲食店でなぜ投票？　そんな疑問が生じるかもしれない。

これは9月に予定されていた立法会（議会）選挙（定数70）を前に、民主派が2日間の日程で実施した予備選挙の様子だ。「黄店」と呼ばれる民主派を支持する飲食店が投票場所を提供した。予備選は支持票の分散を避けるために候補者を絞り込むのが狙いだ。選挙権を持つ18歳以上の市民に参加資格がある。

予備選挙の運営を担当する民主派の元立法会議員、区諾軒によると、予備選の準備が始まったのは2020年初頭。「区議会選挙で民主派が圧勝した勢いを立法会選挙につなげるにはどうすればいいか」。各団体から参加した約10人が戦略づくりに着手したという。

民主派といっても、内部は一枚岩ではない。伝統政党が穏健路線をとる一方、香港人のアイデンティティーを強調し、中国政府の介入を強烈に批判する急進的なグループ「本土派」もある。2019年に抗議活動が激しくなる前まで、本土派が穏健勢力を「弱腰」と批判するなど内部対立は深刻だった。

２０１６年に実施された前回の立法会選で、民主派は有権者が１人１票を投じる直接選挙枠（35議席）で19議席、金融や司法など業界ごとに有資格者が投票で選ぶ職能枠（35議席）では11議席の計30議席を確保した。今回の予備選には、51人が立候補。もともと民主派が強い直接選挙枠に挑む候補者を約30人に絞って勝算を高めつつ、親中派が強い職能枠でも上積みを図る戦術を立てた。

民主派は「35＋」を合言葉に、過半数である35議席以上の獲得を目標に掲げた。達成すれば、香港政府が提出する予算案を否決し、行政長官を辞任に追い込むことも可能になる。もちろん、１９９７年の返還後、初めての事態だ。

著名な民主活動家の黄之鋒も民主派から立候補した１人。香港郊外の地下鉄駅近くで７月11日、大勢の外国メディアを集めて「中国に投降しない姿勢を示し、国際社会の関心を勝ち取ろう」と訴えた。

予備選には、警察に不満を抱く男性が名乗りをあげた。

民主派の伍健偉（24）だ。昨年の区議会選挙に立候補して当選したが、より影響力のある立法会を通じて社会を変えようと出馬を決心した。

伍の地元である香港郊外の元朗では２０１９年７月21日、暴力団関係者を含む集団に帰宅中のデモ参加者が襲撃され、約50人が重軽傷を負った。警察と襲撃犯たちが親しい関係にあることを示す映像がネット上に流出。警察が反社会勢力を使って襲わせたとの疑念が市民の間で高まり、警察と市民の対立が決定的になった。襲撃の場面はメディアのカメラに収められ、多くの容疑者の映像が残っている。数百人が暴行に加わったとされるが、事件から1年が経過しても、逮捕された容疑者は37人にとどまる。

進まない警察の捜査に不満を抱く伍は7月19日、警察への抗議活動を呼びかけ、違法な集会を開いたとして逮捕された。釈放されたものの、今度は香港国家安全維持法違反容疑で逮捕されるかもしれないという不安は消えない。それでも、「自己規制するのが一番よくない。被害者の救済に向け、活動を続けたい」と話した。

立法会選挙での過半数獲得に向けて、着々と準備を進める民主派の動向に、香港政府は危機感を抱いた。２０１９年の区議会選挙では、選挙情勢を見誤った結果、親中派の大敗北を招いた。区議選の二の舞いは許されない。露骨ともいえる選挙妨害に乗り出した。

予備選前日の10日夜には、警察が電子投票システムを担う世論調査機関を捜索した。過去に個人情報を外部に流出させた疑いがあるためと説明したが、この影響で11日の投票開始が予定より3時間遅れ、民主派からは「選挙妨害だ」との批判の声があがった。

こうした締めつけにもかかわらず、予備選の投票者は主催者の目標の3倍超となる61万人に到達。予備選挙の事務局を担った香港大副教授の戴耀廷は「市民は政府の威嚇を恐れず、民主化を追求する姿勢を示した」と自信を示した。

後日、発表された開票結果では、中国政府が目の敵にしている黄や、伍を含む急進勢力の若者らが続々と高得票を獲得した。こうしたメンバーは「抗争派」と称して団結し、中国政府や香港政府との対決姿勢を鮮明にした。

一方、苦戦が目立ったのが、民主党や公民党など穏健路線をとってきた伝統的な民主派政党だ。政府が締めつけを強めた結果、世論が反発し、政府に厳しい批判を繰り返す急進勢力に票が流れたためとみられる。

締めつけが裏目に出た形となった香港政府は13日、予備選について「国家安全法違反の疑いがある」として調査を進めていることを明らかにした。

香港政府の声明によると、予備選の運営組織が「立法会選で過半数を獲得し、予算案を否決して政府機能を停止させる」と訴えたという苦情が市民から寄せられたとして、予備選が国家安全法の禁じる政権転覆にあたる可能性があると警告した。行政長官の林鄭月娥も13日夜、記者会見し、「十分な証拠が集まれば行動をとる」と牽制した。

さらに香港大学は7月28日、予備選の実施で中心的な役割を果たした戴を解雇処分とした。戴は2014年の雨傘運動につながった座り込み運動を提唱するなど民主派をリードしてきた法学者。香港では一般的に副教授以上の大学教員の身分は定年まで保障されており、解雇は異例だ。「学問の自由」が保障された大学の自治にも、中国の統制が及んだことを強く印象づけた。

立法会選を前に、民主派と香港政府の対決姿勢が一段と強まっていった。

インタビュー⑫「リベラルな社会を取り戻したい」という61万人の思い

（2020年7月14日に実施）

元立法会議員　区諾軒氏

▼1987年生まれ、民主派の市民団体「民間人権陣線」の元代表。香港の大学在学中に東京学芸大学に留学。2020年7月に行われた民主派の予備選挙の事務局で中心的な役割を果たし、20年11月に来日。東京大学公共政策大学院博士課程で学んでいたが、21年1月に裁判手続きのため香港に戻った直後、香港国家安全維持法違反容疑で逮捕された。2月には起

訴され、収監中（21年4月現在）

——民主派の予備選挙に61万人の市民が参加しました。

私は「奇跡を起こした」と思っています。目標は17万人でした。昨年の区議会選挙で民主派の得票数の1割にあたる数字です。控えめな目標とはいえ、それでも想定外の多さでした。

——61万人の市民は、どんな思いで投票したのでしょうか。

民主的な政治制度を構築したい、あるいはリベラルな社会を取り戻したいという意思の表れだと思います。香港国家安全維持法が施行されたいま、予備選に参加するだけで逮捕されるリスクがあります。それでも、こんなに多くの市民が投票してくれた。勇気ある行動だと思います。

民主派の元立法会議員　区諾軒氏〔益満雄一郎撮影、2020年7月14日〕朝日新聞社提供

——民主派は2020年9月の立法会選挙で過半

数を獲得するとの目標を掲げています。手応えはどうでしょうか。

可能性はありますが、簡単ではありません。直接選挙枠は民主派の議席を増やす可能性が高いと思いますが、親中派の多い職能枠が厳しい。ただ今回がラストチャンスだと思っています。もし勝てなければ、今後、政府の弾圧が一段と厳しくなるでしょう。すごく大事な選挙です。

――香港政府や中国政府の出先機関は、予備選について国家安全法に違反した疑いがあるとして、関係者を調査するとしています。

私は予備選を行う前に、当局に資料を提出し、法的な問題があるかどうか照会しましたが、違法とは指摘されませんでした。

――親中派は、民主派が政府予算案を否決し行政長官を辞任に追い込む考えだとして、予備選は国家安全法違反だと非難しています。

確かに候補者の中には、そのような主張をした人がいたかもしれませんが、予備選の事務局とは無関係です。香港基本法によると、立法会には政府予算案を審議する権限があります。それなのに、議員が政府予算案に反対したら、なぜ国家安全法違反になるのか。香港基本法と国家安全法はどちらが法律として上位にあるのでしょうか。政府は説明を避けています。

——国家安全法の適用範囲が広がる不安はありますか。

抗議活動の代表的なスローガンを訴えるだけで、なぜ政権を転覆することになるのか。なんでもかんでも政権転覆行為と結びつけられて摘発されるとしたら、香港の言論の自由や身体の安全は保障されなくなり、中国本土と同じとなってしまいます。

——国家安全法導入に反対した民主派の候補者は立候補を禁止されるとの見方があります。

外国勢力との結託が禁止されたので、（民主活動家の）黄之鋒氏の立候補は認められない可能性が高いと思います。他にも、国家安全法に反対した候補者の立候補は難しいかもしれません。ただ社会には多様な意見があります。それを立候補禁止という形で封じ込めるのであれば、香港の未来は開けません。

——これからどんな活動を計画していますか。

秋以降、東京大学の博士課程に進学する予定です。今回の予備選は私にとっては日本に行く前の最後の活動になります。日本留学は私の夢です。

2　総崩れの民主派

禁じられた「国歌」

2020年6月末の香港国家安全維持法施行後、ある歌声が香港の街から消えた。抗議活動のテーマソング「願栄光帰香港」（香港に栄光あれ）がほとんど歌われなくなったのだ。

作曲した香港の若者はトーマス。本名は公開していない。音楽関係の仕事に従事する20歳代の男性だといい、電子メールで取材に答えた。

「願栄光帰香港」は2019年8月末にネット上で発表されて以降、自由の大切さや民主化を求める市民の思いを代弁する曲として定着し、デモ参加者の連帯感を生んだ。デモの現場で大いに歌われ、中国に批判的な若者の間では香港の「国歌」とも言われた。

だが、歌詞の一部には、香港政府が国家安全法に違反する可能性があると警告した抗議活動の象徴的なスローガン「光復香港　時代革命」（香港を取り戻せ　我らの時代の革命だ）が含まれている。香港政府は7月8日、「強烈な政治的メッセージが含まれ、暴力や違法な事件とも密接に関連している」として、学校内で歌うことだけでなく、生徒の政治活動全般を禁止した。いずれ学校外も含めて、この歌を歌う行為が全面的に禁じられるのではないかという懸念が広がっている。

言論の自由が狭まる香港の現状について、トーマスは「自由な空間が縮小したのは事実だ。国家安全法は私の音楽活動に一定の影響を及ぼすだろう」と懸念を示したが、それでも音楽家として表現できることは続けたい。そんな覚悟を決めたトーマスは、所属する匿名の音楽家グループ「DGX　ミュージック」を通して2020年4月に公開した「明日」の日本語版を、この年の9月末に発表した。

DGXは「国際社会や世界中の一人一人とつながり、そして今まで香港に関心を向けてくださった方々に感謝を伝えるため」にこの曲をつくったと説明。歌の理念に共鳴した香港在住の日本人男性がチームに加わり、日本語版の歌詞をつけた。

「明日」は、「自由を守るためにここに集まれ」と勇ましく呼びかけた「願栄光帰香港」と異なり、閉塞感が漂う社会を生きる香港の若者の決意や苦悩がにじむポップス調の曲だ。「夢は永遠に続くものだとあのころ信じてた」「当たり前の日々が静かに壊されていく」。自由な社会が破壊されていく様子を切なく歌い上げる一方、それでも前を向こうと呼びかけている。

「現在、暗闇の中にいて何も見えないとしても、どこかに光があると固く信じている」「現実とは残酷なもので、さまざまな難題を試されてこそ、心の中の渇望を堅持できる」。

トーマスは表現や集会の自由に対する締めつけが強まるなか、希望を失わないことの重要性を訴えた。

ボストンから消えた若者

2020年7月、香港から約1万2千キロ離れた米国東海岸ボストン。「家庭に急用ができてしまった」。そう友人に言い残して、一人の若者がひっそりと姿を消した。一体どこへ。

この若者は林約希。香港政府行政長官の林鄭月娥の次男だ。調査報道を手がける香港メディアの伝真社やリンゴ日報などによると、英国暮らしが長い約希は国際数学五輪に英国代表として参加し、銀メダルを獲得。米ハーバード大学の博士課程で数学を研究していたが、7月13日、ルームメートと会ったのを最後に所在が分からなくなったという。

その翌日の14日、米国大統領のトランプは、国家安全法の施行を受け、香港に対する優遇措置を撤廃する大統領令に署名。香港の自治侵害に関わった当局者への制裁を盛り込んだ「香港自治法案」にも署名した。

約希自身は香港政府の役職とは無関係だが、母親に対する米国側の制裁を警戒し、香港へ戻ったとみられている。林鄭は香港に隣接する広東省中山市に住宅を保有しているとされ、約希は中国本土にいるとの見方もあったが、２０２１年1月、ネット上の学術交流会に出席し、香港にいることを明らかにした。

欧米諸国の批判に対して「内政干渉だ」と強く反発する林鄭だが、一家は英国との関係が深い。

林鄭は１９８０年に香港政府に入庁後、将来を期待されて英ケンブリッジ大に留学した。そこで数学者の林兆波と出会って結婚。長男の節思と次男の約希をもうけた。夫と２人の息子の３人は英国籍を保有し、いずれもケンブリッジ大学で学んだエリートだ。林鄭も香港政府の官僚当時、家庭を大事にしたいと自ら降格を申し出て、息子の留学先の英国にある出先機関で勤務したこともある。

夫の兆波は政府主催の公的行事に妻の林鄭と一緒に出席する「ファースト・ジェントルマン」だ。だが、ある行動がメディアの注目を集めた。

２０１９年12月、中国国家主席の習近平が出席したマカオ返還20周年を記念するパーティー。中国の愛国歌が流れても兆波は手拍子をせず、中国への抗議の意思を示したとしてネット上で話題になった。

兆波はパーティー会場で、林鄭や中国政府高官らと共に来賓として最前列に並んだ。愛国歌のリズムに合わせて、林鄭を含む他の出席者が競い合うように大きな手拍子を続けるのとは対照的に、兆波だけが両手を下ろしたままの様子が、ばつが悪いことに中国国営中央テレビで放送された。

抗議活動が続く香港では、デモ隊の最前線で警察と衝突する若者は「勇武派」と呼ばれている。ネット上では、兆波をこうした若者に重ね合わせて「最前線の勇武派」と皮肉る書き込みが相次いだ。

香港政府による民主化運動の弾圧を強く非難する欧米各国。トランプ米政権は2020年8月7日、香港の高度な自治を保障する一国二制度を侵害したとして、林鄭や中国の高官ら計11人に制裁を科した。

これに対し、林鄭は猛反発。地元メディアの取材に、自身は銀行口座を開設しておらず、約520万香港ドル（約7200万円）の年間給与はすべて現金支給だと明かしたうえで、こう強がってみせた。「米政府の不公正な制裁を受けて、とても光栄だわ」

自身の人生や家族と関係が深い西側諸国との対決姿勢を強め、ひらすら中国共産党に忠誠を誓う林鄭。抗議活動が大規模化した2019年夏の時点では、涙を見せたり、辞意を漏らしたと伝えられたりして、動揺する様子がうかがわれたが、その後は鉄面皮のように感情をみせなくなった。

「市民の信頼を失ったリーダーにとって唯一、頼れるのは共産党。欧米への思いは、林鄭の心の中で吹っ切れてしまったのではないか」。香港政治に詳しい学者は、孤独なリーダーの胸の内を推し量った。

国家安全法を歓迎する親中派

反体制的な言動を取り締まる香港国家安全維持法をめぐって混乱が深まるなか、2020年7月19日、郊外にある元朗のショッピングセンターで行われた抗議デモの現場を取材した。「自由な社会が崩壊する」と批判した民主派議員が去ると、やりとりを隣で聞いていた中年の女性が声をかけてきた。「真実を話したい」

見ず知らずの人からこんな形で引き留められるのは珍しい。真実って？　そう戸惑っていたところ、女性は「あなたは外国人だから、民主派に洗脳されるんじゃないかと不安になって」と切り出した。

私の記者歴は20年を超える。他人の意見をうのみにしそうだ、と心配されるとは……。そんな思いもよぎったが、せっかくの機会なので、話を聞いてみることにした。

女性は近所に住む主婦の蔡（49）。もともと政治に関心はなかった。2019年に過激なデモ参加者が銀行を破壊する様子を目撃して一変。民主化を口実にデモ隊の暴力を容認しているとして民主派への不信感を強め、親中派の支持者となった。「民主派はなぜ平和な社会を壊すのか」。ときおり涙を浮かべながら、話をしてくれた。

抗議デモが始まり、拡声機を持ったデモ参加者の大きな声がショッピングセンター内に響き渡ると、化粧品や宝飾品などテナントのシャッターが次々と下ろされ、臨時閉店に追い込まれた。蔡は「無関係の人たちに迷惑をかけるなんて許されない」と憤った。

「ここは目立つので、隅っこに移動しませんか。あの男の様子がおかしい」。突然、蔡がすぐ近くにいたデモ参加者とみられる男性に視線を向けた。蔡はこの男性にスマートフォンで撮影され、ネット上で写真を公開されるのではないかと警戒していた。民主派・親中派の支持者の双方が、政治的立場が異なる人物の写真や個人情報をネット上で暴露して攻撃する問題が深刻化していた。

「国家安全法が施行されてデモが減った。社会の安定が取り戻された」と歓迎する蔡に質問した。自由な空気が萎縮し、多くの香港市民が長年求めてきた民主化も遠のいたのではありませんか。蔡はきっぱり答えた。

「中国のほうが英国よりも民主的です」

えっ、どういうこと？

理屈はこうだ。香港では中国返還後、政府のトップを選挙で決めるようになった。選挙制度が親中派に有利な仕組みだという民主派の批判は認めるが、約150年にわたり総督を派遣し、市民にリーダーを選ばせなかった英国よりはるかに民主的じゃないですか。

「香港と中国は一つの家族です。手を握り合う以外の道はありません」

明日の自由や民主より今日の暮らし。貧富の格差が大きい香港社会では、中国の経済発展に寄り添うことを望む低所得者層が少なくない。

九龍地区の繁華街、旺角《モンコック》では、アパートの一室をさらに分割した小部屋で多くの貧しい人々が暮らす。通路には、たくさんの使用済みのマスクが捨てられ、不衛生さが際だつ。66歳の女性は広さ2平方メートルほどの狭い空間で生活する。天井までの高さは1メートル以下。立ち上がることもできない。女性は「国家安全法の成立で社会は安定し、景気も良くなるはず」と訴える。経済を重視する低所得層は、一般的に中国の政策を支持する傾向が強い。

これまで旺角では何度も警察とデモ隊が衝突していた。警察の催涙ガスがアパート内に入り込み、息が苦しくなったという男性が吐き捨てるように言った。「デモ隊のせいだ」

民主化運動が盛んな香港で、親中派を支持するのはどんな人たちなのだろうか。

過去の立法会（議会）の選挙結果から、全有権者のうち、約6割が民主派を支持する一方、親中派の支持者も4割いるというのが一般的な見方だ。日本では、民主化運動に関する報道が多いので、どうしても民主派に注目が集まりがちだが、親中派も少なくない。

中国本土では戦後、政治や経済の混乱が広がり、飢餓や迫害を免れるために多くの人々が英国統治下の香港に逃れた。共産党に複雑な思いを抱く市民も少なくない。このため1997年の香港返還後、共産党は中国との融合に力を入れてきた。そこで目をつけたのが、香港の富裕層と貧困層だ。

共産党は経済界に対し、中国とのビジネスで利益を得やすい環境を整える経済政策を実施。利益を得る人たちが親中派を形成し、選挙で中国が推す候補に投票するという構造をつくった。

貧困層には、中国とのビジネスで潤った経済界が親中派政党に献金する形で潤沢な資金を投入。親中派政党は暮らしの困り事といった日常生活の相談受付から、食事会や小旅行などの露骨な接待まで、どぶ板の組織化工作を続けてきた。選挙では現金による買収工作の噂も絶えない。

親中派の最大政党が民主建港協進連盟（民建連）だ。立法会に12人の議員を送りこむ。香港政界での存在感は大きく、親中派の重鎮、譚耀宗もこの政党に所属している。

民建連は毎年暮れに、過ぎゆく1年を代表する漢字を市民に投票で選んでもらっている。日本の「今年の漢字」の香港版だ。2020年の投票結果では、「安」が最多の5710票を獲得した。民建連幹部は勝ち誇った。

「社会の安定を取り戻すために、国家の安全を守る香港市民の決心を反映したものだ」

「社会全体が刑務所みたいなもの」

香港国家安全維持法違反容疑で逮捕されたら、どんな取り調べが待っているのだろうか。実際に逮捕された経験を持つ男性を訪ねた。

男性は民主派の区議会議員の男性（52）。2020年7月21日、警察に対する抗議活動に参加。「光復香港　時代革命」（香港を取り戻せ　我らの時代の革命だ）という抗議活動のスローガンが書かれたパネルを掲げたとして逮捕された。同法違反容疑で議員が逮捕されるのは、立法会（議会）も含めて初めてのことだ。

ちょうど1年前の7月21日、香港郊外の元朗駅で、鉄パイプなどで武装した集団がデモ参加者を含む乗客を無差別に襲撃する事件が発生した。警察の出動が遅れて被害が拡大した。それ以来、男性は警察に憤りを感じていたという。

事件発生から1年を前に、SNS上で抗議活動の呼びかけが流れたのを見て、男性は参加を決意。「光復香港　時代革命」のほかに、「五大要求は一つも欠けてはならない」「警察の暴力の責任を徹底追及する」と書かれたパネルを自分の事務所のパソコンで作成した。参加するかどうか、周囲の人間に事前に相談しなかったという。

国家安全法には「光復香港　時代革命」というスローガンの使用を禁止するとは明記されていないが、警察はこのスローガンには国家安全法が禁止する政権転覆などの意図が含まれると解釈し、使用を事実上禁止した。男性は「当局の解釈次第でどうにでもなることを示すよい例だ」と語る。

男性が心配するのは、言論の自由への統制が強化され、香港を舞台にビジネスをする外国企業も逃げ出すことだ。「中国は国家安全法を武器にして、香港の言論の自由を滅ぼし、国際金融センターの地位にも打撃を与えようとしている」

男性は穏健な民主派の支持者で、香港の独立といった過激な主張は支持しないと明言した。高度な自治が保障される一国二制度のもと、自由や民主、人権が尊重される香港社会を維持したいと考えていた。

しかし、2019年から続く抗議活動に対する警察や政府の弾圧に加え、国家安全法の施行で一国二制度は崩壊したと感じるようになった。

国家安全法違反の罪が確定すれば、議員資格を失う可能性が大きい。だが、男性は覚悟を決めて参加したため、逮捕されることへの恐怖心は感じなかった。「刑務所に送り込まれ、自由がなくなったとしても、すでに社会に自由が失われているので一緒だ。香港社会全体が大きな刑務所みたいなものだ」

実際、男性は7月21日午後11時に逮捕され、地元の警察署に連行された。取り調べは翌日午前2時まで続いた。取り調べを担当したのは、10年前に定年退職したという警察OBだった。捜査官の態度は高圧的ではなかったが、余計なことを言わないように非常に気を遣っているようにみえた。

スローガンを掲げた動機について集中的に質問を受けたが、男性は黙秘権を行使し、答えなかった。取調室には、警察幹部1人も同席したが、名前だけでなく、警察官を識別する個人番号も明らかにしなかった。

なぜ、退職から10年も経過したOBが取り調べにあたったのか。

不思議に思った男性が知り合いの警察官に聞いた話によると、容疑者が釈放後に取り調べの様子を暴露するなど「面倒な事態」に巻き込まれることを警戒し、多くの警察官が国家安全法事件の取り調べに関与したがらないという。警察は人手不足を補うため、OBを再雇用しているが、取調官をやりたい人が少ないため、退職から10年も経ったOBを呼び戻した可能性があると教えられた。

男性は22日、国家安全法事件を専門に取り締まる部隊が配備されている馬鞍山警察署に連行された。そこでも、スローガンを掲げた動機や違法性の認識、背後にいる外国勢力の存在などについて追及された。いずれも供述を拒否した。

結局、7月22日午後9時に男性は保釈された。保釈金は2千香港ドル（約2万8千円）。指紋をとられ、携帯電話も没収された。弁護士からは後にＤＮＡを採取される恐れがあると告げられた。

男性の父親はもともと共産党の地方幹部だったが、文化大革命が起きて、香港に逃げてきた。男性は香港で生まれ育った。父親からは、共産党は標的にした人物を徹底的に追い込む恐ろしい存在だと教えられた。「共産党の手から逃れることは、できないかもしれない」。男性は厳罰を覚悟している。

国家安全法には、外国勢力との結託を禁止する規定がある。外国メディアの取材に協力すれば、同法違反と認定される危険性もないわけではない。「香港を守るため、外国から中国政府に大きな声を出してほしい」。私にそう力強く訴えた。

民主派12人が出馬禁止

香港の選挙管理当局は２０２０年7月30日、9月に実施される香港立法会（議会）選挙をめぐり、４人の現職議員を含む民主派の候補者12人の立候補を禁止した。16年に当局が候補者を事前審査する仕組みができて以降、最多の人数で、現職議員が含まれたのも初めてのことだった。

「大規模DQ　穏健派も立候補が禁止された」。大きな見出しが翌31日に発行された香港紙・明報に躍った。

DQとは、英語の「失格」にあたるDisqualificationの略語だ。立法会（議会）選挙への出馬資格や議員資格の取り消しを意味する。香港の憲法にあたる香港基本法で保障された市民の参政権を奪うものだとして、強く批判されてきた。

立候補を禁じられた12人には、黄之鋒ら急進勢力「抗争派」のメンバーのほか、穏健路線の公民党の議員も含まれた。２０１６年の前回選挙では急進的な６人が立候補を阻まれたが、今回は穏健勢力にも対象が拡大した。

香港政府はDQを決める基準として、国家安全法に原則として反対する、外国に香港問題への介入を要請する、議員の職権を濫用し政府に政治的要求を突き付ける、などの行為の有無を挙げた。ただ、いずれも基準はあいまいだ。例えば、政府の法案に反対したら、「政府に政治的な要求を突きつける」ことになるのだろうか。もし、そうであれば、立法会は完全に翼賛議会になってしまう。意図的にあいまいな基準にして、民主派の候補者を萎縮させる狙いがあるのかもしれない。

黄の場合、フェイスブックで「国家安全法は悪法だ」と書き込んだことや、香港の民主化運動への支援を国際社会に訴える活動をしたことが問題視された。

反中国色が強い急進的な民主派勢力「抗争派」の若者たち
〔益満雄一郎撮影、2020年７月15日〕朝日新聞社提供

とはいえ、黄は２０１９年の区議会選挙で約１１００人の候補者の中で唯一、ＤＱされていた。民主派内では、今回の出馬禁止は織り込み済みではあった。

一方、公民党所属議員の楊岳橋は２０１９年に米下院議長のペロシに書簡を送り、当時審議中だった「香港人権・民主主義法案」の成立を呼びかけたことが、外国に香港問題への介入を呼びかけたと認定された。中国と激しく対立する米国に働きかける行為は許さないとする中国側の姿勢を明確にする狙いがあったとみられる。

民主派は立法会選挙で初の過半数獲得をめざし、候補者を絞り込む予備選挙を実施するなど着々と準備を進めてきた。一方、香港政府は国家安全法違反の疑いで予備選挙の調査に乗り出す方針を示すなど牽制した。

その結果、民主派内で急進勢力の反発の勢いが増すと、香港政府は立候補を禁止するという強硬手段に打って出た。民主派の伸長を何があっても阻止するという強い意図がうかがえる。民主派と香港政府の対立はエスカレートするばかりだった。

中国政府の香港出先機関、中央政府駐香港連絡弁公室は「愛国者が香港統治の主体となる」として、香港政府の決定を断固支持するとの声明を出した。香港の時事評論家の劉鋭紹は、香港当局の決定には中国政府の意向が強く働いていると指摘したうえで、「中国にたてつく者は即DQをするというシグナルを民主派に送った」と読み解いた。

公民党主席の梁家傑は7月30日、立候補を禁止された候補者らと共に記者会見し、こう訴えた。「私たちの党は決してなくならない。香港市民と共に人権、民主、法治を守っていく」

議会選1年延期

香港政府行政長官の林鄭月娥は2020年7月31日の記者会見で、9月6日に予定されている立法会（議会）選挙について、新型コロナウイルスの感染対策を理由に1年延期し、21年9月5日に実施すると発表した（その後、21年12月19日に再延期した）。不利な選挙戦が予想される親中派が強く延期を求めていた。

「7カ月にわたるコロナとの闘いの中で最も苦渋の決断だった」。林鄭は会見でこう振り返り、市民の理解を求めた。

林鄭は1年延長するために「公共の安全に危害が及ぶ状態」などと認めた場合に超法規的措置が可能になる「緊急状況規則条例」（緊急法）を発動するとした。選挙の運営について定めた立法会条例は、選挙を延期できる期間を最長2週間としており、それ以上延ばすためには、別の法的な根拠が必要なためだ。

だが、緊急法は2019年、マスクで顔を隠す行為を処罰する覆面禁止法の制定を強行した際にも使われた法的根拠だ。行政長官に権力を過度に集中させることを認めるものだとして批判を受けたが、林鄭は再び発動した。

林鄭は延期の理由として、感染が短期間で収まる見通しが立たないことに加え、300万人を超える投票者が615カ所の投票所に集まれば感染の危険性が高まることや、香港外の有権者が戻れないことなどと説明した。

香港の世論調査機関が7月31日に発表した、延期の是非に関する調査では、回答者の55%が延期に反対し、賛成は36%にとどまった。だが、国家安全法施行後に反政府デモが激減したこともあり、林鄭は延期を強行しても市民の不満を抑え込めると判断した可能性がある。

林鄭は会見で「政治情勢は一切考慮していない」と強調した。しかし、親中派の学者で全国香港マカオ研究会副会長の劉兆佳は延期について、「民主派の伸長を認めないという中国政府の決意を示したものだ。愛国者ではない人物が香港の政治に参画することはできないというメッセージでもある」と解説。政治的な判断との認識を示した。

民主派は「親中派の敗北を回避するための口実だ」と猛反発した。コロナ禍でも選挙を予定通り行う国が少なくないなか、民主主義の根幹である選挙を先送りするとの決定は、国家安全法のもとで、民主化が後退する香港の今を象徴する事態と言えた。

2019年の区議会選挙で圧勝した民主派は今回、政府に反発する世論の盛り上がりを追い風に立法会での勢力拡大をめざした。選挙で過半数を獲得し、行政長官を辞任に追い込む戦略を描いた。だが、延期によって目算は大きく狂った。

国家安全法で抗議活動が難しくなったいま、民主派が期待するのは国際社会からの圧力だ。米国は「香港を繁栄させてきた自由と民主を弱体化させるものだ」と批判したが、国家安全法には、外国勢力との結託を禁止する規定がある。民主派にできることは多くない。

現職議員の任期は2020年9月末で切れる。その後は議会に空白が生じるため、香港基本法の解釈権を持つ全国人民代表大会（全人代）常務委員会は8月、現職議員の任期を延長すると決定した。

この問題への対応は民主派の内部対立を深めた。任期延長に応じれば、中国の決定に従うことになってしまう。応じずに辞職すれば、立法会での勢力が弱体化する。民主派はこんなジレンマに陥った。親中派の有力者が満足げに語った。「思うとおりの展開だ」
なぜ1年間も延期する必要があるのか。林鄭は選挙の準備に一定の時間がかかると説明したが、それにしても1年は長すぎる。「時間稼ぎ」をした真の理由は翌年、明らかになる。

インタビュー⑬　「香港の民主化運動にもっと注目を」

（2020年8月28日に実施）

民主活動家　黄之鋒（ジョシュア・ウォン）氏

▼1996年生まれ。2012年、学生団体「学民思潮」のリーダーとして、中国への愛国心を育てる「国民教育科」導入に反対する運動を主導し、撤回に追い込んだ。14年には、民

主化デモ「雨傘運動」で中心的な役割を果たした。16年、周庭（アグネス・チョウ）氏らと共に政治団体「香港衆志」（デモシスト）を立ち上げ、香港の民主化運動を主導してきた。20年12月、19年の抗議デモの際に参加者を扇動した罪などで禁錮1年1カ月半の実刑判決を受け、服役中（21年4月現在）。21年2月には香港国家安全維持法違反の罪でも起訴された。

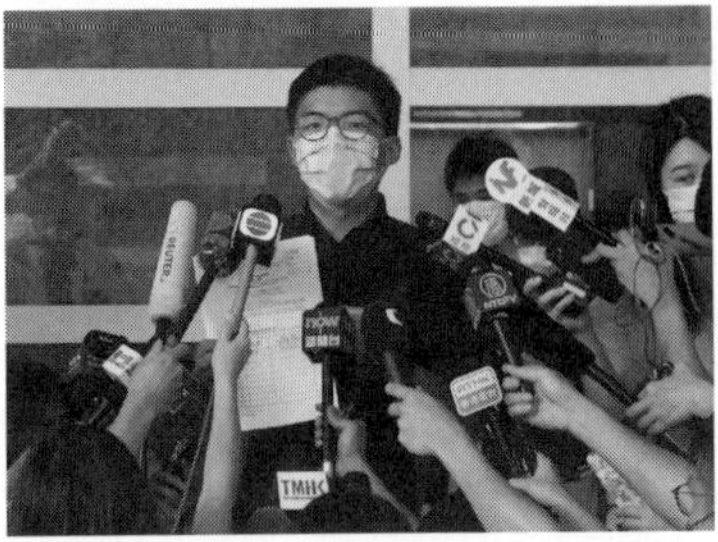

記者団の取材に応じる黄之鋒氏〔益満雄一郎撮影、2020年７月20日〕朝日新聞社提供

――6月末に香港国家安全維持法が施行されました。共産党を強く批判し、中国から目の敵にされているあなたは、この法律によって逮捕される可能性が大きいとみられています。

逮捕されるのは、もはや時間の問題だと覚悟しています。国家安全法の最高刑は終身刑です。当然、不安な気持ちでいっぱいです。でも２０１９年に始まった抗議活動では、1万人を超える市民が逮捕されました。その中には、すでに服役している人もいます。彼らと比べれば、私の犠牲は大きくはありません。この厳しい局面にあっても、とにかく民主化運動を続けることが大事です。

――あなたは約10年間、民主化運動を続けてきました。この間、香港の民主化は前進したと思いますか。

総体的にみれば、前進したと言えます。10年前どころか、6年前の雨傘運動の挫折直後は、多くの市民が政治に関心を抱いていませんでしたから。いまの香港の状況は、40年前の韓国や台湾に近いと思います。当時、韓国や台湾では独裁政権のもと、人々の権利が制限されていましたが、民主化に成功しました。繰り返しになりますが、民主化運動を続けることが大事です。

――立法会（議会）選挙では近年、民主派候補者の立候補が禁止される事態が相次いでいます。

これは民意の否定にほかなりません。問題は立候補の禁止だけでありません。当選者の議員資格も取り消されています。北京（中国政府）がいかに香港の有権者の選択を尊重していないかを物語っています。

――民主主義国家であれば、有権者の民意は選挙を通して議会に反映されます。

香港では、民主派を支持する有権者は投票先を失ってしまいました。香港に民主主義が存在していれば、私たち市民は街頭で不満を表明する必要はないのですが、議会から排除されたことで、民主派は抗議活動を活発化せざるをえなくなりました。

――香港政府はなぜ民主化に後ろ向きなのでしょうか。

民主化を進めるか否かの判断は、北京が決定します。香港政府は北京の指示に従うことしかできません。習近平国家主席の統治手法は、胡錦濤・前国家主席とは全く異なります。習氏は、私たちが普遍的価値と信じている民主や自由をまったく尊重していません。

――香港の民主派は2019年、大規模な抗議活動を起こして、逃亡犯条例改正案の完全撤回に成功しました。

これは習氏にとって初めての「政治的挫折」となりました。習氏は香港市民の影響力の強さを思い知ったはずです。

――香港市民がこれだけ抗議活動を続けても、香港政府はなぜ民意に耳を傾けないのでしょうか。

香港の全有権者に政府のトップである行政長官を選ぶ権利が認められていないことに尽きます。民主的な選挙制度が存在していないため、行政長官は事実上、中国共産党の意向によって決められます。つまり、林鄭月娥氏にとって、唯一の「有権者」は習氏です。政治家は誰でも、自分を推してくれた人の言うことにしか耳を傾けないものです。

――新型コロナウイルスの感染が広がるなか、中国は封じ込めに成功したと主張しています。中国の権威主義的な統治が民主主義よりも感染対策に役立つとの見方もあるようです。

同意しません。民主主義が定着した台湾も封じ込めに成功しています。もし中国の権威主義が封じ込めに有効だとしたら、新型コロナウイルスは武漢から世界各国に拡大しなかったはずです。

――香港では、中国の権威主義的な統治が強まる一方、市民社会には、自由や民主を重んじる西側の価値観が根づいています。異なる価値観がぶつかる香港社会の行方が国際的に注目されています。

私は「今日の香港は明日の台湾だ」と思っています。共産党は今後、台湾への圧力を強めるはずです。それだけではありません。香港の民主化の将来は、アジア全体にも影響があるでしょう。香港人はいま、世界が中国政府に「ノー」を突きつける最前線に立っています。

――あなたは日本に対し、どのような期待を抱いていますか。

日本人からみれば、民主主義は空気や水と同じように、どこにでもある存在かもしれません。でも香港では、周庭氏が民主化を訴えただけで、国家安全法違反容疑で逮捕されてしまいました。私たちは大きな犠牲を払って、民主主義をつかみ取ろうと懸命に努力しています。まずそれを知っていただきたい。日本で香港といえば、ブルース・リーやジャッキー・チェンといった映画俳優やグルメばかりが注目されているようですが、民主化運動にもっと注目していただきたいと思います。

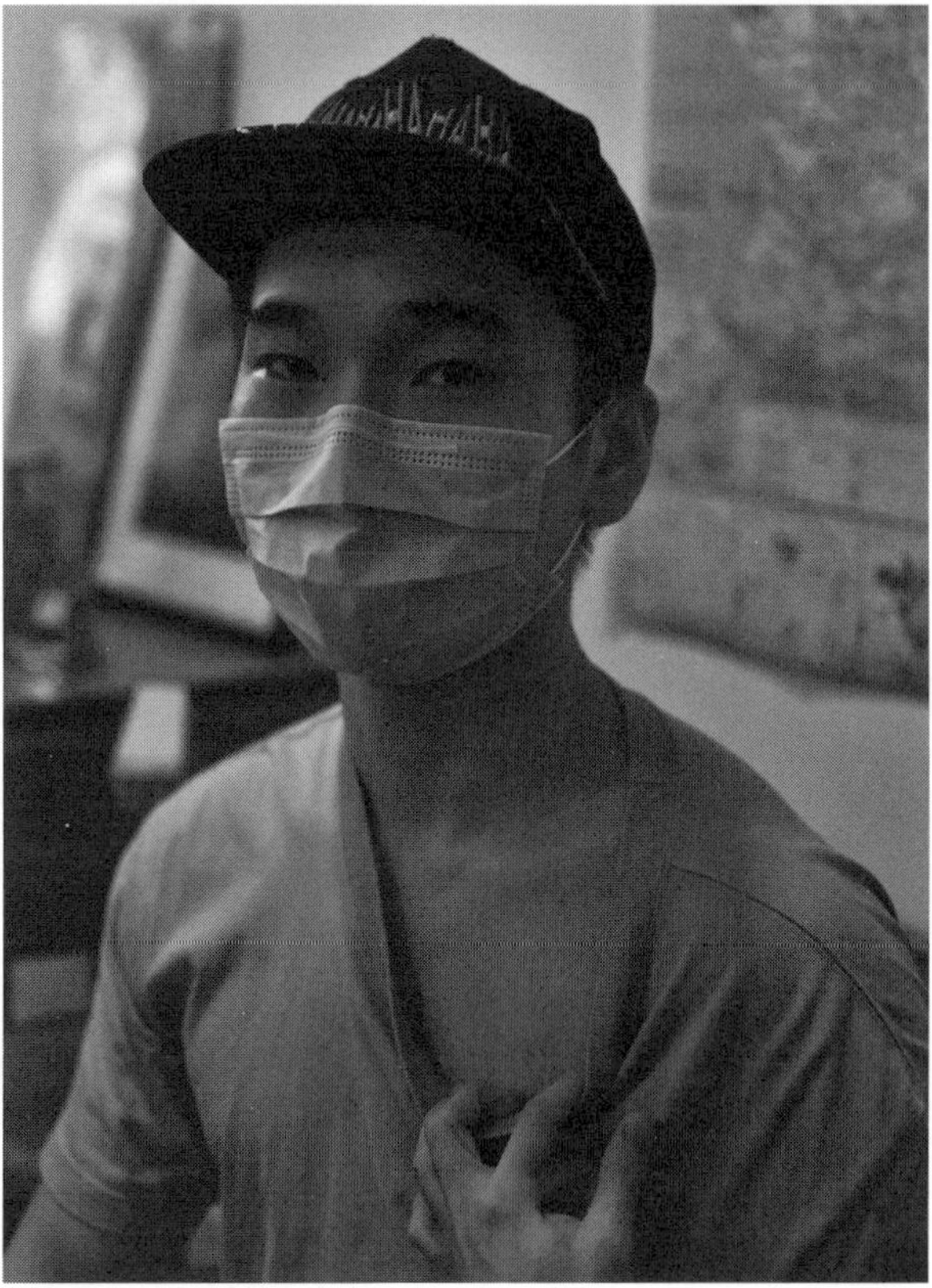

第 8 章

香港はどこへ

警察官に実弾で撃たれた際にできた傷痕をみせる曽志健〔益満雄一郎撮影、2020年9月27日〕朝日新聞社提供

1　統制されるメディア、脅かされるリベラル教育

「標的」にされたメディア界の大物

真夏の青空が広がる2020年8月10日午前9時55分、香港郊外の工業団地にある香港紙「リンゴ日報」の本社ビル。約200人の警察官が次々と内部に立ち入り、家宅捜索を開始した。6月末の香港国家安全維持法施行後、報道機関に捜査が入るのは初めてだ。リンゴ日報は中国に批判的な論調で知られるメディアで、香港で認められてきた報道の自由を象徴する存在だ。いずれ捜査対象になるとの見方が一般的だったが、それにしても施行から1カ月あまりしか経っていない。

「捜索令状を見せてください」「弁護士が到着する前の捜索は認められない」

こう訴える編集長の羅偉光らスタッフの制止を振り切り、警察は警告した。「我々はもう何度も猶予を与えた。これ以上、捜索を妨害すれば、逮捕するぞ!」。通路にテープを貼ってリンゴ日報のスタッフを強引に排除した。

リンゴ日報によると、この捜索令状は3日前の7日に裁判所から出されたもの。捜索を許可した裁判官は蘇恵徳だ。国家安全法事件の裁判は、香港政府の行政長官に指名された

裁判官が担当する。蘇はその一人だ。国家安全法の旗振り役である行政府のトップが裁判官を選ぶことになれば、「司法の独立」はもはや風前の灯火《ともしび》といっていい。

騒然とするリンゴ日報内の様子はインターネットで生中継された。警察は撮影をやめるよう指示したが、リンゴ日報のスタッフは応じなかった。捜索令状では、取材資料の捜索は不可とされていたが、警察官たちは記者の机の上に置かれていた取材資料を取り出し、内容をチェックしていった。

午前10時35分、両手を背中の後ろで拘束された創業者の黎智英（ジミー・ライ、71）が本社に姿を現した。黎はこの日の朝、自宅にいたところ、国家安全法違反容疑で逮捕されていた。捜索に立ち会わせるために連行された。警察官の1人が自身の手を黎の肩にかけて通路を歩く姿は、トップを引きずり回す様子を部下であるスタッフにみせつけ、威嚇するかのようにも思えた。

この日の捜索は編集部のほか、販売や財務部門なども含まれ、計8時間半にも及んだ。20箱を超える証拠品のほか、パソコンなどが押収された。黎のほか、リンゴ日報を傘下に持つ大手メディアグループ「壱伝媒」の4人の幹部のほか、黎の長男と次男も逮捕された。

香港警察は捜索を終えた夜に記者会見を開いた。逮捕者名は明かさなかったが、リンゴ日報を念頭に容疑内容を説明。黎とみられる容疑者が国家安全法施行後に香港への制裁を呼びかける組織に資金面で支援したと指摘した。国家安全法の最高刑は終身刑だ。

国家安全法施行を受け、警察は7月1日の抗議デモで「香港独立」の旗などを所持していた10人を現行犯逮捕した。7月21日には、抗議活動のスローガンを掲げた区議会議員を現行犯逮捕した。

その後、内偵捜査を本格化させていった。民主派メンバーの言動を調べ上げ、香港の独立を訴えた政治団体の元代表ら4人を逮捕した。8月に入り、香港出身で米国籍の民主活動家ら6人を指名手配したことも明らかになった。そして、当局が法施行からわずか1カ月あまりで「本丸」の摘発に乗り出した。黎はなぜ「標的」にされたのだろうか。

黎は1948年、香港に隣接する広東省広州に生まれた。毛沢東が中華人民共和国成立を宣言する1年前だ。当時、社会は混乱を極めた。貧困家庭で育った黎は幼いころ、駅で乗客の荷物を運んでチップをもらい生き延びたとされる。

12歳の時、マカオ経由で香港に逃れた。当時、香港は英国の統治下にあり、急速に経済発展を遂げていた。多くの中国人が香港をめざした。少年だった黎もその一人だった。商才にたけた黎は1981年に服飾ブランド「ジョルダーノ」を設立し、大成功を収めた。

1989年、中国で広がった民主化運動に共感した黎は北京の学生を支持するTシャツを大量に製作し、中国本土に送って支援した。この年の6月、北京の天安門広場で学生らが軍に武力弾圧される天安門事件が起きた。「あの事件が人生を変えた」。後に黎は語っている。

黎は翌90年、香港で雑誌『壱週刊』を創刊し、共産党指導部を激しく批判し始めた。中国共産党は黎を危険人物とみなし、ジョルダーノへの圧力を強化。これを受け、黎はメディア事業に専念する決心をする。95年、ジョルダーノの株式を売り払って得た利益で、日刊紙のリンゴ日報を創刊した。

社名の由来は、アダムとイブが食べた禁断の果実。中国への返還を2年後に控え、香港の言論の自由が危ぶまれるなか、「触れられないタブーなどない」という思いを込めたとされる。

1997年に香港が中国に返還されて以降、中国企業が香港メディアを買収する動きが加速し、メディア界には反中国的な記事を控える自己規制の動きが強まった。

だが、リンゴ日報は反中国の論調を堅持し、自由や民主主義という価値観にこだわり続けた。多くの企業が中国共産党の顔色をうかがい、リンゴ日報への広告出稿を見送るなか、同紙は芸能ニュースを充実させるなど大衆的なカラーを打ち出し、存在感を発揮。香港で最も読まれる日刊紙に成長した。

黎は実業家と民主活動家という二つの顔を持つ。デモ現場によく顔を出していたが、公開の場で演説をしたり、取材を受けたりすることはほとんどなかった。

だが、デモ参加者に配るグッズを用意するなど資金面で支援していたほか、2019年には、ワシントンで副大統領のペンスらと会談。香港の民主化運動への支持を求めた。香港の「自国民」が、対立する米国に救いの手を求めた行為は中国政府を激怒させたとされる。

そんな黎を中国の影響下にある中国の国営メディアは「反中央・香港の攪乱分子」と名指しで非難するなど猛攻撃したが、黎は信念を曲げず、一歩も引かなかった。豊富な資金に加え、外国への影響力もある黎は、共産党にとって最も警戒すべき人物の一人だったとみられる。

国家安全法施行から1カ月あまりで香港メディア界の大物が逮捕されたことを受け、衝撃が広がった。香港記者協会の関係者は「報道の自由を踏みにじる目的以外、考えられない」と嘆いた。

リンゴ日報は、香港メディアの中でも「反共産党」を前面に出した独特な存在だ。より穏健な論調の香港メディアに捜査の手はまだ伸びていないが、別の香港メディアの記者は懸念する。「自己検閲や萎縮が広がる可能性が高い」

リンゴ日報は8月11日の朝刊1面で「リンゴは絶対に踏ん張り続ける」との見出しを掲

げ、「香港の報道の自由は崖っぷちにあるが、職責を果たし、報道の自由を守る」との声明を掲載した。SNS上では、そんな同紙を買って支援しようという呼びかけが拡散。この日の印刷部数は通常の約8倍の55万部に達した。一部の売店では、市民らが早朝の開店前から列をつくって買い求めた。リンゴ日報はその後も、当局に批判的な報道を続けている。

黎が逮捕された8月10日は、まえがきで詳述したように、日本との関係が深い民主活動家の周庭(アグネス・チョウ)も国家安全法違反容疑で逮捕された。

狙われたのは報道機関だけではない。被害者が容疑者に仕立てられ、逮捕されるという不可解な事件まで起きた。

香港警察は8月26日、前年7月21日にデモ参加者が襲撃された「7・21事件」などに絡み、民主党の立法会議員、林卓廷ら男女16人を逮捕した。林はデモ参加者への暴行事件の一報を聞いて現場に駆けつけた際に、自らも襲撃されて負傷していた。

「なぜ私なんだ。ばかげている」。警察から暴動容疑で逮捕すると告げられた際、林はこう漏らした。

地元メディアは、武装した集団に林やデモ参加者が襲撃されたとする映像や写真を報じてきたが、警察はこの日の記者会見でいずれも正確ではないと決めつけた。それどころか林がSNSで現場中継を行い、混乱をあおったことを逮捕理由にあげた。

民主党主席の胡志偉は「事件の被害者を容疑者にでっち上げた」と強く批判した。林は7・21事件をめぐる警察の責任追及を続けていた。今回の逮捕は「警察権力による報復」との見方が出ている。

7・21事件が起きた日、私は鉄パイプを持った男たちと機動隊員が会話を交わすところを目撃し、写真に収めた（102〜104頁を参照）。会話を終えた男たちは、なぜか拘束も連行もされなかった。警察と襲撃犯は癒着しているのだろうか。デモ隊を取り締まる警察にとって、デモ参加者を襲撃した男たちは「仲間」のような存在なのかもしれない。私はそんな疑念を抱いた。

それから1年が経過したが、100人を超えるとされる襲撃犯のうち、逮捕されたのは37人にとどまる。警察が真っ先にやるべきことは、林の逮捕ではなく、捜査の網から逃げている他の襲撃犯の逮捕と真相の解明ではないだろうか。言論の自由や法治が誇りだった香港社会はどうなってしまったのか。

外国メディアにも統制強化

「外国メディアの取材に対し、実名を出して対応できなくなったことが悲しい」

知り合いの民主派議員の男性がこう漏らした。

男性は香港国家安全維持法施行前、外国メディアに対し、民主化運動への支援を訴えていた。中国政府に対し、国際社会からの圧力を強めるのが狙いだった。

しかし、国家安全法には、外国勢力と結託し国家の安全に危害を加える行為を禁止する規定がある。問題は、その定義がはっきりしないことだ。当局の解釈次第では、海外メディアの記者を「外国勢力」に含めることも可能になる。

男性は「不当な圧力には屈しない」と断言しつつも、いまは実名で海外メディアの取材を受けるのを見送っている。男性は嘆く。「匿名報道だと、読者の記憶に残らない」

反体制的な言動を取り締まる国家安全法によって、萎縮する空気が香港社会に広がった。一部の有名な民主活動家は、社会から注目されたほうが身の安全を保てると考え、外国メディアの取材を受け続けている。しかし、民主派の多くは摘発を警戒し、取材拒否に転じた。取材環境は国家安全法の施行によって大きく変わった。

外国の報道機関への締めつけも強まっている。特に顕著なのが英語圏のメディアだ。香港での取材活動に必要な就労ビザが期限内に発給されない記者が相次いでいる。米中対立を背景に、香港当局がビザ審査を厳格化したためとみられている。

長年、自由な報道が保障されていた香港だが、2018年には、英紙記者の就労ビザが更新されず、事実上、国外に追放されたことがあった。香港独立を訴える活動家を招いた講演会で司会を務めたことが原因とみられている。国家安全法の施行前から、報道機関への圧力はじわりと強まっていた。

日系メディアも、当局による締めつけと無縁ではない。

2020年8月、香港警察の捜査員3人が日本経済新聞香港支局のオフィスに姿を見せた。警察は裁判所の令状を示して、資料の提出を命じた。

AFP通信によると、捜査員がやってきたのは、香港紙リンゴ日報の創業者らが国家安全法違反容疑で逮捕された8月10日のこと。AFP通信は消息筋の話として、日経新聞が2019年8月、香港の抗議デモへの国際支援を呼びかける意見広告を掲載したことが理由だとしている。

広告主の名義は、周庭らが所属していた民主派の政治団体「香港衆志」（6月末に解散）だった。民主派団体による意見広告は2019年、朝日新聞を含む複数の海外メディアにも掲載された。

日本経済新聞社は本件について「お答えできない」（広報室）としたが、警察は朝日新聞の取材に対し、「違法に得たとされる資金に関する事件」の捜査のため、組織犯罪の資金源などを取り締まる条例に基づき、提出命令を執行したと説明した。

中国本土の情報が交錯する香港はこれまで、中国本土から退去を命じられた外国人記者が逃避する場所だった。高度な自治を保障する一国二制度のもと、独自の出入境管理が認められてきたからだ。

しかし、中国外務省は2020年3月、米紙ウォールストリート・ジャーナル記者らの記者証を取り消し、国外退去を命じた際、香港での取材も禁止した。これまで中国本土から退去を命令された外国記者の中には、香港に移って取材を続ける人もいた。外交と国防は中央政府に権限があるとする香港基本法の規定に基づく措置だと説明したが、一国二制度の形骸化を強く印象づけた。

私は在任中、中国本土である広東省と香港の間を頻繁に往復した。正直に書くと、当局の監視に細心の注意を払わなくてはならない中国本土から、自由な香港に来ると、少し気が緩むこともあった。だが、国家安全法が施行されてからは、香港でも中国本土にいるときと同じ緊張感を持たないと、当局に突っ込まれるリスクがあると脇を締めるようになった。

実際、国家安全法には、外国メディアへの管理を強めるという規定もある。54条には、外国の報道機関に対する「管理とサービスの強化」が盛り込まれた。この規定が具体的に何を意味するのかはよく分からないが、報道の自由が損なわれる事態にならないか、外国メディアは当局の動向をしっかり注視する必要がある。

外国報道機関の中には、統制強化を懸念して域外へ移転する動きもでている。

米ニューヨーク・タイムズ（NYT）は2020年7月14日、デジタルニュース配信の拠点を香港からソウルへ移すことを明らかにした。不測の事態に備え、地域拠点を多元化することが賢明だと判断したとしている。

香港はNYTをはじめとする欧米メディアのアジアにおける一大拠点だ。今後、「香港離れ」が進み、地盤沈下が進むのかどうか。自由都市はいま、瀬戸際に立たされている。

大幅に減らされたリベラル教育

デモが大規模化してまもない2019年夏、香港の中学・高校の教員、頼得鐘は突然、校長から告げられた。「しばらく通識教育（リベラル・スタディーズ）の担当から外す」。頼は何度も理由を尋ねたが、具体的な説明はなかった。教えられなくなって1年。いまも納得がいかない。

ただ、思い当たる節はあった。頼がSNSでデモ隊に対する警察の暴力を批判したときのことだ。中国の影響下にある親中派メディアはその書き込みを見つけ、頼を「偏向教師だ」と批判した。その後、親中派の団体が学校に押しかけ、頼への厳しい処分を要求する

香港国家安全維持法の政府広告の看板〔益満雄一郎撮影、2019年８月19日〕朝日新聞社提供

書簡を突きつけた。

通識教育は２００９年に高校で必修となり、12年からは大学入試にも採用された。経済格差や民主化、言論の自由など社会が直面する時事問題を中心に多角的に考える力を養う科目だ。ときに政府に批判的な立場から思考することもある。

頼は１９９０年、教員に採用された。以来、通識教育の指導に長く携わり、担当教師でつくる団体「香港通識教育教師連会」のトップも務めた。

「通識教育とは、若者に社会への関心の目を向けさせ、自分の意見を持ってもらうのに欠かせない科目だ」。そんな信念を持って、約30年間、教壇に立ってきたが、もう教えられなくなった。代わりに中国の歴史の授業を担当している。「通識教育を教えることは、社会的な使命だと自負してきただけに、とても残念だ」

自由な議論が認められてきた香港の学校でも近年、政治的な話題がタブーになり、「聖域」ではなくなっていた。授業の際に香港政府や中国政府を批判した教員は親中派メディアに実名を報道され、プライバシーを暴かれる。これが教員にとって、大きな精神的な負担になっているという。

2020年には、教育現場への締めつけが一段と強まり、デモのテーマソングの演奏を許可した教師が解雇されたり、香港の独立運動を授業で取り上げた教員の免許が取り消されたりした。「政治的なテーマは言わないほうが、余計なトラブルに巻き込まれずに済む」。口をつぐむ教員も増えてきた。

香港国家安全維持法が学校で「国家安全教育」を行うよう香港政府に義務づけたのを受け、香港政府は2020年11月26日、通識教育のカリキュラムを抜本的に見直すと発表。3年間で250時間確保していた授業時間を半分に減らし、愛国教育を重視する内容に変更するとした。中国の経済発展を知るためとして、中国本土での社会見学も求めた。

見直しのきっかけになったのは2019年から続く抗議活動だ。デモに関連して逮捕された1万人超のうち、少なくとも3600人が学生や生徒で、逮捕された教員も100人を超えた。

通識教育をきっかけに社会運動の世界に飛び込んだという民主活動家は少なくない。2012年に愛国教育の撤回を求めた運動を主導した黄之鋒（ジョシュア・ウォン）は香港を代表する民主活動家となった。

中国政府は若者の政治意識が高まる「元凶」には通識教育があるとみて、「政治的な洗脳だ」との批判を強めている。頼は「さまざまな立場から物事を考える力を養うのが通識教育の特徴だ。子どもが一方的に洗脳されるなんて、あり得ない」と反論する。

頼ら教員を最も不安にさせるのは、国家安全法の規定があいまいなことだ。合法と違法の線引きが不明確なうえ、その解釈は当局の運用次第で変わる。頼によると、通識教育の教員になりたいという学生が減り、一部の大学では、通識教育の専攻課程を廃止したという。

頼の学校にも、一連の抗議活動で破壊行為に加わり、拘束された生徒はいる。頼は「暴力をふるってはいけないことには賛成だ。しかし、若者が香港の未来のために、そうせざるをえなかったことも理解している。決して個人の利益のためにやったわけではない。とても心が痛みます」。そう漏らして、やるせない表情を浮かべた。

強まる教科書管理

夏休みが明けた2020年9月、女子高生の王（仮名）が久しぶりに学校に登校すると、廊下の壁に見慣れないポスターが貼られていた。一見、普通のポスターのようだが、「公の利益の実現を口実にした違法行為や暴力行為への参加は許されない」とあった。生徒がデモに参加しないよう警告する内容だった。

友人たちとは、卒業後の進路が話題になる。これまで中国本土の大学に進学する生徒もいたが、抗議活動をきっかけに王のクラスでは希望者がいなくなったという。代わりに増えたのが、欧米への留学希望者だ。「多くの友人が香港の将来を悲観し、脱出しようとしている」と話す。

学校でも、中国の影響が強まったと、王が実感する出来事があった。香港政府は2020年11月26日、通識教育（リベラル・スタディーズ）のカリキュラムを見直し、愛国教育を重視する内容に改めると発表した。これを受け、王の学校では、予定されていた通識教育の授業の一部が中止になったという。王は「香港人が国際的に活躍するために役立つ科目だと思っていたので残念です」と漏らした。

通識教育をめぐっては、高校生向けの教科書から「三権分立」や、1989年の天安門事件の記述が削除されるなど、教科書管理が強まっている。背景には、中国本土と異なる香港の教育制度に不信感を募らせ、愛国教育の徹底を求める中国共産党の強い要求があった。

香港紙・明報によると、香港教育図書社の教科書では、香港の政治体制について「三権分立の原則のもと、個人の自由や権利、財産的保障を極めて重視する」との記述が削除された。明報教育出版社などの教科書では三権分立が削除され、「行政長官が大きな権力を持つ」との内容に改められた。

ほかにも、2014年の民主化デモ「雨傘運動」や、15年に共産党に批判的な書籍を扱ったとして、中国当局に拘束された銅鑼湾書店事件の記述や写真も削除・削減された。19年から続く抗議活動に関しても、「政府が経済や政治、暮らしに関する市民の要求に応じなかったのが一因」との記述が削除された。

天安門事件をめぐっては、戦車の前に立ちはだかった男性を描いたイラストが削られた教科書もあった。中国本土では、軍が民主化要求を武力弾圧したことから、天安門事件はいまもタブーとなっている。しかし、高度な自治が保障される一国二制度が適用されている香港では、自由に語ることが認められてきた。教育界から選出された立法会(議会)議員の葉建源は、「天安門事件は香港人にとって、中国本土で何が起きたかを知る非常に重要な歴史だ」と語る。

今後は教科書から消えるだけでなく、授業で語ることすら禁止されるとの悲観的な見方が広がっている。

通識教育の教科書はもともと政府の審査を受ける必要はない。その代わり、香港政府は今回、有識者から参考意見を聞ける「専門家相談サービス」を導入した。このサービスを受けるかどうかは出版社の判断次第だが、受けなければ推薦教科書に指定してもらえなくなる可能性がある。そのため、同サービスは事実上の教科書検定にあたるとの見方もある。

中国側は香港政府の「教育改革」を全面的に支持している。国営新華社通信は2020年8月、「通識教育の消毒は香港の教育を正常な軌道に乗せる重要な一歩だ」と称賛した。

インタビュー⑭　報道の自由、対米関係悪化で本土並み制限も

（2020年8月14日に実施）

香港紙・明報の元編集長　劉進図（ケビン・ラウ）氏

▼1965年生まれ。知識層に読者が多いとされる明報で2014年まで編集長を務めた。退

任直後に暴漢に襲われ、生死の境をさまよった。編集長時代に手がけた調査報道への報復とみられている。現在は同じグループの出版社でコンテンツ担当の責任者。明報で時事問題について評論を連載している。

元明報編集長　劉進図氏〔益満雄一郎撮影、2020年8月14日〕朝日新聞社提供

——中国に批判的な香港紙リンゴ日報の創業者、黎智英（ジミー・ライ）氏が8月10日、香港国家安全維持法違反容疑で逮捕され、編集部が捜索を受けました。

警察は、香港への制裁を外国に呼びかけたグループにリンゴ日報側から資金が流れたとみて、国家安全法の規定を適用しました。ただ、それならば財務部門を捜索すれば十分なはずです。なぜ編集部に踏み込み、取材資料を押収したのか。同紙に圧力をかける意図があったのは明らかです。

——リンゴ日報には、中国政府や共産党に不満を持つ人物から情報提供があったとされています。

過去の判例によると、取材資料の捜索には、高いハードルが設けられています。取材資料を含む情報源の保護は報道の自由の要だからです。これが守られなければ誰もメディアの取材を受けなくなるでしょう。

リンゴ日報の事件に関しては、警察が一部のメディアを選び、同社内の家宅捜索の様子を撮影できる場所を提供したという問題も起きました。「場所が狭いので、信頼できるメディアを選んだ」と釈明しましたが、その説明は正しくありません。同社は、広大な土地が広がる工業団地にあります。

――国家安全法施行で香港の報道の自由は終わったのでしょうか。

香港の報道機関が受けた打撃は深刻です。例えば、メディアは昨年来の抗議活動の代表的なスローガン「光復香港　時代革命」（香港を取り戻せ　我らの時代の革命だ）が写真の中に映り込んでいないか、気を使うようになりました。報道目的なら問題ないはずですが、自己検閲が広がっています。

――国家安全法の施行前から、香港の報道機関に対する中国の統制が強まっていました。例えば、香港の公共放送局「香港電台」も、民主活動家、羅冠聡氏が国家安全法施行前に出演した部分について、ウェブなどで視聴できないようにしました。

羅氏が出演したのは国家安全法の施行前です。本来であれば問題ないはずですが、これも自己検閲の一例です。

——インターネットの発展で、既存のオールドメディアは経営面で大きな困難に直面しています。

今、報道機関への投資は割安なのですが、政治的なリスクが大きいので、香港の企業家は見送っています。そこに目をつけたのが中国資本。彼らは中国流の言論統制にも慣れています。報道機関の大株主が変われば、編集方針も当然、変化します。中国のIT大手アリババグループが英字紙サウスチャイナ・モーニングポストを買収したのは、英語という世界の共通言語を通して、国際的な影響力を高めるのが目的で、編集方針は大きく変わりました。

国家安全法施行後、捜査当局はネット関連の事業者に顧客情報の提出を命じることができるようになりました。米紙ニューヨーク・タイムズはデジタルニュース配信の拠点を香港からソウルに移すことを決めました。最近では外国記者への就労ビザの発給が滞るようになっています。香港は将来、外国報道機関のアジアでの拠点ではなくなるでしょう。

——香港の報道の自由はどうなるのでしょうか。

今後は米中対立の行方に左右されるはずです。政治的には歩み寄る余地が小さい両国ですが、ともに香港を通して経済的な利益を得ています。米中が香港を「国際金融センター」として維持することで一致できれば、報道の自由が存続できる空間が残ります。情報が自由に流通する社会が、国際金融センターの前提だからです。

逆に米国との関係がさらに悪化すれば、中国は香港への統制を強めるでしょう。香港は「中国の金融センター」になり、上海や深圳と同じ経済都市に変質する可能性もあります。香港の報道の自由も、中国本土並みの制限を受けることになりかねません。

2　広がる絶望、描けぬ将来像

前代未聞の脱出劇

南シナ海に面した香港東部の小さな漁村、布袋澳《ポタイオ》。70代半ばの元漁師の男性は2020年8月23日早朝、日課の水泳に行く途中、大勢の人だかりに気づいた。

30人超の若者が岸壁に係留したモーターボートに約20個の燃料タンクや釣り具を次々に積み込んでいた。うち10人ほどが乗り込んで沖へ向けて出発していった。船釣りにでも出

12人の若者が台湾へ向けて脱出を図った香港東部・布袋澳の港〔益満雄一郎撮影、2020年9月5日〕朝日新聞社提供

かけたのだろう。そう思い、特に気に留めなかった。

それから3日後、男性を驚かせるニュースが流れる。布袋澳から若者12人が台湾に向けて脱出しようとし、途中、中国の海上警察に不法越境の疑いで拘束されたのだ。「まさか脱出を計画していたとは」

香港紙リンゴ日報によると、脱出計画を事前に察知した香港警察はヘリコプターや小型飛行機でモーターボートの動きを上空から把握し、中国当局とも連携。12人は香港側の海域から中国側へ入った直後に拘束された。民主派議員は「あえて泳がせて中国当局に捕らえさせた」と同紙に語った。

12人の中には、2020年8月10日に香港国家安全維持法違反容疑で逮捕後、保釈されていた民主活動家の李宇軒（29）のほか、19年から続く抗議活動に参加し、放火などの容疑で逮捕歴のある若者が多数含まれていた。

前代未聞の脱出劇は、中国の統制が強まる香港から「自由への逃避」を求める動きだとして社会の関心を大いに集めた。ＳＮＳ上では、12人の釈放を求める署名活動も始まった。12人の家族から弁護を依頼された中国本土の弁護士は繰り返し接見を試みた。しかし、当局に拒否されたばかりか、情報機関の関係者らから、「これは重大案件だ」「代理人を辞退しないと、今後の弁護士の仕事に重大な影響が出る」と逆に警告された。さらに２０２１年１月には、「弁護士界のイメージを著しく損ない、社会に悪い影響を与えた」として弁護士資格を取り消された。

代わりに被告の「弁護」についたのが、中国当局が手配した弁護士だった。中国本土では、人権活動家らの裁判でよくみられる現象だ。日本でも国選弁護人がつく仕組みがあるが、私選弁護人をつける容疑者の権利が保障されている点で全く異なる。当局が手配した弁護士が被告の人権を守れるのか。家族は不信感を強めた。

家族らは9月12日、民主派の立法会議員の支援を受けて記者会見に臨み、香港政府に12人への支援を訴えた。家族らはいずれもフード付きの衣服やマスク、サングラスを着用した。素顔をさらして発言するのが難しい香港社会の今を象徴する光景ともいえた。

これに対し、香港政府行政長官の林鄭月娥（キャリー・ラム）は、12人はいずれも刑事事件の容疑者だと主張。「外国メディアがいうところの民主活動家ではない」と切り捨てた。翌13日、中国の深圳市公安局はようやく事件を公表。12人を刑事拘留し、違法越境容疑で取り調べていることを明らかにした。拘束から3週間たっていた。

中国広東省深圳市の裁判所は12月30日、10人に懲役3年から7カ月の実刑判決を言い渡した。違法越境罪で服役後、香港に移送され、それぞれの罪で裁判を受ける見通しだ。残る未成年の2人は不起訴となり、香港警察に引き渡された。

1997年の返還前の英領香港は、中国にはない高度な自由や法治を基礎に「東洋の真珠」と呼ばれた繁栄を築き上げ、共産党の統治から逃れる中国本土の人々を受け入れてきた。立教大教授の倉田徹は、そんな香港を「逃亡犯の街」と呼んだ。

1989年の天安門事件後、香港の民主活動家たちは、中国の学生指導者だったウアルカイシらを香港経由で外国に脱出させた。これは黄雀行動（イエローバード作戦）と呼ばれ、97年の返還直前まで、100人を超える若者らが脱出。宗主国だった英国政府などの協力を得て、香港を経由して欧米へ逃げた。

しかし、返還後、中国の統制下にある香港政府は、脱出に協力しなくなった。12人の若者が台湾をめざした今回の事件は、香港が中国本土から逃れてきた人たちを受け入れる

「駆け込み寺」ではなくなり、政治的迫害を受けた市民が外国に脱出する場所に変質したことを強く印象づけた。

黄雀活動に詳しい民主活動家、蔡耀昌（52）は断言する。「香港はもはや安全な避難所ではない」

香港から脱出を図る動きは、一般市民の間にも広がっていた。

「自由を失った香港に未練はない」

「共産党は一国二制度を守るという約束を破った」

タクシーの車内で雑談中、運転手の男性が突然、怒りをあらわにした。話を聞くと、1997年の香港返還のずっと前に、中国本土から香港へ逃げてきたという。

中国では戦後長く、文化大革命（1966～76）などによる社会の荒廃に加え、経済政策の失敗による飢餓も重なり、国民の暮らしは安定せず、多くの人々が香港をめざした。英国の統治下で経済発展をとげる香港は「東洋の真珠」とも呼ばれ、あこがれの「楽園」だったからだ。香港市民の多くは、こうした移住者やその子孫が大半であり、今も共産党に対し複雑な感情を持つ市民が少なくない。

2019年、刑事事件の容疑者の身柄を中国本土に引き渡すことを可能にする逃亡犯条例改正案に反対する大規模な抗議活動が起きたのも、せっかく自由が保障された香港に逃げることに成功したのに、再び中国本土に送り返されるとの警戒感が背景にあった。

とはいえ、香港は長年、あなたが暮らした愛着のある街じゃないですか？　私のそんな問いかけに、男性はきっぱりと答えた。「香港でようやく自由をつかんだと思ったら、また共産党がやってきた。自由を失った香港に何の未練もない」。年内に家族全員で英国に移住する準備を進めていることを明らかにした。

香港国家安全維持法の施行を受け、各国は移住を希望する香港市民の受け入れ拡大に動いた。旧宗主国の英国政府は2021年1月、香港からの移民を受け入れる特別ビザの申請受け付けを始めた。これまで1997年の香港返還前に生まれた香港人に、6カ月英国に滞在できる「英国海外市民（BNO）旅券」を発給してきた。新たな特別ビザは、BNO旅券の資格を持つ人と扶養家族らを対象に5年の居住権を認めた。英国政府は今後5年で25万8千～32万2400人程度が移住してくると予測。最も多いシナリオでは、香港の人口の約7分の1にあたる104万8千人にのぼるとの試算もある。

国家安全法の施行を受け、冒頭のタクシー運転手のように香港の将来に見切りをつける人は少なくない。海外移住の斡旋業者「環凱移民顧問」によると、相談件数は通常の3～4倍に増えた。

香港では1990年代、中国返還後の共産党の統治を恐れて、欧米やオーストラリアへの移住手続きをする人が相次いだ。同社の張家禧によると、当時は生活拠点を香港に残し、避難先を確保するための申請が目立ったが、「今回は家族全員で移住を検討するなど、当時とは本気度が異なる」という。

移住を検討する人が増えていることは、世論調査の結果でも裏付けられている。

2020年6月に公表された香港中文大学の調査によると、回答者の37・2%が海外への移住を考えているとした。3カ月前の調査と比べ、一気に13ポイントも跳ね上がった。中でも15〜24歳だと50・4%、25〜39歳で49・3%が移住を検討中と答えた。

若者の半分が移住を考えるとは、尋常ではない。そう感じたとき、国家安全法の施行前に取材した知人の弟の男子中学生(14)のことが思い浮かんだ。ゲーム遊びが好きな今時の少年だ。共働きの両親が自宅にいない間に、デモに数回、こっそり参加したことがあるという。

動機を尋ねると、「香港の自由を中国から守りたい」と勇ましかった。ところで君の求める自由って何? 彼は「グーグルやフェイスブックを自由に使えることかな」と話した。

確かにいずれも中国本土では使用が規制されている。でも、なくても生きてはいけるよ。そんな言葉が出かけたが、彼の世代が置かれている境遇に思いをはせると、その気持ちもよく分かる。

中国本土にはない自由を香港に認める一国二制度は2047年に期限が切れる。いまの若者はそのころ社会の中核を担う存在だ。しかし、期限後の政治体制は全くの未定だ。民主化が後退すれば、中国に完全にのみ込まれる可能性もある。そんな不安の中で生きている彼らは、自由が制限されることに敏感になっていた。

少年に将来の目標を聞くと、こう言った。「他の国に移住したい」。わずか14歳にして、生まれ育った土地に見切りをつけざるをえないなんて。香港の未来を遮る悲しみの影が見えた気がした。

実弾で撃たれた若者も脱出

2020年10月1日、普段は大勢の買い物客でにぎわう香港島の繁華街、銅鑼湾（コーズウェイベイ）。中国の建国記念日である国慶節に合わせて、中国・香港の両政府に抗議する恒例のデモがSNS上で呼びかけられていた。

現場に到着すると、閑散としていた。参加者の中には、買い物客を装っている人もおり、デモ隊の正確な人数は分からないが、目視した限り、数百人程度か。香港全体で10万人超が参加したとされる1年前のデモと比べ、激減したのは一目瞭然だった。

ちょうど1年前、香港各地でデモ隊と警官隊が激しく衝突した。大量の火炎瓶と催涙弾が飛び交い、デモ参加者が警察の発砲を受け、市内は混乱を極めた。中国建国70年を祝う赤い横断幕は引きずり下ろされ、デモ隊に燃やされた。

激しい抗議活動の様子はインターネットで生中継され、世界各地に刻々と伝えられた。そのとき、北京で建国70年を祝う大規模な軍事パレードを挙行した国家主席の習近平のメンツは丸つぶれとなった。

その二の舞いは許さない。香港警察は一連のデモで最多となる約6千人の警官を配置。デモが始まる前に鎮圧に着手し、区議会議員4人を含む86人を逮捕した。

この1年間でデモの景色は大きく変わった。

第4章で紹介した香港の男子高校生、曽志健（19）は2019年10月1日、警官に至近距離から実弾で撃たれ、一時重体となった。事件から1年になるのを前に取材に応じた。「体がマヒし、世界が一瞬、止まったような感覚だった」。撃たれた瞬間をこう振り返った。

現場は香港郊外・荃湾の商店街。曽は仲間らとデモに参加し、警官隊ともみ合いになった。突然、1人の警官が曽に向けて発砲。商店街に大きな音が響き渡り、曽はそのまま背中から地面に倒れた。

警察官はすぐに救急処置を施さなかった。曽の出血は続いた。意識が遠のいていく。このままだと死んでしまう。そのとき、力を振り絞って「絶対、寝ちゃだめだ、起きろ」と叫び、自らを鼓舞した。

曽が撃たれるまでの一部始終は、香港城市大の学生記者、林卓賢（21）の手で撮影され、ネットで公開された（152〜156頁を参照）。「あの記者さんがいなければ、僕は警察に放置され、死んでいたかもしれない」

曽は撃たれた後、搬送先の病院で約4時間にわたる緊急手術を受け、体内に残っていた実弾を取り除いた。実弾は心臓まで3センチのところに達していた。

一連の抗議活動で参加者が警官に撃たれたのは初めてだ。1997年の返還後、平和的なデモを誇りとしてきた香港で、警察が将来のある若者に発砲したことは、民主化を求める市民と政府の対立をさらに決定的にした。

取材では曽に確かめたいことがあった。警察は記者会見で、「曽への発砲は正当防衛だった」と強調した。発砲した警官は、デモ隊に殴打された同僚を助けようと、曽に実弾を発射したという。警察幹部は「警官は生きるか死ぬかの追い込まれた状況にあり、威嚇射撃をする余裕はなかった」と述べた。このような警察の説明は正しいのだろうか

曽の言い分は異なっていた。曽が武器として持っていたのは、細い鉄製の支柱だ。「これで、どうやって警官に致命的な打撃を加えることができるのか」

警察は当時、曽の左肩「付近」を撃ったと発表したが、傷痕をみせてもらうと、左胸にくっきり残っていた。警察は左肩の「付近」と説明しており、間違ってはいないが、正確でもない。ただし肩と胸では、想像する危険度のイメージが大きく異なる。市民感情を刺激しないよう、意図的に情報操作をした可能性もある。

曽の人生は、事件を機に一転した。暴動罪と警察襲撃罪で起訴され、「肉体的にも精神的にも大きなプレッシャーを受け、苦しかった」と語った。

曽の通う高校では2020年9月、新学年がスタートした。2年生だった曽は治療や裁判所への出廷などで登校日数が足りず留年。同級生の顔ぶれも変わり、学校生活を楽しめなくなった。

リハビリで日常生活に大きな支障はない程度までけがは回復したが、好きだったバスケットボールはできない。相手とぶつかると、痛みが再発する恐れがあるためだ。健康への不安は、将来の職探しなどにも影を落とす。

香港国家安全維持法の施行に伴い、市民がデモに参加する自由は大きく制限された。当たり前と思っていた権利も脅かされる現状に、曽は「一国二制度は偽りの希望だった」と感じている。「いずれ香港は中国にのみ込まれ、特別行政区から単なる香港市になる」

2019年以降の抗議活動で逮捕された市民は20年9月時点で約1万人。国家安全法の施行で当局に刃向かうリスクはさらに増した。それでも曽は「抗議を続けることで、我々が自由や民主的な権利を求め続けていることを訴えたい」と話した。

中国本土ではインターネットにも政治的な規制がかかり、表だって指導者を批判することもタブーだ。香港で生まれ育った一人として、中国本土とは違う自由な社会を守り続けたいと思っている。

しかし、中国政府と香港政府が弾圧を強めるなか、個人の力で闘うことには限界がある。「どうやって立ち向かえばいいのか、正直、分からない」。先が見えずに苦しむ曽の姿が気になった。

インタビューから約3カ月が経過した2020年12月22日、曽の近況が明らかになった。英国の人権団体「香港の友」が「すでに外国へ出国した」と発表した。香港の友によると、曽はこの年の10月には香港の米国総領事館に駆け込み、亡命申請をしたが、認められなかったという。

さらに衝撃的だったのは、取材に付き添ったガールフレンド（15）も香港の友の支援を受け、英国に出国したことだった。15歳の未成年者までも脱出する事態に驚かされた。両親もおそらく香港の将来に絶望しているのだろう。だから、娘の出国を認めたのではないか。

曽は香港の友を通して以下のコメントを発表した。「香港は私たちの家だ。私たちのものである香港を奪い返すのは、香港人の責任だ」

警察による銃弾で傷ついたのは、曽1人ではない。

2019年11月11日には、抗議活動に参加していた21歳の男子学生が腹部を撃たれ、一時重体となった（178頁を参照）。

警察は正当防衛だと説明したが、居合わせた独立メディアの記者が撮影した映像が捉えていたのは、武器も持たず警察官に近づく学生の姿だった。学生は20年9月に私の取材に応じ、「警察は私に暴徒というレッテルを貼ろうとしたが、映像を見れば、そうでないことは明らかだ」と訴えた。

撃たれる直前、銃口が自分に向けられ、引き金にかかる警官の指がくっきり見えた。「まさか撃つはずがない。ここは法治社会の香港だ」。そんな見込みは一瞬にして裏切られた。

銃弾は腎臓と肝臓を直撃した。緊急手術を受け、一命を取り留めたが、体力はいまも回復せず、2時間も歩くことができない。精神的にも不安定で、後遺症に苦しんでいる。

男子学生は警官の拳銃を奪おうとした容疑などで逮捕された。実弾で撃たれて負傷したうえ、容疑者として刑事責任を追及される厳しい立場に置かれた。

取材中に学生の顔をじっくり見て、私は非常に驚いた。化粧をしていたからだ。体つきも、とてもきゃしゃだった。失礼な言い方かもしれないが、警官と取っ組み合いになったとしても、勝てるとは思えない若者だった。将来は美容関係の仕事に就きたいと語った。

学生が抗議活動に加わったのは、曽と同じように、民主化を求める市民の声に耳を傾けず、弾圧をやめない香港政府と、その後ろ盾である中国政府への怒りからだった。国家安全法の施行で、かつてのような激しい抗議活動は困難になった。「私たちができることは多くはないかもしれないが、香港政府の好き勝手にはさせない」。そういって力を込めた。

崩壊した三権分立、「翼賛議会」に変質

香港の三権分立が名実ともに崩壊した。

中国の全国人民代表大会(全人代)の常務委員会は2020年11月11日、香港政府が立法会(議会)議員の資格を剝奪することを可能にする決定を採択した。これを受けて、香港政府は民主派議員4人の資格を取り消したと発表した。

裁判所の手続きを経ることなく、政府が選挙で選ばれた議員を失職させる「生殺与奪」の権限を握ることは、三権分立を否定する動きにほかならない。立法会は政府の動きをチェックする役割を喪失し、親中派による「翼賛議会」に変質した。

決定によると、立法会議員が①香港独立の主張を支持する、②香港に対する中国の主権行使を拒否する、③国家の安全に危害を加えるなど、香港特別行政区への忠誠を定めた香港基本法を逸脱する行為が認められれば、香港政府の判断で議員を失職させることができると規定した。

2016年に行われた前回の立法会選挙では、議員就任の宣誓の際、侮辱行為があったとみなされた当選者2人が、全人代常務委員会や香港の裁判所の判断を経て議員資格を失ったが、香港政府に資格を奪う権限はなかった。

市民の代表である議員の身分は、香港基本法で手厚く保護されてきた。解任されるのは、禁錮1カ月以上の有罪判決が言い渡され、かつ会議出席議員の3分の2以上の賛成が得られた場合などに限られ、宣告は主席（議長）が行うと規定されている。

全人代常務委員会は今回の決定について、香港政府行政長官の林鄭月娥の要請によるものと説明したが、民主派勢力の「解体」を狙う共産党指導部の強い意向が働いたとみるほうが自然だ。北京の信頼を失った林鄭には、もはや政治的な実権はほとんどないからだ。

今後は、香港政府やその後ろ盾である共産党指導部の意に沿わない議員の資格剥奪が可能になる。全人代常務委員長の栗戦書は「国の主権や安全、発展の利益を守るだけでなく、香港の長期安定と繁栄、発展に役立つ」と語った。

常務委員会の決定を受け、香港政府は直ちに楊岳橋ら4人の議員資格を取り消した。4人は6月に制定された香港国家安全維持法に反対するなどし、選挙管理当局から次期立法会選挙への立候補を禁止されていた。うち楊ら3人は、民主派の主力政党・公民党の所属。公民党は穏健路線を掲げるが、国歌条例案の審議を妨害し、中国側から強く非難されていた。

国家安全法を強引に施行した香港政府への不満の声は根強く、政府寄りの立場をとる親中派への逆風は強いままだ。4議員の資格剥奪によって、次回選挙で民主派勢力が息を吹き返すことがないように「トドメ」を刺したとする一部メディアの見方もあるが、釈然としない。

というのは、林鄭が7月末に立法会選挙の1年延期を発表した際、4人を含む現職議員の任期を延長して対応するのが望ましいとの考えを示し、中国側も8月に任期延長を正式決定していたからだ。

ところが、中国側は今回、この方針を覆し、議員資格の剥奪を決定。林鄭も「立法会選挙に立候補する法定要件を満たさないなら、議員の条件も満たさないのは自然なことだ」と語り、発言を一転させた。

なぜ、このような展開をたどったのかは不明だが、11月までの間、教科書から三権分立の表記が削除され、林鄭は「香港には、もともと三権分立は存在しなかった」と表明した。香港は中国政府の指導のもと、行政が主導する政治体制だとして、三権分立を否定する動きが急速に強まっていた。政府が議員資格を剝奪した今回の決定は、行政府が議会の上位にあるとする新たな政府見解の延長線上にあると捉えるほうが自然にみえる。

資格剝奪に対し、民主派は「一国二制度への正式な死亡宣告だ」などと猛反発。資格取り消しの対象になっていない15人も辞職した。4人が失職する前の段階で、立法会の議員構成は親中派が41人、民主派が21人、欠員は8人だった。民主派の19人が議会を去ったが、残る2人はいずれも主流派とは距離を置いて独自路線をとっており、民主派勢力は実質的にゼロとなった。

一斉辞職によって、政府に対する抗議の意思を示し、国際社会による中国への圧力を高める狙いがある一方、議員としての職務と権限を自ら放棄することにもなった。議員としての給与もなくなり、資金面でも活動が厳しくなった。民主派の立場が一段と苦しくなったのは間違いない。

逆回転する民主化の歯車

香港社会が根底から覆った2020年。激動は年末まで続いた。

香港基本法27条でデモや集会・結社の自由が保障されていると訴える男性〔益満雄一郎撮影、2020年10月１日〕朝日新聞社提供

香港の裁判所は12月2日、無許可のデモを行った罪などで、民主活動家の黄之鋒に禁錮1年1カ月半、周庭に禁錮10カ月の実刑判決を言い渡した。このデモは2019年6月21日に黄や周ら1万人超とされる市民が警察本部を包囲したものだ（71～74頁を参照）。過去の判例に従えば、社会奉仕命令や執行猶予付き判決が想定される事件だった。

傍聴した朝日新聞助手などによると、判決を言い渡された直後、周は頭を抱え込んで泣き崩れたという。傍聴席の支持者も泣き出し、異様な空気に包まれた。民主化運動を率いてきた2人への厳しい判決は、香港の民主化の歯車が逆回転し始めた厳しい現実を浮き彫りにした。

とりわけ、黄は民主化を求める香港の若者の象徴的な存在だ。幼少期は学習障害があったが、徐々に克服。著書によると、敬虔なキリスト教信者である父に連れられ、恵まれない家庭への奉仕活動に参加し、社会の矛盾や不平等に関心を抱くようになったという。

香港政府が2012年、中国政府の意向を受けて、中国への愛国心を育てる「国民教育科」の必修化を計画すると、当時15歳の黄は「洗脳教育だ」と反発。大規模な反対運動を展開し、撤回に追い込んだ。

黄の訴えが浸透した背景には、返還後に一気に進んだ中国との経済融合で生じた「副作用」があった。巨額のチャイナマネーが貧富の格差を拡大させ、不動産価格も高騰。割を食った若者たちは中国の統治への違和感を抱き、民意を反映しない政治制度に問題があると考えるようになった。

勢いに乗る黄は2014年の「雨傘運動」でも注目を集めた。中国が8月、民主派の行政長官選挙への立候補を事実上排除することを決定すると、民主派は猛反発。かねて計画していた抗議活動に、黄のほか、大学生の団体の常務委員だった羅冠聡（ネイサン・ロー）らが加わった。

9月に黄が政府前広場への突入を主導して拘束されると、支援しようと大勢の市民が集結し、雨傘運動に発展した。黄は演説を繰り返すなどして参加者の連帯を訴え、大きな役割を果たした。

雨傘運動は、カラフルな傘を手にした若者たちが香港の中心部の道路を79日にわたって占拠するという斬新な手法で、政治と距離を置いてきた香港の大人たちと、世界の目を引きつけた。非暴力を掲げ、「座り込み」という形で市民の強い意思を示した運動は、日本をはじめ各国の市民団体などから広い支持と共感を集め、影響を与えた。

運動は具体的な成果を得られぬまま抑え込まれたが、黄は収監前、朝日新聞のインタビューに応じて、「市民の政治意識が覚醒され、民主化運動が全市民的な取り組みとなった」と振り返った。

雨傘運動は香港の若者らの政治意識を高め、逃亡犯条例改正問題を機に2019年に始まった激しい政府への抗議活動の土壌をつくった。多くの市民が一国二制度の根幹が揺らぐとの危機感を抱き、抗議の前線に立つ若者を支えた。

香港の民主化運動の源流は、英植民地時代の1989年に北京で起きた天安門事件にさかのぼる。民主化を求める中国の学生らが武力弾圧を受けるのを目の当たりにした人々は、中国返還後の香港の自由や自治への危惧の念を強めた。

弁護士の李柱銘（マーティン・リー）ら第一世代の活動家たちは、香港が中国の一部になる以上、中国自身の民主化がなければ香港の自由も民主化も望めないと主張。大規模な追悼集会を毎年開くなど、中国本土の民主化を促す活動を続け、共産党と全面的に対決した。

1997年の返還後、民主派勢力は、香港基本法で中国が約束した選挙制度の段階的な民主化の実現を大きなテーマに掲げて運動を続けたが、改革は遅々として進まなかった。むしろ経済面での中国依存が年々進み、運動も手詰まり感が強まったが、その間に生まれ育ったのが、雨傘運動や2019年から続く民主化運動の原動力となった世代だ。

彼らは強まる中国の影響力を前に、自由都市としての将来や、独自の歴史がはぐくんだ文化など香港らしさが失われていく現状への違和感を唱えた。世論調査では、自らを中国人だと考える香港の若者は4%に満たない。

彼らの抵抗は、政権側が豊かさを保障さえすれば、香港統治はできると読み、香港の人々の切実な声をはねつけてきたツケといえた。

2020年6月の香港国家安全維持法の施行で、民主派勢力への弾圧は格段に強まった。21年3月には、中国の全国人民代表大会（全人代）で、選挙制度を親中派に有利な内容に改変する方針が採択された。今後の選挙では、民主派勢力は排除される可能性が高い。選挙はますます名ばかりのものになるとみられる。立法会選挙は新型コロナを理由に1年間も延期されたが、中国側はその間に選挙制度を改めるつもりだったのだろう。もはや民主派勢力は総崩れ状態といえ、今後の民主化運動の道筋は描けていないのが実情だ。

インタビュー⑮　民主化運動は終わらない

（2020年9月30日に実施）

香港中文大学副教授　周保松氏

▼中国広東省生まれ、1985年、香港へ移住。香港中文大学卒。2006年、英国ロンドン・スクール・オブ・エコノミクス博士号取得。専門は政治哲学。

――2019年から続く民主化運動は、14年の民主化デモ「雨傘運動」と比べて、どのような違いがありますか。

雨傘運動は、香港基本法で認められている民主化の実現を求める政治運動でした。高度な自治が保障された一国二制度のもと、香港の有権者が1人1票を投じ、行政長官と議員を選ぶ権利は、中国政府に約束されていると、香港市民は信じてきました。

しかし雨傘運動は失敗に終わり、参加者の間には、無力感や政治への無関心が広がりました。雨傘運動後に就任した林鄭月娥行政長官は任期中、民主化を進める考えはないと表明し、民主化運動は完全に頓挫しました。

そんななか、19年2月に逃亡犯条例改正案が提案されました。ただ、そのときの抗議活動はあくまで刑事事件の容疑者を中国本土に引き渡すことを可能にする内容に反対するものであり、民主化運動ではありませんでした。

――逃亡犯条例改正案が提案された直後、抗議活動は盛り上がりを欠いていました。

確かにそうでした。ところが、4月に雨傘運動の提唱者に実刑判決が言い渡されました。彼らが「逃亡犯条例改正案への抗議活動に関心を持ってほしい」と呼びかけると、市民の間で彼らへの同情が広がり、冷淡だった民意が変化しました。直後に民主派の市民団体「民間人権陣線」が呼びかけた2回目のデモへの参加者は、1回目の10倍以上に増えました。このころ、雨傘運動の底流にある民主化を求める動きと、逃亡犯条例改正案への抗議運動が結びついたといえます。

――親中派が多く政府寄りの経済界も、逃亡犯条例改正案に対しては懸念を強めました。

一般の市民が当初、逃亡犯条例改正案に関心を示さなかったのは、成立しても、自分に適用されることはなく、遠い存在だと考えていたからです。中国本土にめったに行かない市民にとっては、中国で罪を犯す危険性はほとんどありません。

むしろ、実際に送還される恐れがあるのは、中国本土でビジネスをする経済界です。林鄭氏は経済界の要望に従って修正すれば、改正案は成立できると考えたようですが、結果的には、私たちのような政治研究者さえも予想できない展開に発展しました。

――2019年5月には、議場内で親中派と民主派の議員が衝突しました。

反対する世論を無視して、香港政府と親中派議員が強引に法案の成立に向けて動いたことによって、民主化が不十分であることが浮き彫りになりました。問題の根源には、民主的ではない選挙制度がある。それに気づいた市民たちが出身校ごとに大規模な署名活動を始めるなどし、運動の裾野が広がりました。

――6月4日には、毎年恒例の天安門事件追悼集会が開かれました。

予想を上回る18万人の市民が参加しました。逃

香港中文大学副教授　周保松氏〔益満雄一郎撮影、2020年9月30日〕朝日新聞社提供

亡犯条例改正案への抗議運動が、4月の裁判をきっかけに雨傘運動と結びついたと言いましたが、6月には、天安門事件追悼集会とも結びつき、民主化運動へと変わっていきました。その結果、6月9日のデモ行進は、103万人が参加する規模に膨らんだと言えます。逃亡犯条例改正案は、今回の抗議運動の発端に過ぎません。中国政府は香港の民主化を認めず、民意を尊重しなかった。雨傘運動後に累積してきた政治的な不満が爆発したのです。

林鄭氏は大規模なデモを受け、改正作業を止めれば、市民の反発は収まると判断しました。私は、これは大きなミスだったと思います。逃亡犯条例改正案は今回の運動の本質ではありません。香港市民は民主化を求めていたのです。

香港は以前、「自由はあるが、民主主義はない」と言われていました。しかし、民主主義とは、リーダーや議員を自由に選ぶものです。そういう意味で、民主主義と自由はつながっています。民主主義が後退すれば、自由も奪われてしまう。そんな不安が市民の怒りをかきたてました。

——6月12日、立法会の審議を止めようとした4万人の市民と警察が衝突し、多くの市民が負傷しました。

あの日、私も現場にいました。警察が催涙弾を発射する前に、たくさんの市民が道路を占拠しました。雨傘運動とそっくりの景色だと思いました。

6月12日、香港政府は雨傘運動の再現を許せば統治が崩壊すると判断し、雨傘運動を上回る規模の催涙弾を使用して封じ込めました。この判断は、後の運動に大きな影響を与えました。デモ隊は同じ場所を長期間占拠して、疲弊した雨傘運動の教訓をいかし、「Be water」と称してゲリラ式の戦術を採用。一方で警察もより強い武力を使用して、徹底的に強制排除するようになりました。

――今回の民主化運動では、特定のリーダーがいない点が雨傘運動と大きく異なります。

雨傘運動は学生リーダーのもと、平和的な抗議を続けましたが、政府に無視されました。今回は「平和、理性、非暴力」という三つのボトムラインがいったん破られてしまうと、それを止める力が働かず、デモはエスカレートするばかりでした。

――リーダーが指揮していないのにもかかわらず、民主化運動が長く続いているのはなぜでしょうか。

香港市民の政治意識の成熟が大きいと思います。過去の社会運動を通して、組織や主催者がいなくても、市民としてやるべきことをやるという意識が形成されました。今回の運動は、香港人が自らに与えられた権利を勝ち取る動きという、大きな歴史的文脈の中で理解すべき現象だと思います。

――民主化運動はまだ続きますか。

終わりません。まだエネルギーは残っています。だから中国は香港国家安全維持法を制定し、締めつけを強めたのです。

デモは厳しく弾圧されるほど、激しい反発が起きるものです。香港の民主化運動は香港だけの問題ではありません。台湾、新疆ウイグル、チベットにも影響があるでしょう。西側のメディアは、香港を「対中国最前線」と形容します。確かに香港は中国の一部です。しかし一国二制度により、権威主義体制の中にあっても、高度な自由が認められています。香港は「自由世界」と「共産世界」の中間にあるのです。

中国は国家安全法などさまざまな強権的な手法で民主化運動を締めつけますが、香港市民の抵抗意識も非常に強い。1万人以上が逮捕されましたが、まだあきらめていません。

世界的にみても、今回の香港の民主化運動は特筆すべきことだと思います。デモ行進だけにとどまらず、各国の新聞に意見広告を掲載するなど国際社会への支持の呼びかけ、レノンウォール、テーマソングの合唱など新たな手法で弾圧に対峙しました。これは今後の世界の民主化運動の参考になると思います。

――民主化運動の結末をどう予想しますか。

多くの香港市民は、今回の運動が成功する機会は小さいと考えているはずです。習近平国家主席の強権的な統治のもと、中国が譲歩することは考えにくい。国家安全法が施行され、締めつけは強まっています。言論の自由、学問の自由、デモの自由はさらに厳しく制限されるでしょう。

天安門事件が起きてから30年が過ぎました。この間、中国の政治改革は全く進まないばかりか、後退しました。香港も同じ状況に直面し、一国二制度は一国一制度に変質してしまうのではないか。多くの人は悲観的になっています。

しかし、私はそこまで悲観していません。なぜなら過去1年の運動をみれば、香港市民の政治意識が非常に成熟したのは明らかだからです。控えめに見積もっても数百万人がこの運動に参加しました。

中国は香港を強権的な社会に変えることはできません。もし、それを強行すれば、香港は徹底的に「死亡」するでしょう。中国の失策を世界にさらけ出すことになりますし、台湾統一も不可能になります。香港の国際金融センターという機能も、自由や法治という基礎があってこそ成り立ちます。香港が国際金融センターでなくなれば、中国自身が大打撃を受けます。

――香港の民主化運動を、中国本土の一般国民はどう見ているのでしょうか。

中国政府はインターネットの規制を強化して情報の流入を阻止しようとしていますが、香港と中国本土はすでに深く結びついており、情報を断ち切るのは不可能です。例えば、中国本土から多くの若者が香港に留学しています。千人以上の学生が私の講座をとっていますが、大半は中国本土の若者ですよ。彼らは政治的な行動はとりませんが、実際にはデモを目撃しています。

――民主化運動は当初、穏健なデモが中心でしたが、途中から暴力行為を伴うものに変質しました。

確かに暴力があったことは否定できません。ただし、ポイントが二つあります。一つは、この暴力は警察に向けられており、攻撃対象が限定されていました。過去の世界の革命でも暴力はありました。平和的なデモへの弾圧が繰り返される状況のなか、暴力が絶対に許されないというのは、バランスを欠いた見方だと思います。

暴力の程度も見極める必要があります。人は自らを守る必要があったり、相手の強大な武力に直面し危険な状況に追い込まれたりすれば、武器を使用して自らを守ることが認められるはずです。今回の抗議活動で警察側に死者はいません。外国と比べると、香港の抗議活動は平和的といえます。

――返還前、多くの香港市民は香港を「借りた時間、借りた場所」とみなし、保険としてカナダや豪州、英国などのパスポートを取得し、何か問題があれば、すぐに離れられる用意をしていました。

「借りた時間、借りた場所」という言葉は私より上の世代のものですね。私たち40代の世代は、89年の中国の民主化運動を香港から支援する取り組みに参加した経験があります。私たちの世代にとって、香港は家そのものです。だから政治にも積極的に参加するのです。

かつて香港人は政治問題には関わらないようにしていました。巻き込まれると、仕事にも悪影響が出るなど、面倒なことになりかねないからです。しかし、今回、その一線を越えたと思います。もはや拘束されても恐怖を感じない段階に達してしまった。弁護士を派遣するなど拘束者を支援する基金もできています。支援は経済的なものにとどまりません。中国本土で拘束された民主活動家は社会から断絶され、家族を含めて孤立に追い込まれがちですが、香港では、このような現象は起きません。

――コロナ禍が猛威を振るうなか、権威主義体制のほうが感染の封じ込めに役立つなど、民主主義に対する懐疑的な意見が広がっています。

それは中国でよくある見方ですね。民主主義とは、階級や貧富、出身とは関係なく、人は一人一票を平等に投じることができるというものです。また、選挙を通して政権への正統性を与えることでもあります。

確かに民主主義が政党間の不毛な対立を招くなどの問題があるのは事実ですが、中国式の強権的な統治が民主主義に取って代わるとは考えられません。中国の現実をみてください。中国は外形的には大国にみえますが、国内では貧富の格差が拡大し、基本的な人権も制限されています。

歴史をみても、過去数百年の間に、多くの国が民主主義国家に変わりました。民主主義は決して後退していません。私はいずれ中国も民主化という道を選ぶことになると信じています。

あとがき

2020年10月14日、私は4年2カ月にわたる中国特派員としての任期を終え、香港から帰国した。もともと3月末に戻るはずが、新型コロナウイルスの感染拡大の影響を受け、半年以上、帰任が遅れていた。大好きになったこの街を離れるにあたり、私は香港歴史博物館に足を運んだ。まもなく常設展示室が改修工事に入り、2年間閉鎖される予定だったからだ。

激動の近現代史を紹介するコーナーに人だかりができていた。香港の一国二制度を考案したとされる中国の元最高指導者、鄧小平の写真を順番で撮影していた。でも鄧小平って、香港人なら誰でも知っているはず。わざわざ写真を撮らなくてもいいのでは。不思議に思って近づくと、鄧小平の写真の下に一国二制度の説明文が書かれていた。失われていく一国二制度という文字を写真に収めて、「形見」として記録に残したい。そんな思いで撮影していたのだろう。100万人を超えるとされる市民が抗議活動に加わり、熱気にあふれた1年前との落差に、胸が締めつけられる思いになった。

中国共産党は1997年の返還前、一国二制度を「50年間継続する」と宣言し、英国統治下で認められてきた自由を保障し、民主化も進めると約束した。しかし、現実はそうならなかった。異論を唱えることすら許されない強烈な弾圧の嵐に抑え込まれた市民たちには、もはや一国二制度という文字を撮ることぐらいしか、できることはなかった。

一国二制度は、私が赴任した2016年には、形骸化の兆しがあった。そう感じさせたのは、同年11月、急進的な民主派の立法会（議会）議員2人が失職に追い込まれた騒動だ。議員就任の宣誓をする際、「香港は中国ではない」と主張したパフォーマンスが共産党の逆鱗に触れた。中国側は強力な圧力をかけ、2人を失職に追い込んだ。

中国が2人の失職につながる判断を示す前日の夜のことだ。多くの市民が香港島にある中国政府の出先機関前に次々と集結し、抗議活動を始めた。サングラス、マスクで顔を隠し、棒や傘を手にしていた。大通りを占拠し、高々とバリケードの山を築いた。

警察は催涙スプレーを使って強制排除に着手し、衝突に発展した。その最前線で取材していた私も、飛散する催涙ガスを浴び、息が苦しくなった。そのときに感じたことがある。経済大国として影響力を増す中国のお膝元で、アジア屈指の繁栄を築き上げた香港。だが、その地下には、中国に対する大きな不満のマグマが蓄積されているのではないか、と。

外からは見えない真実に迫り、記録に残すのがジャーナリストの役割である。複雑な社会を覆うオブラートの皮を1枚めくり、その内部で起きていることを読者に素早く正確に伝える。それが記者である自分の責務だと誓った。それから4年間、全力で取材現場を走り抜けてきた。他のメディアの報道ぶりを見て、やられたと思うことも少なくなかった。着任直後に立てた初志を達成したと胸を張れる自信はないが、激動の香港で何が起きたのか。無名の市民は何に怒り、どんな行動をとったのか。本書に書き込んだつもりである。現場の息吹を感じ取っていただければ幸甚である。

催涙ガスが漂う抗議活動の現場で、警察に拘束される若者の姿を何度も目撃した。逮捕されるリスクがあるのにもかかわらず、真相を明らかにしたいと勇気を持って取材に応じた市民もいた。多くの鮮烈な場面が深く記憶に残っているが、その中で最も印象的なのが、以下のできごとだった。

私は香港支局のほかに、中国広東省の広州支局も担当していた。広州と香港の間を頻繁に往復していた。電車で2時間ほどの距離である。

ある日、広州から電車に乗り込むと、かわいらしい子どもの歌声が聞こえてきた。3歳ぐらいの男の子がロボットのおもちゃで遊びながら、歌をくちずさんでいた。「進め！

進め！」。男の子が歌っていたのは中国の国歌だと気づいた。

その後、香港に到着し、デモの現場で取材していると、3歳ぐらいの男の子が私のもとにやってきた。「記者さん、気を付けてね」と英語で手書きされた湿布の袋を私に渡したあと、お母さんに連れられて人混みの中へ消えていった。

愛国教育が徹底される中国本土と、政府への批判が許されてきた香港。同じ中国のはずなのに、この2人の男の子が育つ環境は大きく異なる。「三つ子の魂百まで」という言葉があるように、幼い頃にできあがった考え方は成長しても、そう簡単には変わらないだろう。中国共産党は半ば強引に香港との「融合」を進めるが、香港と中国の若者たちが分かり合える日は本当に来るのだろうか。私は今も、その将来が見通せないでいる。

私が香港を初めて知ったのは、小学校の高学年のころ、テレビでブルース・リーのカンフー映画を見たときだ。鹿児島の片田舎で育った私は早速、近くの山に行って竹を切り、ヌンチャクをつくった。ぐるぐる振り回してみたところ、竹が背中を直撃し、激痛が走ったことをいまも覚えている。

取材で初めて香港を訪れたのは、返還から5年たった2002年だった。街は漢字の看板があふれているのに英語が通じる、何とも不思議な都市だと思った。

その直後、私の記者人生を変える「出合い」があった。2003年から愛知県豊田市を拠点に経済記者としてトヨタ自動車の取材を担当していた。当時、トヨタは中国に工場を新設し、生産・販売を拡大させようとしていた。「中国で車が飛ぶように売れる時代が来る」。興奮した様子で話すトヨタ幹部の話を聞き、世界経済をリードする未来の中国の姿を想像した。中国語を学習し、いずれは中国特派員をめざすことを決意した。

社内の語学留学制度にも手をあげたが、選ばれることはなかった。忙しい仕事の合間に独学で勉強を始めたが、なかなか上達しない。思い切って会社を休職し北京に留学した。取材に必要なレベルの中国語を何とかマスターし、特派員になるという希望をようやくかなえた。入社20年目だった。

当時、このような歴史的な局面を取材することになるとは、夢にも思わなかったが、記者冥利に尽きる4年間となった。夢をあきらめなくてよかったと心の底から思っている。

香港取材の集大成といえる本書の出版にあたって、まずは私のわがままを認めてくれた妻に感謝を伝えたい。休職中、給料がゼロになったばかりか、税金や社会保険料の支払いで、家計は火の車となった。多くはない貯金の残高がみるみる減る中、文句ひとつ言わなかった。

中国での勤務は、息子の学校の関係で単身赴任となった。4年前、まだ小さかった息子は高校生になり、目線がほぼ同じになる高さまで成長した。父親が身近にいなくて寂しい思いをしたはずだが、本当によく頑張ったと言いたい。

また、朝日新聞香港支局助手の朱延雄氏のサポートがなければ、本書は完成しなかっただろう。朱氏は日中が国交を正常化した1972年に入社した大ベテランだ。豊富な人脈と的確な情報分析に何度助けられたことか、数えたらきりがない。70歳のいまも、フットワークは大学生のように軽い。危険を伴う抗議活動の現場に率先して足を運んでくれた。

台北支局の西本秀記者、上海支局の宮嶋加菜子記者、東京本社のフォトグラファー、竹花徹朗・機動特派員が何度も応援にかけつけてくれた。西村大輔・中国総局長や林望・国際報道部次長からも有益なアドバイスをいただいた。

同業他社の記者にも感謝したい。ライバルである一方、過酷な現場でともに取材にあたり、戦友のような関係を築いた。ときに酒を酌み交わして、ストレス発散につきあっていただいた。

書籍化に向けた執筆は、新聞や電子版への連日の出稿に追われ、遅々として進まなかったが、書き始めると、香港への思いがあふれ出し、さらに執筆に時間がかかってしまった。香港情勢が「ニュースの旬」を逃してしまい、一時期、出版も危ぶまれたが、無名の市民が立ち上がった歴史を記録にとどめたいとの思いを共有してくれた筑摩書房の石島裕之氏のおかげで何とか実を結んだ。深謝の意を表したい。

最後に、香港政治研究の第一人者である立教大学の倉田徹教授にも心からお礼を述べたい。複雑で難解な香港情勢をわかりやすい言葉で解説していただいた。私だけでなく、多くの記者が倉田教授のお世話になっている。日本メディアの香港報道が質・量ともに欧米メディアに引けを取らないのは倉田教授の正確かつ緻密な分析のおかげだと思っている。

香港国家安全維持法の施行を受け、「香港は死んだ」と断定したメディアもあった。確かに私が本書でインタビューした4人の民主活動家の全員が逮捕された。民主派を排除する選挙制度の改変も決まった。明るい光はなかなか見えない。

とはいえ、まったく民主化の希望がないわけでもない。香港人の多くは中国本土から逃れてきた人やその子孫である。にもかかわらず、中国本土との最前線である香港にとどまり、世界と中国のビジネスを結びつけて経済発展を実現した。2019年からの抗議活動では、巨大な中国共産党と対峙し、世界の注目を集めることに成功した。香港人はたくましく、そして、したたかな人たちである。そんな「DNA」に希望を託したい。香港は決して死んでいない。そう強調して、筆を擱《お》きたい。

2021年5月

益満雄一郎

西暦	年月	主な事項
	8・23	香港から台湾へ脱出を図った12人が中国の海上警察に拘束される
	9・1	林鄭が香港に「三権分立はない」との認識を示す
	9・23	香港警察が学生メディアのデモ取材を制限
	11・5	香港警察が国家安全法に違反する事例の密告を促すホットラインを開設
	11・11	全人代常務委員会が、香港の議員資格剝奪を可能にする決定を採択
	11・26	香港政府が通識教育のカリキュラムの見直しを発表
	12・2	裁判所が黄之鋒に禁錮1年1カ月半、周庭に禁錮10カ月の実刑判決
2021年	1・31	英国が香港からの移民を受け入れる特別ビザの受け付け開始
	2・28	香港の捜査当局が民主派47人を国家安全維持法違反の罪で起訴
	3・11	全人代が香港の選挙制度の改変を可決。民主派を排除へ
	4・13	香港政府が立法会選挙を12月19日に実施すると発表

西暦	年月	主な事項
	9・2	新学期開始に合わせて中高生が授業をボイコット
	9・4	林鄭が逃亡犯条例改正案の撤回を表明
	9・26	林鄭と市民による対話集会開催。警察の権力濫用に不満の声
	9・28	雨傘運動から5年に合わせた抗議集会開催
	10・1	中国の国慶節。香港各地で大規模な抗議活動
	10・1	警察が高校2年生の男性に発砲。一連の抗議活動で初めて実弾による負傷者が出る
	10・4	香港政府が緊急状況規則条例を52年ぶりに発動。覆面禁止法を制定
	10・6	デモ隊が軍施設に向けレーザーを照射。軍が警告し、緊張が走る
	10・23	逃亡犯条例改正が廃案に
	11・4	林鄭と習近平が上海で会談。一連の抗議活動後、初めて
	11・8	警察がデモ隊を強制排除中に転落した大学生、周梓楽が死亡
	11・12	香港中文大に若者らが立てこもり、突入しようとした警察と激しく衝突
	11・16	中国軍の軍人がデモ隊の設置した障害物を撤去
	11・17	香港理工大で警察とデモ隊が激しく衝突。警察は29日まで包囲
	11・18	高等法院が覆面禁止法に違憲判決
	11・24	区議会選挙が実施され、民主派が8割超の議席を獲得し、歴史的圧勝
	11・27	米国で香港人権・民主主義法が成立
2020年	1・4	中国の出先機関トップの王志民が更迭、後任は駱恵寧
	1・11	台湾総統選で蔡英文が圧勝。香港情勢が追い風に
	2・4	香港で初めて新型コロナウイルスによる死者を確認
	5・22	中国の全国人民代表大会が開幕。国家安全法導入が議案に
	5・24	国家安全法に反対するデモ。参加者ら180人が逮捕
	5・28	全人代が国家安全法の導入方針を可決
	6・4	天安門事件追悼集会が警察に初めて禁止されるが、民主派団体が強行
	6・30	香港国家安全維持法が施行
	7・1	警察が国家安全法違反容疑でデモ参加者ら10人を逮捕
	7・2	香港政府が抗議活動のスローガンの使用を事実上禁止
	7・8	中国政府の治安機関「国家安全維持公署」が発足
	7・11	民主派の予備選挙開始。12日までに61万人が投票
	7・30	選挙管理当局が民主派の候補者12人の立候補を禁止
	7・31	香港政府が9月6日に予定していた立法会選挙を1年延期
	8・10	リンゴ日報創業者の黎智英や周庭らが国家安全法違反容疑で逮捕される

関連年表

西暦	年月	主な事項
2018	2・17	香港人の陳同佳が旅行先の台湾で交際中の潘暁穎を殺害
2019	2・12	香港政府が逃亡犯条例改正案を提案
	3・12	台湾立法院が台湾と香港の間に限った協議を求める議案を可決
	3・31	民間人権陣線が最初のデモ。1.2万人（主催者発表、以下同）が参加
	4・3	香港政府が立法会に条例改正案を提出
	4・24	雨傘運動の提唱者、香港大副教授の戴耀廷に禁錮1年4カ月の実刑判決
	4・28	2回目の抗議デモ。1回目の10倍以上となる13万人が参加
	5・11	立法会で親中派と民主派の議員が衝突。14日にも再び衝突
	5・21	中国副首相の韓正が逃亡犯条例改正を支持すると表明
	6・4	天安門事件追悼集会が開催。過去最多と並ぶ18万人が参加
	6・9	抗議デモに返還後最多となる103万人が参加。デモ隊と警察が衝突
	6・12	4万人の市民が立法会を包囲。警察は鎮圧後、「暴動」との認識を示す
	6・15	香港政府行政長官の林鄭月娥が審議の一時停止を発表
	6・16	4回目の抗議デモに「200万人＋1人」が参加。香港史上最大の規模に
	6・21	民主活動家の黄之鋒、周庭を含むデモ隊が警察本部を包囲
	7・1	返還記念日恒例のデモに55万人が参加。一部が立法会を一時占拠
	7・7	九龍地区で抗議デモ。以後、香港島以外でデモが多発
	7・9	林鄭が「逃亡犯条例改正案は死んだ」と発言するも撤回はせず
	7・21	43万人がデモに参加。一部が中国政府出先機関を包囲
	7・21	武装した集団が元朗駅で市民を襲撃。警察の出動が遅れ、被害が拡大
	7・31	香港に駐留する中国軍部隊がデモ鎮圧訓練の動画を公開
	8・2	公務員らによる抗議集会に4万人超が参加
	8・5	香港国際空港で抗議デモ。250便超が欠航
	8・12	中国政府香港マカオ事務弁公室が「テロリズムの兆候」と批判
	8・13	中国の環球時報の「記者」がスパイと疑われデモ隊に殴打される
	8・14	日本外務省が香港への渡航について治安悪化を理由に危険情報を発出
	8・18	民陣の抗議デモに170万人が参加
	8・26	「香港に栄光あれ」がネット上に投稿され、デモのテーマソングに
	8・30	黄之鋒と周庭が6月21日の抗議活動に絡む容疑で逮捕
	8・31	警察が地下鉄太子駅構内でデモ参加者を無差別に殴打

ちくま新書
1577

香港《ほんこん》危機《きき》の700日《にち》 全記録《ぜんきろく》

二〇二一年六月一〇日 第一刷発行

著者 益満雄一郎（ますみつ・ゆういちろう）

発行者 喜入冬子

発行所 株式会社 筑摩書房
東京都台東区蔵前二-五-三 郵便番号一一一-八七五五
電話番号〇三-五六八七-二六〇一（代表）

装幀者 間村俊一

印刷・製本 三松堂印刷 株式会社

ISBN978-4-480-07405-8 C0295

ちくま新書

1019 近代中国史
岡本隆司
中国とは何か？　その原理を解く鍵は、近代史に隠されている。グローバル経済の奔流が渦巻きはじめた時代から、激動の歴史を構造的にとらえなおす。

1223 日本と中国経済
――相互交流と衝突の一〇〇年
梶谷懐
「反日騒動」や「爆買い」は今に始まったことではない。近現代史を振り返ると日中の経済関係はアンビバレントに進んできた。この一〇〇年の政治経済を概観する。

1236 日本の戦略外交
鈴木美勝
外交取材のエキスパートが読む世界史ゲームのいま。「歴史」の和解と打算、機略縦横の駆け引き、舞台裏で支えるキーマンの素顔……。戦略的リアリズムとは何か！

1241 不平等を考える
――政治理論入門
齋藤純一
格差の拡大がこの社会に致命的な分断をもたらしている。不平等の問題を克服するため、どのような制度を共有すべきか。現代を覆う困難にいどむ、政治思想の基本書。

1498 香港と日本
――記憶・表象・アイデンティティ
銭俊華
二〇一九年から続くデモ、中国大陸の同化政策、日本のサブカルチャーの受容や大日本帝国の記憶……香港出身の研究者が香港の現在と「日本」を考察する。

1512 香港とは何か
野嶋剛
選挙介入や国家安全法の導入決定など、中国の横暴がすさまじい。返還時の約束が反故にされた香港。若者中心の抵抗運動から中米対立もはらむ今後の見通しまで。

1521 ルポ 入管
――絶望の外国人収容施設
平野雄吾
「お前らを日本から追い出すために入管（ここ）があるんだ」。密室で繰り広げられる暴行、監禁、医療放置――。巨大化する国家組織の知られざる実態。

ちくま新書

465
憲法と平和を問いなおす
長谷部恭男
情緒論に陥りがちな改憲論議と冷静に向きあうには、そもそも何のための憲法かを問う視点が欠かせない。この国のかたちを決する大問題を考え抜く手がかりを示す。

594
改憲問題
愛敬浩二
戦後憲法はどう機能してきたか。改正でどんな効果が期待できるのか。改憲論議にはこうした実質を問う視角が欠けている。改憲派の思惑と帰結をクールに斬る一冊!

905
日本の国境問題
――尖閣・竹島・北方領土
孫崎享
どうしたら、尖閣諸島を守れるか。竹島や北方領土は取り戻せるのか。平和国家・日本の国益に適った安全保障とは何か。国防のための国家戦略が、いまこそ必要だ。

984
日本の転機
――米中の狭間でどう生き残るか
ロナルド・ドーア
三〇～四〇年後、米中冷戦の進展によって、世界は大きく変わる。太平洋体制と並行して進展する中東の動きを分析し、徹底したリアリズムで日本の経路を描く。

1111
平和のための戦争論
――集団的自衛権は何をもたらすのか?
植木千可子
「戦争をするか、否か」を決めるのは、私たちの責任になる。集団的自衛権の容認によって、日本と世界はどう変わるのか? 現実的な視点から徹底的に考えぬく。

1122
平和憲法の深層
古関彰一
日本国憲法制定の知られざる内幕。そもそも平和憲法は押し付けだったのか。天皇制、沖縄、安全保障……その背後の政治的思惑、軍事戦略、憲法学者の主導権争い。

1176
迷走する民主主義
森政稔
政権交代や強いリーダーシップを追求した「改革」がもたらしたのは、民主主義への不信と憎悪だった。その背景に何があるのか。政治の本分と限界を冷静に考える。

ちくま新書

1199
安保論争
細谷雄一
平和はいかにして実現可能なのか。安保関連法をめぐる激しい論戦のもと、この重要な問いが忘却されてきた。外交史の観点から、現代のあるべき安全保障を考える。

1267
ほんとうの憲法
——戦後日本憲法学批判
篠田英朗
憲法九条や集団的自衛権をめぐる日本の憲法学者の議論はなぜガラパゴス化したのか。歴史的経緯を踏まえ、政治学の立場から国際協調主義による平和構築を訴える。

1299
平成デモクラシー史
清水真人
90年代の統治改革が政治の風景をがらりと変えた。「小泉劇場」から民主党政権を経て「安倍一強」へ。激動の30年を俯瞰し、「平成デモクラシー」の航跡を描く。

1345
ロシアと中国　反米の戦略
廣瀬陽子
孤立を避け資源を売りたいロシア。軍事技術が欲しい中国。米国一強の国際秩序への対抗……。だが、中露蜜月の舞台裏では熾烈な主導権争いが繰り広げられている。

1353
政治の哲学
——自由と幸福のための11講
橋爪大三郎
社会の仕組みを支えるのが政治だ。政治が失敗すると、自由も幸福も壊れかねない。政府、議会、安全保障、年金など、政治の基本がみるみる分かる画期的入門書！

1372
国際法
大沼保昭
いまや人々の生活にも深く入り込んでいる国際法。「生きた国際法」を誰にでもわかる形で、体系的に説き明かした待望の入門書。日本を代表する研究者による遺作。

1408
自公政権とは何か
——「連立」にみる強さの正体
中北浩爾
単独政権が可能な自民党はなぜ連立を解消しないのか？　平和・福祉重視の公明党はなぜ自民党と連立するのか？　「連立」から日本政治を読み解く、初の本格的分析！